天下中華

廣土巨族與定居文明

天下中華

廣土巨族與定居文明

文揚 著

香港中和出版有限公司
www.hkopenpage.com

目　錄

繁體版自序

　　中華文明上下 5000 年，中華文明延續 5000 年未曾中斷，中華文明是唯一延續未曾中斷的原生文明……這些表達到底是甚麼意思？進一步問：為甚麼只有中華文明一直延續至今？

　　上個世紀 90 年代，文明國家（civilization-state）這個概念出現了，專用於描述中國、俄羅斯、印度和土耳其等這樣一些必須通過其自身連續歷史和獨特文化來理解、不能簡單混同於西方式民族國家的特殊國家。此後，英國劍橋大學政治和國際研究學者馬丁 · 雅克（Martin Jacques）等人就一直將中國稱為文明國家，並嘗試使用這個概念來解釋和預測中國。但是，文明國家到底是甚麼意思？將中國視為自身文明的產物對於理解當代中國又有甚麼不同？

　　1996 年，美國保守派政治學家塞繆爾 · 亨廷頓（Samuel P. Huntington）出版了《文明的衝突與世界秩序的重建》（*The Clash of Civilizations and the Remaking of World Order*）一書，斷言「全球政治主要和最危險的方向將是不同文明集團之間的衝突」。但在他當時所預言的未來衝突中，作為中華文明代表的中國，仍然被當作一個新興的霸權國家，因為給世界的穩定造成了巨大的壓力，導致了一場肇端於南中國海中美軍事衝突隨後迅速蔓延到整個歐亞大陸

的世界大戰。這是不是意味着，無論將中國視為西方式的民族國家還是視為產生於中華文明自身的文明國家，結果並無不同？最終也還是會與西方發生激烈的衝突？

近年來，中國官方關於中國、中國歷史、中華民族和中華文明的自我說明開始大量出現。2018 年 1 月，習近平在講話中談到，「中國特色社會主義……是在改革開放 40 年的偉大實踐中得來的，是在中華人民共和國成立近 70 年的持續探索中得來的，是在我們黨領導人民進行偉大社會革命 97 年的實踐中得來的，是在近代以來中華民族由衰到盛 170 多年的歷史進程中得來的，是對中華文明 5000 多年的傳承發展中得來的。」這是中國首次將中國改革開放史、中華人民共和國史、中國共產黨黨史、中國近代史和中華文明史全部貫通到一起。

2019 年 4 月 30 日，美國黑人女高官凱潤·斯金納（Kiron Skinner）以國務院政策規劃主任的身份宣稱，美中之間的競爭是真正的兩個文明和兩個人種間的鬥爭，她說，「這是美國從來沒有經歷過的情況」，因為「這是第一次我們面臨一個非高加索人種的強大競爭對手」。這也是美國政府首次使用「文明鬥爭」定義中美之間的競爭。

短短半個月後的 5 月 15 日，中國在北京主辦了「亞洲文明對話大會」。在會上，習近平提出了「文明互鑑」論、「文明平等」論和「文明包容」論。他在大會的主旨演講中說，「文明只有姹紫嫣紅之別，但絕無高低優劣之分」，「認為自己的人種和文明高人一等，執意改造甚至取代其他文明，在認識上是愚蠢的，在做法上是災難性的」。首次提出了與西方關於文明的觀念完全不同甚至對

立的文明定義。

很顯然，這一波關於文明問題的話語交鋒主要是因為中國的高速崛起而引發的，所以，全部問題最終都不約而同地集中到了究竟甚麼是中華文明？中華文明究竟具有何種特殊性？中華文明的特殊性對於當今世界究竟意味着甚麼？這樣幾個根本問題上。

這就是寫作本書的初始動機。作為長期關注文明歷史和不同文明之間對比的媒體人和學者，我很早就發現，對於中華文明 5000 年，以及這一文明的連續性，太多人只知其然不知其所以然。再簡單追問幾句為甚麼，就少有人能回答清楚了。

比如繼續問：中華文明是原生文明之一，大約同時期的原生文明還有哪些？為甚麼大約同時期的原生文明沒有延續下來？這些文明覆滅的原因是甚麼？覆滅的原因如果主要是毀於蠻族的入侵，為甚麼中華文明沒有毀於蠻族入侵？蠻族入侵中國後發生了甚麼？當今世界的各大文明如何劃分？這些文明又是如何產生出來的？為甚麼只有中華文明一直延續至今？延續至今的中華文明將如何實現復興？

理論的功能，就在於通過少數幾個基本概念和基本概念之間的基本關係，將初看起來紛亂繁雜的觀察對象轉變成一個可理解的、合乎邏輯的、具有解釋和預測功能的觀念模型。

經過長時期的思考，面對中華文明 5000 年這個紛亂繁雜的觀察對象，本人使用了「廣土巨族」、定居與遊居、居國與行國、海洋與大陸、秩序主義與運動主義、上層社會與下層社會等這樣一些基本概念，通過相互之間的邏輯關係，建構起了一個宏觀上的觀念模型，並使用這個觀念模型對當代中國的發展演變做了一些解

釋和預測。

　　就個人經歷而言，一方面我遊歷了南亞、東南亞、中東、中亞、西歐、北美、大洋洲很多國家，並在一些地方長期生活過；另一方面，我也去過中國的絕大多數省份，包括大西南和大西北一些很偏遠的地方，並走遍了中國的沿海地區。大量的遊歷結合大量的讀書，使我對中華文明的獨特性有了一些獨到的理解和認識。這些年，我又先後加入了上海春秋發展戰略研究院、觀察者網、人大重陽金融研究院和復旦大學中國研究院，有了更多的時間和更好的條件研究文明問題，寫了大量相關文章和論文。

　　2020 年，一場猶如「天外來敵」一般的全球疫情，再次將文明問題凸顯了出來。到目前為止，雖然「後疫情時代」的世界將會怎樣尚未完全明朗，但在抗擊疫情的應對方式和實際效果方面，亞洲特別是東亞地區與歐美地區的鮮明對比，卻給了人們一個重新看待世界的新的角度和新的啟發。根據美國霍普金斯大學發佈的數據，按每百萬居民死亡人數，總體上，歐美地區是亞洲地區的 100 倍。如此懸殊的數據和鮮明的對比，難以單純用醫學方面的原因來解釋，必定是包含了社會和政治原因以及更為深層的文化和文明上的原因。隨着疫情的進一步發展，可以肯定，文明之間的重大差異將變得無法迴避。

　　在我看來，今天的中國人，站在這樣一個歷史高度上，處在這樣一個「百年未有之大變局」的時代中，清醒地認識我們是誰？從哪裡來？要到哪裡去？這幾個涉及中華文明真實身份的重大問題，比以往任何時候都更加重要，也更加迫切。

　　感謝香港中和出版有限公司在這個見證歷史的特殊時刻出版了

本書的繁體字版。在此希望廣大的讀者們花時間靜下心來，一步步進入到文明問題這個神奇的思想邊疆，完成一次關於 5000 年中華文明的精神旅程。

我相信，您一定不虛此行！

是為序。

2020 年 11 月 30 日於上海

第 一 章

廣土巨族

一、幾個基本概念

從基本概念開始展開一個新的理論，作為一種論述方式有利有弊：不好之處在於枯燥的概念定義和關係建構容易使讀者感到厭倦，沒有興趣讀下去；好處在於後續章節不必每次都重新開頭，頻繁引入新概念。為了盡可能讓行文保持流暢，本書採取折中的辦法，在定義部分盡量簡化，餘下的內容放在後面的論述中。

近年來，本人在觀察者網等媒體上發表的文章，一直在交替使用以下幾個概念來說明中華文明的唯一性：一個是唯一延續的文明，另一個是「廣土巨族」，再一個是天下型定居文明。第一個概念是流行已久並流傳很廣的定論，第二和第三個概念是本人近幾年創造出來並嘗試用於理論建構的。需要說明的是，雖然在論述中三個概念會交替使用，但在邏輯上這三者卻不是並列的。在我的概念體系中，前兩個其實是後一個的結果——「廣土巨族」是中華文明的空間特徵，五千年延續未中斷是中華文明的時間特徵，它們歸根結底都源於天下型定居文明這個本質。因為是天下型定居，所以最終形成了廣土巨族;因為是天下型定居，所以生存下來並發展至今。

概言之，天下型定居文明是中華文明區別於所有其他文明的一個本質性的特徵。

為了清楚地論述這個問題，需要界定以下一些基本概念：

1. 定居與遊居

在人類學和考古學意義上，定居（sedentism 或 sedentariness）一詞的定義，可以指一種狀態，即「在一個地方長時間群體居住

的生活方式」；也可指一個過程，即「從遊居社會向永久留在一個地方的生活方式的轉變過渡」。在英文裡，相關概念有 sedentary settlements, sedentarization, fixed habitat, sedentary lifestyle 等。

與定居（sedentism）相對的英文詞是 nomad。這個詞本來的定義是指所有「沒有固定居住地的人群社團」，並不專指遊牧社會，也指沿貿易路線遊走的商隊或過着流浪生活的吉卜賽手藝人等，所以應該相對於漢語的「定居」翻譯為「遊居」。實際上，根據人類學和考古學的研究，原始人類社會最早的狀態都是遊居的，也就是通常所說的狩獵採集部落。從追隨動植物變遷一起遊居的狩獵採集的生產生活方式，轉變為永久留在一個地方從事農耕和養殖的生產生活方式，是一個很重大的轉變，也是文明朝向複雜性發展的一個大的跨越。關於這個跨越對於人類文明的重大意義已有大量研究，在此不再贅述。重要的是，遊牧這種生產生活方式，實際上出現在定居農耕生產生活方式之後，是由於地理環境和氣候等原因從後者分離出來的。因此，遊居並不等同於遊牧，遊牧社會只是遊居社會中的一種，而且還是文明演化中相對於狩獵採集社會更為成熟和精細的一種。在英文中，與 nomadic 概念相關的有 hunter-gatherers, pastoral nomads, tinker, trader nomads 等，而遊牧則專指沿着固定遷徙路線隨季節往返於同一個區域內並且擁有固定畜群的遊居社會。

需要說明的是，並非所有遊居社會都可以轉變為定居社會。由於從遊居轉為定居需要一系列外部和內部條件以及必需的資源，因此對於那些人口規模較小、所處自然環境較差的遊居社會來說，很可能在相當長的時間甚至永遠都不能過渡到定居社會。正如人類學和歷史學所確認的，在人類文明史的大部分時間裡，定居社會並不

是人類社會的主流，遊居社會的數量和總體人口規模在相當長的時間內都大大超過定居社會。人類的大部分乃至絕大部分都轉為定居、進入城市，是很晚近的變化。實際上，直到今天，世界上仍存在着不同形式的遊居社會。

2. 文明與野蠻

據考證，英文中的文明（civilization）一詞的出現，最初就是作為「野蠻」一詞的反義詞。18 世紀英國著名文人塞繆爾・約翰遜從 1747 年開始花了九年時間編輯《英文詞典》（也稱《約翰遜詞典》）。此人早年曾經身無分文且疾病纏身，後來找到了一份為雜誌撰稿的工作，開始享受倫敦舒適的城市生活，於是使用了源於「citizen」和拉丁語「civilitas」的「civility」一詞來表示「文明」的城市生活，與他自己經歷過的那種赤貧的鄉下生活狀態相對。

在中華文化中，也有類似的起源，如孔子《論語・雍也》中「質勝文則野，文勝質則史。文質彬彬，然後君子」一語。時代與文化的差距暫且不提，兩者共同之處在於都在「文明」的含義中加入了城市與鄉野的區別，也都包括了文化修養和行為舉止方面的區別。「彬彬」的原意，是勻稱的意思。孔子想表達的是：一個君子，既要品格質樸，也要有文采，兩者應該平衡兼有，而不可以相勝。若質樸有餘而華采不足，就會粗魯；若專尚文采而喪失質樸，就會虛浮粉飾，也不是君子之所貴。

兩者的不同之處在於，西方語境中的文明概念是與當時的進化論思潮一起應運而生的。18—19 世紀的西方社會，基於科學的現代考古學、人類學、語言學、歷史學等學科取得了大量新的進展，

人類歷史開始被理解為一個從低級到高級的演化過程，一個進步的階梯。於是，文明成了一個不斷向前發展的社會進程，與自身早期歷史的野蠻狀態相對。

這是一種截然有別於過去的新思維。受進化論影響的思想者們，從今天巨大的城市，倒推出沒有城市或城市很小的古代社會；從今天複雜的社會分層，倒推出沒有階級或簡單分層的古代社會；從今天強大的政治組織，倒推出沒有統治集團或很少首領的古代社會……還有語言文字、藝術作品等方面，都是這樣。作為這種「上溯」思維的邏輯結果，文明就被定義為出現了城市、政治組織、社會分層、語言文字的人類社會，區別於那些從來沒有創造出這些東西的「原始社會」。

價值判斷也隨之產生，文明化是好的，非文明化、野蠻的、蒙昧的是壞的。在 19 世紀，一些歐洲人直接根據自己所處的社會制定出一套標準，以此評判其他非歐洲人的社會是否充分「文明化」，是否可以被接受為國際體系的成員。即使他們也承認多元文明的概念，但這種多元是一種被嵌入等級體系中的多元，當然，歐洲文明處在這個等級體系的金字塔頂端。摩爾根在他的名著《古代社會》中寫道：

> 我所設想的文化發展階段 ——（一）低級蒙昧社會；（二）中級蒙昧社會；（三）高級蒙昧社會；（四）低級野蠻社會；（五）中級野蠻社會；（六）高級野蠻社會；（七）文明社會。①

---

① 〔美〕路易斯·亨利·摩爾根著，楊東蓴等譯：《古代社會》，商務印書館，1981 年，第 3 頁。

綜上所述，文明的概念可以從縱向的時間和橫向的空間兩個維度界定。在時間上，文明被理解為人類歷史甚至宇宙歷史在演化到某個時期出現的一個突變現象，它以定居的出現、農業的出現、「真社會性」的出現、城市和國家的出現為起點，以社會不斷發生變化、複雜性逐漸增加、能量流和信息流大規模聚集為特徵，並與那些停滯的或發展極為緩慢的、長期保持在居無定所的遊團狀態的野蠻社會或蒙昧社會相對。

在空間上，全新世氣候到來之後，文明在地球表面不同地區先後出現。由於不同地區的人類社會面臨不同的氣候變遷、地質變遷和動植物變遷，文明的演化在不同的地理區域呈現出完全不同的歷史過程。如黑格爾所說的，各民族歷史都有自己的「地理基礎」，或杜蘭特所說的「地理是歷史的子宮」。於是，不同文明被理解為與不同種族、不同民族或不同文化緊密相關的一個概念，與不同文化的盛衰興亡保持同步，相互之間有了對照和比較的意義。

當文明的概念同時帶有時間上的「進化」和空間上的「他者」含義時，文明與野蠻這一個對立概念就出現了。由於定居社會的農業生產生活方式直接促進了人口規模的增長、人際交往的增加、交易活動的產生、社會分工的細化、等級制度的出現、文字的發明和使用以及城市和國家的形成，因此定居社會的發展總是代表着與文明演化更為一致的方向。相比之下，儘管遊居社會可能在人種上與相毗鄰的定居社會沒有差別，但隨着文化差異逐漸加大，文明與野蠻的劃分也開始出現。定居社會自認為是文明的，而遊居社會則被定義為野蠻的。自有文字以來，基於定居文明的中國就將四周的遊居社會定義為蠻夷戎狄，從文化上和種族上將其與自己區別開來。

在地中海地區，亞述人和希臘人的古代文獻都記錄了在他們定居區周邊遊動的蠻族部落。羅馬時代也是如此，他們將所有的非羅馬人都稱為野蠻人（Barbarians）。因此，遊居社會或歷史學家所說的遊團（bands），往往就是蠻族的同義語。定居等於文明，遊居等於野蠻，這組恆等式在文明史上長期存在。如果考慮到在定居農耕社會的文明進程開始前，並無所謂文明和野蠻，那麼所謂蠻族，不過就是文明社會眼中那些文明程度尚不及自己的其他氏族，甚至就是自己多少年前的同源兄弟。所以，沒有文明，也就無所謂蠻族；沒有蠻族，也就無所謂文明。兩者互為他者，互為鏡像。

3. 秩序與運動

定居是固定的，遊居是移動的。最典型的定居社會，如中原漢地，也稱「中國本部」。最典型的遊居社會，一種是歐亞大草原上逐水草而居的遊獵、遊牧社會，或稱「騎馬民族」；一種是居住在沿海或島嶼上但主要活動在海洋上的社會，也稱「海上民族」。

人類對於宇宙萬物產生的認知，有兩種來自於感覺經驗歸納的最重要的認知，即秩序和運動 —— 天體是運動的，但也是有秩序的；生物是運動的，但也是有秩序的；萬物莫不如此。秩序感的產生和運動感的產生，都是自然發生的，不存在應該不應該產生，或哪種感覺正確、哪種感覺錯誤的問題。司馬談《論六家要指》曾說：

夫陰陽，四時、八位、十二度、二十四節各有教令，日順之者昌，逆之者亡，未必然也，故曰「使人拘而多畏」。夫春生、夏

長、秋收、冬藏，此天道之大經也，弗順則無以為天下紀綱。故曰「四時之大順，不可失也」。

可見，在中國古人的頭腦中，秩序與運動是天道的一體兩面，所以一方面說「天不變，道亦不變」（《漢書．董仲舒傳》），「五服五章，天秩所作」（《後漢書．胡廣傳》）；一方面又說「為道也屢遷，變動不居，周流六虛，上下無常，剛柔相易，不可為典要，唯變所適」（《周易．繫辭下》）。

但是，畢竟存在決定意識，物質基礎決定上層建築，定居的生產生活方式，決定了對秩序的重視；而遊居的生產生活方式，則決定了對運動的重視。在早期文明階段，定居社會一旦沒有了秩序就難免要發生崩潰，遊居社會一旦失去了運動也難免要發生崩潰。古人的生產生活方式與所處的自然環境密不可分，對於定居所要求的秩序和遊居所要求的運動，都有極深切的體認，無論是否昇華出抽象的理論歸納。

古人中也產生過高度抽象思維，如《荀子．王制》記載：

水火有氣而無生，草木有生而無知，禽獸有知而無義，人有氣有生有知亦且有義，故最為天下貴也。力不若牛，走不若馬，而牛馬為用，何也？曰：人能群，彼不能群也。人何以能群？曰：分。分何以能行？曰：義。故義以分則和，和則一，一則多力，多力則強，強則勝物。

這是從本原上講人類何以能組成社會，無論是定居還是遊居，都遵

循同一個道理。荀子所說的「義」，就是社會的黏合劑，義以分則和，不義以分則亂。無論是種地的農民，還是騎馬的牧民，還是海上的漁民，都是一樣。但《荀子·禮論》又載：

> 禮起於何也？曰：人生而有欲，欲而不得，則不能無求，求而無度量分界，則不能不爭，爭則亂，亂則窮。先王惡其亂也，故制禮義以分之，以養人之欲，給人之求。使欲必不窮乎物，物必不屈於欲，兩者相持而長，是禮之所起也。

這是一個更高的層次，從這個層次開始，定居社會和遊居社會就有了分歧。在定居社會，「求而無度量分界，則不能不爭，爭則亂，亂則窮」。這個規律是個鐵律，因為生存空間是固定的，一爭一亂，生產秩序被破壞，生產力下降，一切都完了；但是在遊居社會裡就不一定了，因為遊居社會的生存空間不是固定的，生存資源可以通過搶劫、勒索等方式從外部獲得，所以爭並不一定亂自己，很有可能是亂別人，這反而大有好處。

不爭、安定就是秩序，先王制禮義，確立秩序；而爭就是運動，競爭乃至戰爭，都是運動；從這裡就有了文明路徑的分岔。定居文明沿着「定」的路徑演化，亂了之後又回到治，一治一亂，曲折發展；而遊居文明則沿着「爭」的路徑演化，內部爭，外部爭，在競爭中獲得發展。據此，前者可以稱之為秩序主義，後者可以稱之為運動主義，兩者都屬於從世界文明本原引申出來的最根本性的路徑。

由是觀之，中國的儒、道、釋傳統，無論有多少內部分殊，卻

一致信奉「任天者定，任人者爭；定之以天，爭乃不生」[1]，所以歸根結底是關於定居文明的，是秩序主義的，而不是關於遊居文明和運動主義的。一旦離開了定居文明圈，仁義禮智信、溫良恭儉讓，也就都失去了適用性，淪為空談，甚至謬論。

4. 共生與競爭

作為一個生物學術語的「共生」（symbiosis），最早由德國植物學家、醫生、著名的真菌學奠基人安東·德·巴里（Anton de Bary）於 1879 年提出，用來描述物種之間的相互依存，或「不同生物的共同生活」。生物學家中有一種觀點認為，共生與競爭同為生物演化的主要推動力或稱互利共生。《辭海》中的解釋是：

> 共生或「互利共生」。種間關係之一。泛指兩個或兩個以上有機體生活在一起的相互關係。一般指一種生物生活於另一種生物的體內或體外相互有利的關係。有些生態學家把共生概念作為凡生活在一起的兩種生物之間不同程度利害的相互關係。

將這個概念應用於人類社會，指的是一個社會與不同文化的社會或異質文明之間通過相互作用和相互依賴共同演化、共同發展。

共生的概念提出後，生物學家中出現一種觀點認為，達爾文關於競爭驅動演化的理論是不完整的，共生也是演化歷史背後的一個

---

[1] 王國維：《觀堂集林·殷周制度論》，中華書局，1959 年，第 457—458 頁。

主要推動力量，演化在很大程度上建立在有機物的合作、互動、相互依賴基礎之上。研究共生現象的生物學家 Margulis 和她的兒子 Dorion Sagan 的名言是：「生命覆蓋整個地球不是通過戰鬥，而是通過聯網。」

也可以認為共生進化說與自然選擇進化說形成了一個互補——適者生存、優勝劣汰的選擇機制是競爭機制，共生則是合作機制，兩種機制在生物體的進化中都起着十分重要的作用，甚至可以說後者比前者更為基礎，因為整體上有共生關係的生物在自然選擇中更佔優勢，能更好地在自然選擇中處於有利地位。而自然選擇又進一步強化了具有共生關係的生物在競爭中的優勢地位，從而形成一種良性循環。

5. 天下與列國

中國人的「天下」觀念，從商朝時開始萌生，到西周初期建構完成，至今已有三千多年的歷史了。

從觀念史的角度看，「天下」觀念之誕生實際上是一個特殊現象，而不是普遍現象。因為該現象的發生需要多個外部環境條件，包括大量氏族從遊居轉為定居、定居地點分佈在一個廣闊且相對平坦的地理區域內、定居區域構成了一個中心—四方的地理格局等。這些條件在中華文明發育的早期階段正好都具備，如黃河中下游和長江中下游地區。而那些始終處在遊居狀態的，或居住在高山、海島、河谷、森林等破碎狹小地理環境中的，或處於眾多蠻族包圍之中的古代社會，都難以形成天下的觀念。

北宋時的石介寫道：

夫天處乎上，地處乎下，居天地之中者曰中國，居天地之偏者曰四夷。四夷外也，中國內也。天地為之乎內外，所以限也。[1]

直到「世界是圓的」這個科學認識普及之前，石介所代表的世界觀始終成立，中國始終被想當然地認為就是天地之中。不僅是因為中國正好佔據了一個特殊的地理位置，還因為中國是最早的、最連續的天下型定居文明。可以說，是天下型定居文明讓中國產生了「天下」這個觀念，並發展成為一個天下型國家。

天下的共主即被呼為天子，而諸侯則以「國」作為封號。在殷墟甲骨卜辭中，「中商」「四方」「四土」等詞頻繁出現，表示商朝人認為自己位於被東土、西土、南土和北土所環繞的中土。

西周早期，「天下」一詞大量見於器物典籍中，與之相關的「四方」「萬邦」等被反覆使用，將洛陽等地所處的平原作為天下之中的「中國」概念也開始出現。「天子居中國，受天命，治天下」的理論逐漸成形。

列國與天下相對。列國既可以專指華夏各諸侯國，也可以包括蠻夷戎狄各國，由此「天下」也有了廣義和狹義兩種含義。狹義的「天下」等同於「九州」，即所有諸侯封土建國所立之國家全部合起來的那個最大的疆域範圍。廣義的「天下」則是「九州＋四夷」，是指被普遍的秩序原則所支配的人類全體。如《禮記·中庸》所述「天下至聖」之「配天」：

---

① 〔宋〕石介：《徂徠石先生文集》，中華書局，1984 年，第 116 頁。

是以聲名洋溢乎中國，施及蠻貊，舟車所至，人力所通，天之所覆，地之所載，日月所照，霜露所隊（同「墜」），凡有血氣者，莫不尊親，故曰配天。

　　列國從氏族和酋邦演化而來，屬於一種政治演化的自然狀態。但是，一旦天下的觀念被創制出來，列國就不再是獨立的政治單元，而成了天下體系之內的政治單元。從此以後，整個天下被理解為一個完整的政治存在，於是在國家政治之外，不僅有國際政治，還有天下政治，政治首先從天下問題開始。

　　這是人類文明史中的一個天才創造。

　　由於天下政治的存在，天下的列國便具有了與自然狀態的列國完全不同的國家政治與國際政治。管仲曰：「以家為鄉，鄉不可為也；以鄉為國，國不可為也；以國為天下，天下不可為也。以家為家，以鄉為鄉，以國為國，以天下為天下。」（《管子・牧民》）老子也說：「以身觀身，以家觀家，以鄉觀鄉，以邦觀邦，以天下觀天下。」（《道德經》第五十四章）都是關於天下的列國之獨特性的說明。當代學者趙汀陽在解釋「天下—國—家」這個政治結構時說：

　　在天下—國—家的政治框架裡，天下不僅是尺度最大的政治單位，而且是整個框架的最終解釋原則。這意味着，天下定義了政治全語境，一切政治問題都在天下概念中被解釋。在這個政治空間裡，政治解釋形成了「天下—國—家」的包含秩序（inclusive order），而其倫理解釋則形成「家—國—天下」的外推秩序

（extending order），兩者形成互相解釋的內在循環。①

　　秦朝的大一統帶來了一個新的局面。一方面，在狹義的天下之內，秦朝消滅了列國，完成了「九州」範圍的天下大一統；另一方面，在廣義的天下之內，秦朝將「中國」的疆域擴大到了比列國「九州」更大的範圍，「中國」開始大於「九州」，成為了真正的天下型國家，或稱「內含了天下結構的國家」。

　　始皇帝想當然地認為他的聖德超過了五帝，他治下的「中國」等於是「天下」。《史記‧秦始皇本紀》記載的琅琊石刻頌秦德：

　　器械一量，同書文字。日月所照，舟輿所載。皆終其命，莫不得意。……六合之內，皇帝之土。西涉流沙，南盡北戶。東有東海，北過大夏。人跡所至，無不臣者。功蓋五帝，澤及牛馬。……

　　「人跡所至」當然就是廣義的天下，所謂「天下無外」「王者無外」，意思是只要中國之外還有外，天下就不是完整的，平天下的事業就還要繼續，直到所有的夷狄都被納入中華秩序，達到天下歸一。梁惠王問孟子「天下惡乎定」，孟子答曰「定於一」，朱熹《四書集注》云：「必合於一然後定。」

　　然而，歷史上，中國從來未能全取天下、將四夷全部納入大一統。無論中國將天下的疆域擴大到多麼大，如西漢的昭宣中興時期，唐朝的貞觀、開元時期和清朝的太平一統之盛，中國的概念也

---

① 趙汀陽：《天下的當代性：世界秩序的實踐與想像》，中信出版社，2016 年，第 31 頁。

沒能等於廣義的天下，而且每次都會遭遇到其他的對等天下，例如西漢時的匈奴，唐朝時的天竺和大食，清朝時的俄羅斯和歐美列強等。

這就意味着，自秦以後，中國的疆域始終在狹義和廣義的兩個天下之間伸縮變化。最接近於中國全取天下的時期，也就是中國對外擴張同時四夷賓服的時期。而其他時期的中國實際上都是「小天下」，有時比「九州」還小，有時則完全是四分五裂的多極天下。前者如兩宋時期，後者如五胡十六國時期和五代十國時期。

綜上所述，定居與遊居、文明與野蠻、秩序與運動、共生與競爭、天下與列國等對偶概念，都可以作為關於中華文明理論體系中的基本概念。下面以這些基本概念為基礎，針對中華文明這個天下型定居文明的獨特性，以及其政治和經濟傳統的獨特性，進行討論。

二、中國人的「廣土」

論者每當談及中華文明，一定會首先聯繫到中華文明賴以誕生和發展的這塊土地。但人類的世界地理知識是晚近才開始變得準確起來的，在世界歷史與世界地圖發生了對應、每一段特定的歷史都與特定的地理環境發生了關聯之後，各個民族國家才開始重新審視自己所處的這個地理環境，並開始在相互比較中得出優勢和劣勢的判斷。梁啟超在 1902 年寫成的《論中國學術思想變遷之大勢》總論中有一段話，今天讀來仍令人不勝感慨：

西人稱世界文明之祖國有五，曰中華，曰印度，曰安息，曰埃及，曰墨西哥。然彼四地者，其國亡，其文明與之俱亡。今試一遊其墟，但有摩訶末遺裔鐵騎蹂躪之跡，與高加索強族金粉歌舞之場耳。而我中華者屹然獨立，繼繼繩繩，增長光大，以迄今日。此後且將匯萬流而劑之，合一爐而冶之。於戲，美哉我國。於戲，偉大哉我國民。吾當草此論之始，吾不得不三熏三沐，仰天百拜。謝其生我於此至美之國，而為此偉大國民之一分子也。…… 此至美之國，至偉大之國民，其學術思想所磅礴鬱積，又豈彼崎嶇山谷中之獷族，生息彈丸上之島夷，所能夢見者。故合世界史通觀之，上世史時代之學術思想，我中華第一也。[①]

以前的中國人，不知道整個世界是甚麼樣，也不知道其他民族的歷史是甚麼樣，等到有機會都看清楚了才發現，原來崎嶇山谷裡的蠻族也可以稱大，彈丸海島上的夷民也可以逞強。相比之下，本國、本民族、本文明的生息之地竟是如此得天獨厚，難道不要三熏三沐，仰天百拜，感謝列祖列宗嗎？

下面看看關於這塊神奇土地的幾種地理觀念。

1. 「六大塊」「八大塊」

中國考古學家蘇秉琦將中國的考古學文化劃分為六大區系：（1）以燕山、長城南北地帶為中心的北方；（2）以山東為中心的東方；（3）以關中、晉南、豫西為中心的中原；（4）以環太湖為中心的東

---

① 梁啟超：《論中國學術思想變遷之大勢》，見《飲冰室文集之七》，第1—2頁，《飲冰室合集》（第1冊），中華書局，1989年。

南部;（5）以環洞庭湖與四川盆地為中心的西南部;（6）以鄱陽湖—珠江三角洲一線為中軸的南方。

這就是所謂的「六大塊」劃分。蘇秉琦的區系劃分，根據的是中國新石器文化遺址分佈的密集程度。他把歷年發掘的新石器文化遺址標在地圖上，越標越多，就看出區系輪廓了。由於資料比較豐富，線索也比較清楚，所以就成了一個可以大體反映中國新石器文化聚合和文明發育過程的理論。

但如果將今日中國疆域內的新石器文化遺址都包括進來，在「六大塊」之外，蒙藏、中亞、西南山地及沿海島嶼也都有自己的文化圈。[1]

新石器文化遺址就是定居農業點，密集成片的地區就是定居農業區。蘇秉琦分的「六大塊」，黃河流域有三大塊，長江流域有三大塊，覆蓋了整個中原。李零教授寫道：

這六大塊，由龍山文化作總結，發展出夏商；夏商由西周大一統作總結，發展出秦漢大一統。線索非常清晰。中國北方（黃河流域），先是周、夏、商三大塊並列，後是秦、晉、齊三大塊並列。中國南方（長江流域），先是蜀、楚、吳三大塊並列，後是蜀、楚、越三大塊並列。……（探源工程）分七大塊，加了北方邊疆。其實，如果把南方的縱深也加上，就是八大塊。[2]

---

① 周膺：《良渚文化與中國文明的起源》，浙江大學出版社，2010 年，第 9 頁。
② 李零：《我們的中國‧茫茫禹跡》，生活‧讀書‧新知三聯書店，2016 年，第 26 頁。

無論是「六大塊」，還是「八大塊」，其實就是一個個成片的定居農業區。所以才如李零教授所說，從新石器時期的龍山文化，到早期國家時期的夏商周，再到春秋戰國時期北方和南方的幾大諸侯國，分佈的位置沒有動。這就是定居。

　　2019 年 7 月 6 日，良渚古城申遺成功，世界遺產委員會對良渚古城的概要描述是：

　　位於中國東南沿海長江三角洲的良渚古城遺址（約公元前3300—前 2300 年）向人們展示了新石器時代晚期一個以稻作農業為支撐、具有統一信仰的早期區域性國家。該遺址由 4 個部分組成：瑤山遺址區、谷口高壩區、平原低壩區和城址區。通過大型土質建築、城市規劃、水利系統以及不同墓葬形式所體現的社會等級制度，這些遺址成為大型土質建築、城市規劃、水利系統以及不同墓葬形式所體現的社會等級制度的傑出範例。

　　「新石器時代晚期」這個時間概念與「早期區域性國家」這個國家概念、「以稻作農業為支撐」這個生產概念、「早期城市文明」這個城市概念聯繫在一起，極不簡單，因為這足以讓世界上大多數早期國家失去對比資格。實際上，由中心都城加上四周廣闊農地共同構成的區域性國家，正是定居農耕文明最典型的文明形態，也正是中華文明區別於其他文明最主要的特徵之一。

2.「嶽鎮海瀆」

　　凡是與農耕有關的活動和事物，古代中國人都要祭祀，以求能

有好收成。這叫祭四方百物，如先穡神農、司穡后稷、田畯井畔、郵亭屋宇、貓虎昆蟲、防所水塘，凡是有利於稼穡的，都要祭祀。除此之外，因為要求雨，所以還要在規定的日子祭祀大山大川。杜佑《通典·吉禮三》曰：

> 索鬼神而致百物，（百物者，謂五方嶽鎮、海瀆、山林、川澤、丘陵、墳衍、原隰、井泉等，以其能興雲致雨，有功而益於人者……）用六奏之樂。

將天下的大山大川歸在「嶽鎮海瀆」的名稱之下，當作能夠帶來風調雨順好年景的百物來祭祀，從先秦時期開始一直傳下來，成為了歷朝歷代不變的禮制內容。「嶽鎮海瀆」最初是五嶽四鎮、四海四瀆，唐代時又加了一個鎮，成了五嶽五鎮、四海四瀆。具體如下：

五嶽：東嶽泰山、西嶽華山、南嶽衡山、北嶽恆山、中嶽嵩山。

五鎮：東鎮沂山、西鎮吳山、南鎮會稽山、北鎮醫巫閭山、中鎮霍山。

四海：北海、東海、南海、西海。

四瀆：江、河、淮、濟。

這是定居農耕社會獨有的一種地理觀。

如果考慮到氣候因素，上古時期風調雨順的條件甚至比現在更好。根據賈蘭坡、周本雄等先生的研究，距今 8000—2500 年的「全新世中期」，中華大地的氣候條件比今天還要溫暖濕潤，更適

合大面積的農耕。「當時華北地區的年平均氣溫比現在高得多，闊葉林的植物群落向北擴展，曾分佈到了現在的蒙古高原」，當時的長江中下游地區，年平均氣溫比今日高 3—4 攝氏度，降雨量比今日多 800 毫米。

我國的黃土高原直到「歷史時期初期」還分佈着廣大的森林，森林之間，間雜着草原。應該說是屬於森林草原地帶。當時黃土高原的森林地區相當廣大，所有的山地幾乎無處沒有森林。渭河中上游的森林直到隋唐時還保持着一定的規模。尤其值得稱道的是現在所謂乾旱地帶，史前時期都長期為森林繁茂的地區；七八千年前的太行山脈及其以東的山地丘陵都為森林灌叢，而且有較大的竹林；豫中和豫西一帶的山地丘陵也佈滿了樹木，當時太行山和泰山之間的華北平原是一個湖泊區域，在其上點綴着許許多多的小丘，山東河濟之間《禹貢》兗州地區，因森林草木繁盛，土壤中腐殖質增多，使這裡的土壤顯得帶有黑色。[1]

3.「小九州」「大九州」

夏朝被認為是中國第一個王朝國家，《史記·夏本紀》裡記載大禹「左準繩，右規矩，載四時，以開九州，通九道，陂九澤，度九山」。

從龍山文化的六大塊，到夏朝時候的「禹別九州，隨山浚川，任土作貢」，反映出氏族部落界限逐漸被打破，開始按地緣組成社

---

[1] 王震中：《中國文明起源的比較研究（增訂本）》，中國社會科學出版社，2013年，第 56 頁。

會，並出現了依據各地出產向共主納貢的制度這樣一個過程。《周禮·夏官·司馬》中記載：

職方氏掌天下之圖，以掌天下之地，辨其邦國、都鄙、四夷、八蠻、七閩、九貉、五戎、六狄之人民與其財用九穀、六畜之數要，周知其利害。乃辨九州之國，使同貫利。

《禹貢》中的九州是冀、兗、青、徐、揚、荊、豫、梁、雍，《容成氏》竹簡中記載的九州是夾、塗、競、莒、藕、荊、陽、敘、虘。到周朝時，九州是冀、兗、青、揚、荊、豫、雍、幽、并，或者冀、兗、青、并、徐、揚、荊、豫、涼。

九塊合起來，是個近乎圓形的區域，這是此後中國歷史發展最核心的那個「歷史的地理基礎」，也是最初的那個「廣土」。中國歷史上一次次的地域擴張，都是以這一塊最初的圓形「廣土」為「根據地」而擴大到更大的「廣土」。九州之外，加了益、幽、朔方、交阯四州，就是十三州。至漢武帝時，已出現了傳統九州根據地再加上周邊擴張地域之後的「大天下」形狀。

與九州的地域擴張相一致的，是所謂「五服」貢賦制度，甸服、侯服、綏服、要服、荒服，各五百里，從中央向周邊夷狄世界擴展開來。「甸」是天子周邊生產穀物田園地帶的可以參加祭祀之地，「侯」是諸侯國，「綏」是由王者政治安撫之地，「要」是蠻夷隸屬之地，「荒」是荒蕪遠方的戎狄之地。

這是中華文明呈巨大漩渦狀從中心根據地向外擴展，並吸收融合周邊其他文化這一歷史運動的開始。鶴間和幸寫道：

《漢書・地理志》所載郡國相當於甸、侯之地，是從中央向遠方擴展的順序：京兆尹、左馮翊、右扶風的三輔是畿內，以此為中心向右旋轉、渦流狀擴展開、由內向外排列。[①]

但是，向外擴展的「外面」是哪裡呢？有多大呢？是不是夷狄之外再無夷狄，九州之外再無九州呢？

最早想到這個問題的人，是戰國時期齊國人騶衍，也寫作鄒衍，他曾去稷下學習，是儒家的信徒。但因為「睹有國者益淫侈，不能尚德」，對現實政治失望，「乃深觀陰陽消息而作怪迂之變」，寫成了「《終始》《大聖》之篇十餘萬言」（《史記・孟子荀卿列傳》）。可惜大都亡佚，沒有流傳下來，不然，中國古代科技思想史的內容會更豐富一些。

司馬遷評論「其語閎大不經，必先驗小物，推而大之，至於無垠」。無垠到了哪裡呢？時間上，「推而遠之，至天地未生，窈冥不可考而原也」；空間上，「先列中國名山大川，通谷禽獸，水土所殖，物類所珍，因而推之，及海外人之所不能睹」（《史記・孟子荀卿列傳》）。

最後，鄒衍得出了兩個結論：

一是天地很久 —— 自天地混沌初開，始終按照「五德轉移，治各有宜」的規律在變化。這就是所謂五德終始說或五行相勝相剋說，認為天地人間都是依照土、木、金、火、水的順序，「終始」循環「轉移」，所以歷史也是依五行運轉而有王者代興。

① 〔日〕鶴間和幸著，馬彪譯：《始皇帝的遺產：秦漢帝國》，廣西師範大學出版社，2012 年，第 327 頁。

二是天下很大——並不僅限於目前看到的九州，「以為儒者所謂中國者，於天下乃八十一分居其一分耳」。按照這個地理觀，鄒衍將中國命名為「赤縣神州」，認為赤縣神州內的九州，就是大禹劃分的九州，它只能算「小九州」。而在中國之外，如「小九州」這樣大小的地方，共有九個，合起來是一個「中九州」，被大海所環繞，「人民禽獸莫能相通」。然後在「中九州」之外，如「中九州」這樣大小的地方，還有九個，合起來是「大九州」。「大九州」就到頭了，「乃有大瀛海環其外，天地之際焉」。

　　鄒衍是齊國人，在當時的中國，齊國開化最早，學術最發達，又是臨海區域，所以產生出很多開闊宏大的思想。司馬遷說鄒衍「其術皆此類也」，但是「王公大人初見其術，懼然顧化，其後不能行之」（《史記·孟子荀卿列傳》）。這很可惜，否則中國很可能比歐洲早兩千年就產生出科學了。

4. 黃河和長江

　　嶽鎮海瀆、九州五服、王畿四方、大小九州，這些宏大的地理觀念，必定是因為居住在一望無際的廣闊土地上而自然產生出來的，不能指望山溝或海島中的人也能有此創造。到了視野大開、科學昌明的今天，現代人重新審視中國古人的地理認識，應該會覺得這一點很可以理解。

　　中國北方的大平原，從北方的北京到南方的淮河，從西部洛陽的通衢大道到東部山東的崇山峻嶺，覆蓋範圍差不多可以放下一個英格蘭。如果說埃及是「尼羅河的饋贈」，那麼中原就是黃河及其支流的饋贈。這塊平原在地質學相對晚期的時候還是一片海灣，今

天的山東半島當時是一座島嶼，大海與大陸的交界是山西的太行山。正是黃河從西部黃土高原帶來巨量泥土，堆積到這一區域，於是創造出一片非常肥沃的沖積土地。

而從中原向西，層層疊疊的黃土高原，覆蓋面積超過 26 萬平方公里，差不多可以放下一個新西蘭。從更新世早期開始，定向的西北風把蒙古高原的沙塵吹向整個華北大地，形成世界上黃土面積最大、堆積最厚的黃土高原，中心地區的堆積厚達 100—200 米。一般地區也有 50—100 米。華北平原則主要是從黃土高原沖刷下來的黃土的再造堆積，但在山丘地帶也有原生的黃土堆積。

中華文明就是從這一黃河貫穿全境、黃土廣泛分佈的地區與農業一起興起的，也是在與黃河的鬥爭中成長起來的。關於黃河，嚴文明教授論述道：

> 據有歷史記載的 2000 多年中，黃河決口氾濫就有 1500 多次，大幅度的改道有 26 次。向北的決口破壞了海河的水系，甚至奪海河從天津注入渤海；向南的決口破壞了淮河水系，有時甚至奪淮入江。這是在有堤防時出現的情況，在史前時期更可以自由擺動。這樣就造成了以鄭州西北的沁河口為起點，北至天津、南到淮陰大約 25 萬平方公里的平原地帶，都是黃河泥沙淤積的範圍。換句話說，整個華北大平原主要就是由黃河的泥沙淤積而成的。本區土壤發育較好，含礦物養分較高，適於發展旱地農業，水窪地帶也可以發展水田農業。[1]

---

① 袁行霈、嚴文明等主編：《中華文明史》（第一卷）「緒論」，北京大學出版社，2006 年，第 3—4 頁。

隨着良渚考古發現不斷取得進展，人們對於中華文明的多元起源有了新的認識，越來越傾向於長江下游地區也是中華文明的一個重要起源地。

長江下游包括西部蘇皖平原和東部長江三角洲平原兩個亞區。前者西起鄂、贛、皖交界處的九江或湖口，東至鎮江和揚州一線。後者概指鎮江、揚州以東地區，包括江蘇南部、浙江北部和上海等區域範圍。雖然總體上屬於以平原為主體的自然區域，但各平原之間的相對差異仍然存在。

根據竺可楨等學者的研究，良渚文化存在的距今 5000—4000 年前後，地球大部分時間的年平均溫度比現在高 2℃ 左右，屬於全新世大暖期中氣候逐漸向乾涼轉變的時期，但大部分時段仍略比今天暖濕，非常適宜發展農業和畜牧業。所以在環太湖流域這一較大的成陸區域，出現了分佈很廣的定居先民。周膺教授寫道：

> 可以認為，當時的環太湖流域和今天一樣，擁有中華大地最佳之生態地理。這一區域地勢平坦，雨量豐沛，水資源呈半開放狀態，河水、湖水將諸自然環境生態因子有機聯繫，組成一個上下游既聯繫又制約的統一的生態系統。特別是在密如蛛網的水網地帶，水的運作轉化有非常獨特的規律，形成世界上獨一無二的絕佳之水田作業環境。自然植被非常好的丘陵地帶又是天然的安居之地，所形成的早期人類的生活體系與水網平原生產體系相得益彰，也構成最佳循環。[1]

---

[1] 周膺：《良渚文化與中國文明的起源》，浙江大學出版社，2010 年，第 14—15 頁。

將黃河和長江流域的自然地理環境與其他古文明所處的地理環境相比,是有意義的。這個對照比較,哪怕是在直觀上,也會得出中華文明所處的地理環境的主要特點,就是在河流的流域面積上要大很多。詹姆斯·費爾格里夫是一個世紀以前最早進行這種地理環境對比的學者之一,他發現,若用中國做標準,古埃及和古蘇美爾就沒法比了:

　　在埃及,可以定居的土地面積很小,而且有非常明確的邊界。兩河流域的土地雖然面積較大,適宜於一個新生的國家,但也並不是十分廣闊。對一個原始的種族來說,這也許是一種優勢。然而在中國,渭河流域及其延伸出去的黃河中段,與世界上最肥沃的三角洲平原之一相通。當某個民族原來的居住地變得過於狹小時,這片遼闊的平原就成了極好的遷徙地,如果已經有民族遷徙到此地,這裡就是有待文明化的地區。[1]

　　為甚麼說到中華文明,首先強調的是廣土?對於這一點,很多人往往會忽略。他們在將中華文明與其他文明進行對比的時候,或者強調起源更早,或者強調成就更多。但其實定居面積最大才是最根本的,因為這是持久發展和持續擴展的最大保障。中華文明幾乎從一開始就是在一個很廣闊的、近乎圓形的地理區域內,以多元一體的「巨大叢體」形式發展起來的。這是獨一無二的。

---

[1] 〔英〕詹姆斯·費爾格里夫著,胡堅譯:《地理與世界霸權》,浙江人民出版社,2016 年,第 208 頁。

5. 大歷史與大地理

1904 年，哈爾福德・麥金德在英國皇家地理學會上宣讀他的《歷史的地理樞紐》這篇論文時，告誡他的歐洲同胞們：

> 正是在外來的野蠻人的壓力下，歐洲才實現了它的文明。因此，我請求你們暫時地把歐洲和歐洲的歷史看作隸屬於亞洲和亞洲的歷史，因為在非常真實的意義上說，歐洲文明是反抗亞洲人入侵的長期鬥爭的成果。①

這是一個典型的大歷史觀，但也是一個典型的歐洲中心論歷史觀。其中正確的部分在於，指出了歐洲歷史的從屬性和次生性，因為歐洲歷史相對來說開始得很晚，不僅從屬於東方的歷史，也從屬於南方的歷史。而其中錯誤的部分在於：（1）沒有承認歐洲在「文明化」之前實際上比「外來的野蠻人」文明程度更低；（2）「亞洲人入侵」指的是中亞和西亞各個馬上民族的入侵，與東亞的定居農耕社會雖然有一些間接關係，但卻沒有直接關係。

麥金德的大歷史觀來源於他著名的大地理觀 —— 將整個地球分為歐亞大陸「心臟地區」的「樞紐地區」，和包括大西洋、印度洋、太平洋三大洋的「外新月形地帶」以及兩者之間部分為大陸、部分為海洋的「內新月形地帶」。

有人說，所有歷史都是當代史，意思是各種歷史觀都會受到作者當下世界觀的影響。其實地理觀也一樣，也都是作者世界觀的反

---

① 〔英〕哈爾福德・麥金德著，林爾蔚、陳江譯：《歷史的地理樞紐》，商務印書館，2017 年，第 52 頁。

映。正如劉小楓教授在評論麥金德時所説：

麥金德提出所謂心臟地帶與新月形地帶的二元對立這一政治地緣的歷史模式，不過旨在為陸上強權與海上強權的對立提供政治史學證明，以守護大英帝國的殖民擴張所得，這種思維明顯只有在航海大發現之後才有可能。20 世紀的太平洋戰爭爆發後，荷蘭裔的美國地緣政治學家斯皮克曼（1893—1943）以所謂「邊緣地帶」威脅論取代麥金德的「心臟地帶」威脅論，不外乎把大英帝國的政治地緣視角置換成了當時正在崛起的美帝國的政治地緣視角。①

此後一百多年來，以「世界島」為中心思想的地理觀又發展出一些不同版本，但基本內容始終沒變，因為西方帝國在其中找到了「外新月形地帶」這個「本部」位置，俄羅斯在其中找到了「樞紐區」或「心臟地帶」這個「本部」位置，它們都很安心舒適，無意做出根本性的改變。

但是，中國卻不可能對此感到安心舒適，因為在這種歐洲中心的大地理觀中，只要在歐亞大陸的中心確定一個「樞紐地區」，中國的疆土就必然成為依附於該「樞紐地區」的「邊緣地帶」，正如麥金德所説「樞紐以外地區，在一個巨大的內新月形地區中，有德國、奧地利、土耳其、印度和中國……」② 而且這裡的中國還會被

---

① 劉小楓：《何謂世界歷史的中國時刻》，《武帝文教與史家筆法》序言，華東師範大學出版社，2019 年。

② 〔英〕哈爾福德・麥金德著，林爾蔚、陳江譯：《歷史的地理樞紐》，商務印書館，2017 年，第 68 頁。

沿着傳統的農業——牧業交界線一分為二，西半部為「樞紐地區」的一部分，東半部則是「邊緣地帶」的一部分。

可以説，麥金德這個三層結構的大地理觀，根本就是在忽略不計中國歷史的前提下建構起來的，無論是漢、唐還是元、明、清，在這個結構中完全看不出來。

正如黑格爾所説，每個民族的歷史都有自己特有的地理基礎。而屬於中華文明的「歷史的地理基礎」，決不可能納入麥金德這種「世界島」的大地理觀當中。

根據中華五千年文明史，屬於中華文明歷史的地理基礎，毫無疑問應該是蔥嶺以東、西伯利亞以南、印度以東以北、太平洋以西的這樣一個同樣是近乎圓形的區域。值得注意的是，這個近現代形成的更大的圓形區域，正是中華文明從起源時期的「禹貢九州」那個小的圓形區域開始，在數千年歷史中以漩渦的形式向四周持續擴展而得到的。在這個可以稱之為「中華文明地理基礎」的圓形區域內部，可以分為中原、南方、東北森林、北方草原、西域、西南高原等幾個不同部分。還可以按照平均海拔高程分為西南部的西藏、北部的蒙古高原、東南部的平原和丘陵三個層級。而在「中華文明地理基礎」的圓形區域外部，則與印度文明、波斯文明、阿拉伯文明、東正教文明、日本文明相鄰。

無論是大圓形，還是小圓形，總之「中華文明地理基礎」自古以來就是自成一體的，並不是哪個「心臟地帶」或「樞紐地區」的附屬，也不在任何「新月形地帶」之內。在中華文明產生出大、小九州這種思想之時，在麥金德所描述的「樞紐地區」和「內新月地帶」的大部分地區，文明還沒有發生。在中華文明開始以九州的定

居文明為中心呈現出漩渦狀的從內向外的擴展運動時，歐亞大陸其他的第一代古文明都在蠻族入侵的浪潮中掙扎，不要說對外擴展，就連自身生存都成問題。而歐亞大陸出現以大草原為中心的騎馬民族草原文明漩渦，則是蒙古大軍建立起來之後的事，距離「禹貢九州」時代已有三千多年。

黃仁宇先生在形成其「中國大歷史」觀時，同樣是以中國獨特的地理環境作為起點的。他也注意到：

中國在公元之前統一，而且自嬴秦之後，以統一為正軌，實有天候和地理的力量支撐着。[1]

根據他的大歷史觀，歷史學家只有放寬視野，綜合考察決定歷史走向的各種因素，才能發現其中「歷史之長期的合理性」。而各種因素中，地理因素是最重要的因素之一。他從「中國大歷史」中歸納出了秦漢、隋唐、明清三個大一統時期，分別命名為「第一帝國」「第二帝國」和「第三帝國」，實際上，這三個帝國是以同一個較小的圓形地理區域為地理基礎並逐漸擴大的。這正是與「中國大歷史」相對應的「中國大地理」。

---

[1] 〔美〕黃仁宇：《赫遜河畔談中國歷史》，生活·讀書·新知三聯書店，2004 年，第 10 頁。

三、中國人的「巨族」

1. 五千年長成的巨族

關於中華民族，習近平同志有個描述：「生生不息綿延發展、飽受挫折又不斷浴火重生。」

這是中華文明區別於西方文明的一個重大特點。早在半個多世紀前的冷戰之初，西方政治家萊斯特·皮爾遜就曾預言：

設想這些誕生於東方的新的政治社會將複製那些我們西方人所熟悉的政治社會是荒謬的。這些東方文明的復興將採取新的形式。……最廣泛的問題不再出現在同一文明的國家之間，而是出現在各文明之間。[①]

皮爾遜的觀點是對的。西方文明雖然是一個整體，但這個文明內部各個民族之間是分裂的，文化是分裂的，政治單位更是分裂的。相比之下，當中華文明走上自己的復興之路時，卻一定會採取統一的形式。

2017 年 1 月，中共中央辦公廳、國務院辦公廳印發了《關於實施中華優秀傳統文化傳承發展工程的意見》，其中說：「在五千多年文明發展中孕育的中華優秀傳統文化，積澱着中華民族最深沉

---

① 轉引自〔美〕塞繆爾·亨廷頓著，周琪等譯：《文明的衝突與世界秩序的重建》，新華出版社，2010 年，第 16 頁。

的精神追求，代表着中華民族獨特的精神標識，是中華民族生生不息、發展壯大的豐厚滋養，是中國特色社會主義植根的文化沃土，是當代中國發展的突出優勢，對延續和發展中華文明、促進人類文明進步，發揮着重要作用。」民族、文化和文明，三者是合在一起說的。

今天人們這樣說是沒有問題的，但實際上，中華民族作為「國族」的建構是近代之後才發生的事。

眾所周知，在中華歷史的絕大部分時間裡，並沒有「中華民族」這個總體觀念。自古以來，生活在東亞大陸這塊廣袤土地上的人們，區分成非常多的民族，相互之間不僅沒有認同，而且堅信「非我族類，其心必異」，征伐不斷，衝突不斷。

民族不是種族，按照中國史學大師呂思勉的區分：

種族論膚色，論骨骼，其同異一望可知。然雜居稍久，遂不免於混合。民族則論言文，論信仰，論風俗，其同異不能別之以外觀。[①]

在中華文明的早期，這塊土地上到底有過多少不同的民族，這個問題的破解有待於考古學與分子遺傳學的結合，但可以肯定其數量是巨大的。在南方，東南一帶有「百越」，西南一帶有「百濮」。而圍繞着黃河中下游華夏族居住地的四周，有籠統按照方位區分的蠻夷戎狄四部，每一部又細分為很多，分別稱為「百蠻」「百夷」「百戎」「百狄」也沒問題。這是最初的情況。

---

① 呂思勉：《中國民族史》，中國大百科全書出版社，1987年，第6頁。

而隨着文明的發展，語言、信仰、風俗等漸漸形成，開始出現了今人所説的「文化軟實力」，於是在不同民族雜處的地區，開始發生民族的兼併融合。一些開化較早、文化較高、人口較多，也就是「文化軟實力」較強的民族，逐步融合了周圍的其他民族，共享同一種語言、信仰和風俗，這就成為了共同的民族。

　　但是，即使不斷發生強勢民族融合弱小民族的情況，較大民族的數量仍然很多。黃河中下游地區的華夏族經歷了夏商周一千多年的發展之後，所佔據的範圍已經很大了，中原地區基本上已連成一片，而四周的其他民族有些也在發展擴大。秦漢以來，新一輪的民族競爭和融合又轟轟烈烈地展開了。葛劍雄教授寫道：

　　從秦漢以來，由北方進入黃河流域的非華夏民族至少有匈奴、烏桓、鮮卑、羌、氐、羯、丁零、突厥、高麗、回紇、契丹、党項、女真、蒙古、維吾爾、回、滿等，其中有的來自遙遠的中亞和西亞。這些民族中，一部分又遷回了原地或遷到中國以外去了，但相當大一部分加入了漢族，有的整個民族都已經消失在漢人之中了。在南方，隨着漢人的南遷，原來人數眾多、種族繁雜的夷、蠻、越、巴、僰、僚、俚等等，有的已經完全消失，有的後裔的居住區已大大縮小，原來他們的聚居區大多已成為漢人聚居區。南方的漢人事實上有相當大一部分是他們的子孫。所以，在今天的十億漢人中，地道的炎黃子孫反而是「少數民族」。即使是漢人，如果只認炎帝、黃帝這兩位老祖宗的話，也有點對不起自己的親祖宗了。[1]

---

[1]　葛劍雄：《統一與分裂》，中華書局，2008 年，第 18—19 頁。

夏是大禹的天下之號，《說文》云：「夏，中國之人也。」如戰國時的秦、楚、齊、燕、趙、魏、韓同稱「諸夏」，區別於四周邊緣的蠻夷戎狄。可是古書上從未使用過「夏族」二字，而「華族」卻是貴族的意思，不專指一個民族。在古書上，華、夏兩個字又可以互換使用，如《左傳》曰「裔不謀夏，夷不亂華」，可見華、夏二字意同辭異，都指「中國之人」。

漢族這一名稱，始於劉邦取得天下之後，由於疆域廣大、人口眾多、文化璀璨，為其他民族所仰望，故而直接用了王朝的名稱，代替了過去的華夏。

北方胡族融合入漢族，是廣土巨族形成過程的一個主要部分。歷史上共有八次較大的衝突融合，分別是匈奴、鮮卑、突厥、回鶻、契丹、女真、蒙古和滿洲，每一次都在最終結果上體現為疆土和民族兩方面的擴大。

融合的過程大體分為如下幾種情況：

一是原本已是半遊牧半農耕的胡族在漢族定居文明向外生長擴張時被大批同化。例如春秋戰國時期秦、晉、燕、齊等國在崛起的過程中對雜居錯處在「九州」之內或邊緣的蠻夷戎狄的融合同化。再如漢武帝元狩二年（前 121）「河西歸漢」，匈奴部眾被悉數遷出，漢朝向當地大量移民，設置郡縣、駐軍戍守，進行大規模的屯墾經營，當地的原住民如月氏、烏孫等「與匈奴同俗」的遊牧民族，逐漸被同化。

二是長期與漢族農耕社會毗鄰，且自身經濟文化發展水平較高的胡族，首先在文化上逐漸融合於漢族，接受了漢族的典章制度、風俗習慣和語言文字等，繼而在血緣上日益接近，難分彼此。例如

最初活動於大興安嶺東麓、後逐漸南遷的鮮卑族，漢桓帝時，檀石槐統一鮮卑各部，「盡據匈奴故地」，「從上谷以西至敦煌，西接烏孫為西部，二十餘邑」（《三國志·魏書·烏丸鮮卑東夷傳》裴松之注引《魏書》）。曹魏正元三年（256），有數萬鮮卑南下雍、涼二州，與漢民雜處，被稱為「河西鮮卑」。

三是先期已經部分進入漢族定居農耕區或分佈在農牧分界線的胡族，在遭遇來自北方新的胡族入侵時，會大批南逃或隨軍南遷，進入漢人居住區。例如金元之交，契丹遼國的抗金餘部南走投宋，與南宋並肩抗金，最終完全融合到漢人中；還有被女真和蒙古貴族調往中原駐守和參加南征的契丹人，因長期生活在漢人居住區，原有的民族特色逐漸消失，成了漢人的一部分，金亡後，蒙古人將其看作漢人，表明其已與漢人融合；蒙古人在滅金和西夏後大舉南征，歸附蒙古的契丹人大多隨往，據說今天雲南省保山地區施甸、保山、龍陵等縣的蔣姓人就來自耶律氏。

四是胡族統治者在漢族聚居區建立起區域性或全國性的政權，成為統治階層，從而使該胡族最終整體上融合於漢族。典型的例子如滿洲，清朝入關之後遷都北京，原居關外的滿洲除一少部分留居遼瀋，絕大多數人舉家移居關內；而八旗兵丁則駐防在全國各地，形成了滿洲與漢族大範圍的雜居錯處；與此同時，官方語言也從滿文逐漸過渡到了漢文，乾隆時，京旗滿人「清語生疏，音韻錯謬」，大都忘卻了本民族語言，關內各地駐防的八旗滿洲也已經通用漢語；在文化與血緣兩方面融合同時進行的情況下，漢化的滿族統治者對保留滿文化統一體已沒有了興趣；到了19世紀中葉，太平天國起義客觀上終結了滿漢之間最後一點界限。

但無論胡漢融合情況如何，自從漢朝之後，漢這一名稱即專指「中國之人」，這就意味着漢族在「中國之人」這一名稱之下通過對異族的吸收融合而不斷擴大，並在新的邊疆與新的異族相對。唐朝時有漢、蕃之分，清朝時有滿、漢之別，中華民國成立後，曾有漢、滿、蒙、回、藏「五族共和」之說。中華人民共和國成立後，叫作以漢族為主體、包括五十六個兄弟民族的多民族統一國家。

值得一提的是，在大部分時間裡，漢、中國和中華等名稱在表達民族和地域的同時，也是禮義文化的同義語，所謂「所以為中國者，以禮義也；所謂夷狄者，無禮義也」。在前述的各種融合情況中，無論是哪一族征服哪一族，都有因仰慕漢族禮義文化而主動接受同化的這種情況，典型者如北魏孝文帝的唯漢是尊、唯漢是從的「全盤漢化」改革。

正是漢族這一主體民族的形成以及禮義文化的延續，為「中華民族」這一偉大的觀念建構奠定了堅實的基礎。

學者們現在基本確定，梁啟超是最早使用「中華民族」一詞的人。他在《論中國學術思想變遷之大勢》一文中寫道：「齊，海國也。上古時代，我中華民族之有海思想者厥惟齊。故於其間產出兩種觀念焉：一曰國家觀，二曰世界觀。」在《歷史上中國民族之觀察》一文中，他又多次使用了「中華民族」一詞（簡稱為「華族」），並明確指出：「今之中華民族，即普通俗稱所謂漢族者」，是「我中國主族，即所謂炎黃遺胄」；同時，他還敍述了先秦時中國除了華夏族之外的其他八個民族，以及它們最後大多都融合進華夏族的史實，以說明「中華民族」的混合過程。在文中，他「悍然下一斷

案曰：中華民族自始本非一族，實由多數民族混合而成」①。

當然，他並不是一時衝動胡亂「悍然下一斷案」的，根據後人的研究，他在這個問題上有過一段心路歷程。

梁啟超首先清醒地意識到，新的中國不可以通過漢人排滿這種運動建立起來。他在 1903 年寫的一篇文章中向國人提出了三個問題：其一，「漢人果已有新立國之資格乎？」其二，「排滿者以其為滿人而排之乎？抑以其為惡政府而排之乎？」其三，「必離滿洲民族，然後可以建國乎？抑融滿洲民族乃至蒙苗回藏諸民族，而亦可以建國乎？」②

在當時的局勢下問出這三個問題，可謂振聾發聵。歷史上，中東之所以統一無望，歐洲之所以統一無望，歸根結底是沒能回答好這三個問題。抽象成現代政治理論，第一個問題，就是關於任何一個單一的民族，無論大小，是否有資格單獨建國，同時把其他民族排除在外。第二個問題，就是關於國體和政體等政治問題，是否應該與民族問題和宗教問題區分開，單獨考慮。第三個問題，就是關於新的國家是否可以是一個多民族的統一體，而不一定是單一的民族國家。

得益於中國數千年來的民族融合和大一統國家的歷史傳統，最終，中國人選擇了建立多民族統一體的道路。從「晚明漢地十八省」獨立（鐵血十八星旗），到「五族共和」（五色旗），再

---

① 劉曉洲：《梁啟超的國家主義思想與晚清的中國認同問題》，《西南交通大學學報（社會科學版）》2014 年第 15 卷第 6 期，第 85—94 頁。
② 梁啟超：《政治學大家伯倫知理之學說》，見《飲冰室文集之十三》，第 74—75 頁，《飲冰室合集》（第 2 冊），中華書局，1989 年。

到「中華民國」（青天白日旗），又到「中華人民共和國」（五星紅旗），一條民族復興的光明之路，從 20 世紀的風雲世界中赫然而出。

在梁啟超的理論建設中，他分兩步推出了「中華民族」的概念。第一步，他區分出「小民族主義」和「大民族主義」。他寫道：「吾中國言民族主義者，當於小民族主義之外，更提倡大民族主義。小民族主義者何？漢族對於國內他族是也。大民族主義者何？合國內本部屬部之諸族以對於國外之諸族是也。」

他提出的方案是：「合漢，合滿，合蒙，合回，合苗，合藏，組成一大民族，提全球三分有一之人類，以高掌遠跖於五大陸之上。此有志之士所同心醉也。果有此事，則此大民族必以漢人為中心點，且其組織之者，必成於漢人之手，又事勢之不可爭者也。」

關於滿人的問題，他寫道：但以外形論之，則滿洲與我，實不見其有相異之點，即有之亦其細已甚。以之與日本人與我之異點相比較，其多寡之比例，軒然可見，而歐美更無論矣。然則即云異族，亦極近系之異族，⋯⋯疇昔雖不能認為同族，而今後則實已有構成一混同民族之資格也①。

沒有對於中國歷史和世界大勢的深刻洞察，是不可能產生這種深刻思想的。實際上，民族的本質就是逐級擴大，是一個歷史的動態的概念，先是融合基於血緣的各不同種族而成一個基於地緣的民族，隨着地緣格局的擴大，又進一步融合各個小的民族而成一個大的民族。所以，當中國自成一個天下時，天下之內分佈着漢、滿、

---

① 轉引自劉曉洲：《梁啟超的國家主義思想與晚清的中國認同問題》，《西南交通大學學報（社會科學版）》2014 年 11 月第 15 卷第 6 期，第 91 頁。

蒙、回、苗、藏等眾多民族。而當全球貫通，天下變成整個世界時，中華大地上的所有民族就必須合併成一個更大的民族來面對五洲四海的其他各大民族。這就是「小民族主義」和「大民族主義」的理論意義。

1911 年辛亥革命爆發，中華民國建立，政治理念上的最大變化，就是徹底拋棄了以前提出的驅除滿族的思想，國家的性質被規定為多民族統一的中華國家。《清帝退位詔書》宣告：「人心所向，天命可知。予亦何忍因一姓之尊榮，拂兆民之好惡。……近慰海內厭亂望治之心，遠協古聖天下為公之義。……總期人民安堵，海宇乂安，仍合滿、蒙、漢、回、藏五族完全領土為一大中華民國。」1912 年孫中山在《臨時大總統宣言書》中明確宣佈：「國家之本，在於人民。合漢、滿、蒙、回、藏諸地為一國，即合漢、滿、蒙、回、藏為一人，是曰民族之統一。」

1922 年，中華民國成立十餘年後，梁啟超在一篇題為《五十年中國進化概論》的演講中慨然說道：

有一件大事，是我們五千年來祖宗的繼續努力，從沒有間斷過的，近五十年，依然猛烈進行，而且很有成績。是件甚麼事呢？我起他一個名，叫做「中華民族之擴大」。原來我們中華民族，起初不過小小幾個部落，在山東、河南等處地方得些根據地，幾千年間，慢慢地長……長……，長成一個碩大無朋的巨族，建設這決決雄風的大國。他長的方法有兩途：第一是把境內境外無數的異族叫他同化於我，第二是本族的人年年向邊境移殖，把領土擴大了。五千年來的歷史，都是向這條路線進行，我也不必搬多少故事

來作證了。①

　　這是以「中華民族」為主角講出來的故事，這是環顧宇內發現原來自己竟是唯一的巨族後發出的感想。

2. 世界上唯一的巨族

　　中華民族這個巨族，是中國人以清帝國疆域上的多民族共同體為基礎，順應 19—20 世紀民族國家建國潮流而建構起來的。當時的世界，很多民族都被迫接受歐美列強所確立的威斯特伐利亞主權國家模式。當時絕大多數的國家，都是以單一民族或少數幾個民族為基礎建立起來的所謂民族國家（nation-state）。但是中國卻不同，這一方面歸因於中華文明歷史本身的特殊性，另一方面可以歸因於建國者們對於中華文明歷史演進邏輯的順應，最終實現了難度最高的建國 —— 以多民族合成的巨族為基礎的建國。正如歐立德給「中華民族」下的定義：「曾經過去是清朝疆域內的人們。」

　　歷史記錄下了至關重要的那十年：

　　1902 年，梁啟超提出：「中華民族自始本非一族，實由多民族混合而成」；

　　1907 年，《大同報》提出：「滿漢人民平等，統合滿、漢、蒙、回、藏為一大國民」；

　　1911 年，《清帝遜位詔書》寫道：「仍合滿、蒙、漢、回、藏五族完全領土為一大中華民國。」

① 梁啟超：《五十年中國進化概論》，見《飲冰室文集之三十九》，第 40—41 頁，《飲冰室合集》（第 5 冊），中華書局，1989 年。

從清帝國到中華民國再到中華人民共和國，今天的人們盡可以對 1840 年以來這一段曲折的歷史進行各方面的檢討，評判其中的是非對錯。但是以巨族為基礎建立起來的現代國家，中國是最成功的一個。

　　在歐亞大陸，19—20 世紀能夠和中國相提並論的大型帝國，一個是鄂圖曼帝國，一個是俄羅斯帝國，但兩者都無法和中華帝國相比。首先就是歷史太短，前者起源於拜占庭帝國邊區的一個半遊牧半定居的部落，從蘇丹穆拉德一世向歐洲的擴張開始算起，也不過六百年；後者更短，俄羅斯作為一個文化出現，始於公元 988 年「羅斯受洗」，而彼得一世改國號為俄羅斯帝國的時間是 1721 年。二是兩者主要由強大王朝快速的軍事擴張而成，並沒有發生過上千年的文明同化和民族融合。所以，這兩個帝國都只有廣土，而不是巨族。

　　西歐的二十多個民族國家，按中國的標準，既無廣土，也無巨族。

　　至於其他大洲，非洲大陸大部分完全談不上廣土巨族。而南、北美洲和大洋洲，都是新大陸，歐洲移民搶佔了原住民的土地，不屬於原生文明，即使建立了擁有廣土的國家，其國民也不是原生的巨族。

　　可見，只有中華民族這一支堪稱真正的廣土巨族，用了五千年不間斷的努力，才終於逐漸長成，世間獨一無二。

　　帝國階段是廣土巨族的必經階段。從歷史上看，如今並立於世的幾大文明 —— 遠東文明、印度文明、東正教文明、伊斯蘭文明和西方文明，都曾有過在廣大的疆域內不同形式和程度的統一宗

教、統一文化、統一國土、統一民族等大一統帝國階段，如果沒有這些帝國階段作為文明的基礎，也不可能成為留存至今的文明。

廣土巨族必然經過帝國階段，否則不可能在疆域和人口上有足夠的規模，但並不是每一個帝國都能發展成為廣土巨族。這是因為帝國雖然在廣大的疆域內實現了政治上的統一，建立了強大的中央政府，但大多數沒能像中華民族這樣通過數千年的同化和融合實現巨族的成長。也就是說，大多數帝國的政治統一局面並未伴隨宗教和文化統一的發生，由少數族群組成的統治者集團沒有力量同化佔人口多數的其他被統治民族，使之成為一個多民族融合的巨族。一旦發生危機，必然四分五裂，重回帝國之前的狀態，很難復原。

在歐亞大陸中部的大中東地區，幾千年來先後出現過幾十個帝國，埃及、阿卡德、吾珥、亞述、巴比倫、米底亞、阿契美尼德、馬其頓、波斯、塞琉古、托勒密、羅馬、安息、拜占庭、薩珊、阿拉伯、倭馬亞、阿尤布、馬木留克、阿拔斯、塞爾柱、鄂圖曼，都有過不同形式和程度的統一宗教、統一文化、統一國土、統一民族。但若按照秦漢帝國的標準來衡量，它們都遠遠沒有達到真正的大一統。所以，儘管鄂圖曼帝國持續了六百年，成為歷史上最強大、最成功的伊斯蘭帝國，但還是以各民族的分崩離析而告終。

廣土巨族代表了政治發展的精細和成熟階段，這一點有多方面社會科學理論上的解釋。例如羅伯特‧賴特在《非零年代》一書中認為：「非零和的持續成長和持續實踐，在從原始生物時代發源到今天的互聯網絡的過程中，決定了生命歷史的方向。」就是說，在「生命歷史」這種時間尺度上，演化的規律是清晰可見的，其實就是規模的增加和複雜性的增加。如他所說：

世界古代史就像一片文明和民族在興廢更替的模糊景象。但是，如果我們放鬆自己的眼力，讓這些細節變得模糊，那麼一幅巨大的圖景就落入了我們的視野：世紀轉瞬即逝，文明興衰更替，但是文明達到了鼎盛，其範圍和複雜性都有所增加。

Ｉ·Ｇ·西蒙斯提供的數據，描繪了「巨大的圖景」的基本面目[①]：

	能量投入 （千兆焦耳／公頃）	食物收穫 （千兆焦耳／公頃）	人口密度 （千兆焦耳／公頃）
採集	0.001	0.003-0.006	0.01-0.9
遊牧	0.01	0.03-0.05	0.8-2.7
輪作	0.04-1.5	10.0-25	1-60
傳統農業	0.5-2	10-35	100-950
現代農業	5-60	29-100	800-2000

事實很清楚，廣土巨族的形成，就是規模增加和複雜性增加的自然結果，就是人類社會在從氏族部落發源，經過長時期非零和合作互動，其正值總和累積的自然結果，與自然界的演化方向和人類歷史的演化方向一致。

那麼，關於為甚麼只有中華文明不僅發展出成熟的帝國，而且最終誕生出廣土巨族的純理論解釋就是：中華文明的非零和合作互動最為成功，時間持續最長，正值總和積累最大。

據歷史學家考證，公元 1500 年前後，世界上有六千多個自主

[①] 轉引自〔美〕大衛·克里斯蒂安著，晏可佳等譯：《時間地圖：大歷史，130 億年前至今》，中信出版社，2017 年，第 299 頁。

政體，如今只有二百個左右主權國家。歐洲近代早期有四百五十個小邦國，到第一次世界大戰前只有二十五個民族國家。由此可見，作為一個整體的人類文明，正是按非零和邏輯朝着合作規模不斷擴大的方向發展，並無例外。

顯然，這是一種與流行的基於「西方中心論」的世界歷史觀明顯不同的歷史觀，它以廣土巨族為人類歷史的方向（而不是西方的自由民主），以非零和合作互動的文化為演化機制（而不是個人私利最大化），以氏族、部落、王國、帝國、巨族共和國為幾個主要的演化階段（而不是所謂的「到達丹麥」），最終通向世界大同（而不是金字塔霸權體系）。

3. 西方世界史觀不承認廣土巨族

中國人在很長的歷史時間裡沒有「世界歷史」這個概念，當然也沒有發展出像黑格爾創造的那種將人類所有民族和文化都連貫成一個分階段進化的、線性發展的「世界歷史」理論。

這讓中國在後來吃了很大的虧。「西方中心論」的史學家們將世界歷史串成一個以古代東方為起點、以近代西方為終點的大事件邏輯鏈，於是大多數非西方文明就被排除出世界歷史的「主線」，成了邊緣。從此以後，一個教科書版本的世界歷史開始流行於世，希臘、羅馬、西歐和北美等白種人國家統統登堂入室，成了天然偉大光榮正確的「文明」，而所有東方和南方國家，無論是波斯、阿拉伯，還是印度和中國，都成了「文明」的對立面，即使不是野蠻的，至少也是黑暗的。

在這個扭曲的「世界歷史」圖景中，中國的廣土巨族不僅不

代表文明的演化方向，反而還被孟德斯鳩戴上了一頂「專制政體」的黑帽子，成了落後國家，並被黑格爾安排到了「世界歷史的局外」，且言之鑿鑿地斷言：「中國的歷史從本質上看是沒有歷史的，它只是君主覆滅的一再重複而已。任何進步都不可能從中產生。」「只是預期着、等待着若干因素的結合，然後才能夠得到活潑生動的進步。」①

　　對於以下這些歷史事實，在「西方中心論」的理論當中，竟統統視而不見：

　　一、中華文明自起源到今天，是唯一延續至今不曾中斷的文明。人類文明史上出現過的所有文明，第一代的文明中，除了中華文明之外都已經滅亡；第二代的文明中，除了印度文明外都已經滅亡，而中華文明還在；今天的西方文明、東正教文明、伊斯蘭文明都屬於第三代文明，而中華文明還在。環顧世界，時間長度上能夠與之相提並論的文明，沒有第二個。

　　二、兩千多年前的秦朝，在世界上第一個建立起衝破血緣和親緣關係束縛、以土地和人民為基礎的現代政治制度。秦漢之後，歷史上幾多異族入侵，幾多中原易主，但大一統文化不滅，國脈不斷，大一統局面每一次都能在崩潰之後重建，兩千多年來是一個週期性再造的過程，不斷鞏固和完備。到了人民共和國時期，郡縣制實施更加徹底，大一統措施更加有力，民族融合更加深入。環顧世界，能夠與之相提並論的國家，沒有第二個。

　　三、中國歷史上出現過數以百計的民族，但在共同創造的社會

────────────
① 〔德〕黑格爾著，王造時譯：《歷史哲學》，上海書店出版社，2001年，第117頁。

制度和思想文化的作用下，通過長期的雜處和交流，通過戰爭和遷徙，形成了大量的共性，促成了持久不斷的民族大融合。成長到今天，聚合成了中華民族這個巨族，人口規模接近歐洲與非洲總人口之和。環顧世界，能夠與之相提並論的民族，沒有第二個。

這樣一個獨一無二的廣土巨族國家，為甚麼反被認為遠離世界文明，處在「世界歷史的局外」呢？

以中國為參照，歐洲的大一統遠遠沒有實現，歷史上多次接近完成統一又都功虧一簣。美國由移民建立國家，享受天然國土屏障和海洋通道，按說有最好的條件建成大一統國家，但直到今天它連最基本的國民身份認同問題都沒解決，種族衝突不斷，階級矛盾尖銳，「美國到底是誰的美國」這個基本問題每一年都會被追問。

伊斯蘭世界的大一統國家建設同樣未完成。由於歷史和宗教的原因，阿拉伯世界部落勢力的威權遠大於國家的威權。查希里葉時代的阿拉伯遊居社會與地中海定居社會之間的差距，類似於中國早期歷史上北方戎狄與中原王朝之間的差距。徙志之後的伊斯蘭時代，實現了宗教上的統一，但仍以氏族部落作為基本的政治單位，國家因伊斯蘭教義號召而起，並服務於教法的實施和鞏固。直到今天，阿拉伯人的身份認同也是將穆罕默德傳教的使命置於阿拉伯王國和語言文化遺產認同之前。

南美國家和非洲國家的情況就不必多說了，普遍的情況是國家建設的未完成狀態，最壞的情況其實是越來越失敗，是國家政治瀕於解體。不要說大一統國家的建設進程，有些國家還在繼續分裂。

最說明問題的例證，是人類定居文明起源地在今天的狀況。

位於約旦河西岸今天巴勒斯坦境內的傑里科，曾於 2010 年 10 月 10 日舉行慶祝活動，紀念該城「建城 10000 年」。這還真不是胡說，而且很可能還少算了。考古學家在傑里科總計挖掘出二十多個連續定居點的遺跡，其中第一個定居點可以追溯到距今 11000 年。該城的防禦工事可追溯到公元前 7000 年，比埃及金字塔早 4000 年。最早的定居村落、最早的定居農業、最早的國家雛形，都出現在今天的東地中海，這一地區被稱為「側翼丘陵區」，即古埃及、古蘇美爾、古黎凡特、古安納托利亞等早期文明被發現的地方。傑里科當時的人口就達到了 1—2 千人；青銅時代的蘇美爾人在兩河地區建立的一系列城邦，人口達到了 4—5 萬；到鐵器時代，出現了新巴比倫這樣人口超過 10 萬的大城市。通過對 1968 年發現的約兩萬件「艾布拉泥版」的破譯研讀，人們發現，公元前 3 千紀這裡曾有一個控制着六十餘個附屬國和城邦國家的強大王國，26 萬人口和巨大的貿易網絡通過一萬多名行政官僚管理，這些官僚大部分不是國王的宗親，而是由首席大臣（維齊爾）選拔指定的。這意味着當時這一地區的古代城邦國家已經發展出了很現代的政治組織。

也就是說，非血緣的、非氏族的、現代化的國家行政組織，在古黎凡特地區早在公元前 3500—前 2500 年間就出現了，比中國的早期國家還要早上千年。然而，這個地區並未提前中國上千年建成大一統國家，更沒有出現天下型國家。五千年後的今天，這一地區反而更加四分五裂，反而離現代國家的發展水平越來越遠了。實際上，這個艾布拉王國就是今天的敍利亞東北部，都城就靠近今天的阿勒頗。

提到阿勒頗，人們頭腦中首先會出現甚麼畫面呢？居住在全人類最早定居文明發祥地的人們，今天陷入了家園被毀、人民流徙、國家破碎、文明倒退的苦難當中。1萬年前的古人是為了今天的阿勒頗戰火和廢墟而開始其定居生活的嗎？

定居文明開始的意義體現在哪裡？對於今天的中國人，回答這個問題是最沒有障礙的。從龍山文化和良渚文化時期的定居村落、早期區域性國家，到夏商周早期國家，到秦漢大一統國家、隋唐大一統國家、明清大一統國家，再到今天的中華人民共和國，一個持續發展的現代化國家。五千多年的定居文明一路走下來，而且還將繼續走下去。

這樣一部精彩的定居文明勝利史、廣土巨族成長史，中國人自己不講，誰來替我們講呢？

廣土巨族的形成和成長，是中國人自己的精彩故事，要講好這個故事，需要先從定居文明這個根本問題說起。

四、定居文明

若只是面對當代世界，談論定居文明沒有甚麼意義，因為今天全球人口中絕大多數都過着定居的生活，有多達超過一半的人口居住在城市地區，其中大約10%的人口居住在有1000萬或以上居民的特大城市當中。城市地區之外的另一半農村人口的絕大多數也居住在定居村落當中，即使是為數很少的遊牧或遊商民族，也大都轉變為半定居的生活方式。完全未受到定居生活影響的非定居遊動生

活方式，可以說已經沒有了。

　　但是，一旦面對整個人類歷史，情況就完全不同了。在全部長度的現代人類歷史上，從個別地方零星出現定居生活方式，到今天絕大多數人口都以定居的方式生活在地球上，這個時間的比例連 5% 都不到。換句話說，人類的定居 —— 每個家庭和個人都有固定在某個位置上的住所，都有一個家園，而不是四處遷徙並頻繁進入陌生的新環境，只是剛剛出現的新形態。

　　定居形態是隨着農業的出現而固定下來的。現代人類歷史開始於 20 萬年前智人的出現，而農業的出現最早可追溯到大約 1 萬年前，這就意味着人類歷史 95% 的時間並不從事農業，而是從事狩獵採集（Hunter-gathering），人類過上依靠馴化動植物維持生計的農業生活，也是人類歷史最近 5% 的時間裡才發生的事。

　　好比一個活了 100 歲的人，95 歲之前從來沒有固定的住所，最近 5 年才相對穩定下來，不再四處遷徙了。而 95 歲之前的他，還經歷過兩次漫長的冰川期。第一次大約從他不滿 1 歲的時候開始，一直持續到他到 40 歲的那年。剛剛暖和了幾年，第二次冰川期又來了，從他 45 歲那年開始，一直持續到他 92 歲半。這就意味着，他在 95 年四處流浪狩獵採集生活中，大約 90% 左右的時間還是在嚴酷的冰川環境中度過的。重要的是，95 年來各種環境通過壓力和刺激所引起的所有基因突變，都在他今天 100 歲的身體裡。

　　這是理解定居農耕社會出現的一個關鍵點。簡言之，從個體來講，現代人類不像是為了當上安土重遷、每日耕作的農民才演化成今天這個樣子的。那些自由自在地四處遷徙，殺氣騰騰地圍捕大型

獵物，所到之處天當被、地當床、萬物皆備於我的這種豪放粗獷生活方式的狩獵採集者，不是與此前 95% 生命歷史裡的演化邏輯更為一致嗎？

認清這個歷史背景，對於理解定居文明的出現意義重大。因為這同一個時間尺度比例還意味着：人類基因的適應性變異的歷史，也是 95% 的時間發生在包括 90% 冰川時期的狩獵採集環境中，只有從大約 11500 年前新仙女木時期（the Younger Dryas）冰期結束之後至今的 5% 時間，是在溫暖濕潤、植被茂盛的全新世氣候條件下的農業和最近的工業環境中。

那麼，作為一個生物物種的現代人類，絕大多數的基因突變，就都是在漫長的舊石器時期為適應遷徙—狩獵採集生活方式而發生的，在演化基本完成後，才開始轉入定居和農耕生活方式。有學者認為，人類在四五萬年中沒有任何生物學上的變化，我們以這「萬年不變」的頭腦和身體創建了所有我們稱之為文化或文明的東西[1]。雖然也有學者認為人類演化並未停止，反而在文明進程開始之後繼續進行[2]，但畢竟這一萬多年在生物演化史上時間太短，在人屬演化史上只佔不到 1% 的時間。要想證明今天的我們與公元前 4000 年的埃及法老們不僅有文化上的差別，而且還有基因上的變異，能夠拿出來的證據還是太少。

無論如何，各種新學科的結合還是讓重建舊石器晚期人類在地球上遷徙歷史的工作有了突破性進展。其大致圖景是：在大約 10

---

① 轉引自〔美〕格雷戈里·柯克倫、〔美〕亨利·哈本丁著，彭李菁譯：《一萬年的爆發：文明如何加速人類進化》，中信出版社，2017 年，第 1 頁。
② 同上。

萬年前現代人類離開非洲移居到西亞和地中海地區時，全新世氣候還沒有到來。人類在大約 6 萬年前移居東亞和澳大利亞、3.5 萬年前到達烏克蘭和俄國、2 萬年前到達西伯利亞、1.5 萬年前進入美洲的這幾萬年大遷徙的歷史中，大部分時間是在冰川期而不是氣候變暖的間冰期。尤其令人驚歎的是，有一個亞群竟然是在大約 2 萬年前的末次盛冰期（Last Glacial Maximum）遷徙到荒涼寒冷的西伯利亞的。另一個值得注意的事件是，從東亞進入美洲的同一個亞群，在大約 1.4 萬年前全球開始變暖時，由於海平面的上升，被阻隔在了美洲。

總的來說，到了舊石器時代晚期，人類已經遍佈在了除南極洲之外的地球上的大部分地區。在這段長達數萬年的歷史中，人類隨着氣候的變遷和動植物的變遷而四處遷徙。每一個進入新環境的亞群，都在相當長的時間裡處在一種與其他亞群相分離的「與世隔絕」狀態，並在環境的壓力下發生基因變異，成為了體貌各異的不同種族。當這些原本是同源兄弟的不同種族再次相遇時，就相互視為「非我族類」。

但是，相對於地球生物演化史的那些巨變，現代人類的基因突變和種族的產生仍然屬於物種內部的小幅度變異。直到距今 1 萬年前，人類總人口的數量雖有較大增加，也許達到了數百萬人，但是社會的規模和複雜性都沒有發生顯著增長。因為據人類學家估計，狩獵採集的生活方式下，每個人所需要的土地面積平均在 20 平方公里以上，所以人口數量的增加主要依靠在陸地上的面積擴展，而不是依靠在某一個地區內的密度增加。

這種情況的改變，直到最早的定居部落在西亞出現。

1. 定居生活方式的誕生

考古證據顯示，從大約 1.5 萬年前開始，世界部分地區出現了定居部落。最早的一批定居部落出現在西南亞。

西南亞成為最早出現定居部落的地區，除了氣候和動植物分佈的原因，還有移民的因素，因為這裡是人類在非洲和歐亞大陸之間來回遷移的主要通道。同樣道理，在南、北美洲兩塊大陸之間的移民活動都要經過中美洲，那裡也出現過密集的定居人口。

一部分人類群體終於放棄了亙古未變的遷徙生活，轉而採納定居生活，這種人群被人類學者稱為「富裕採集民族」。因為在開始的時候他們並未發展農業，而是繼續着他們狩獵採集的生活方式。澳大利亞東南部的貢第傑瑪若人（Gunditjimara people）數千年來一直定居在大型的永久性村莊，有強有力的首領，也有政治組織，但卻不是農民，沒有固定的動植物馴化。這種或者依靠捕魚，或者依靠狩獵和採集維持生計的「富裕採集民族」，除了在西亞新月沃地，在中美洲、波羅的海沿岸、埃及和蘇丹、東地中海地區，也都有發現。

直到 20 世紀，人類學家們還能夠在中美洲和南美洲的一些偏遠地區找到這些「演進中的『殘貨』」。克洛德 · 列維 – 斯特勞斯寫道：

……只要不受到外部的威脅，它們便可以很好地生存發展下去。

那麼，讓我們試着更好地勾勒出它們的輪廓吧。

這些社會由一些幾十人到幾百人不等的小社群組成，這些小社

群之間彼此遠離，需要步行好幾日才能到達，其人口密度大約為 1 平方公里內 0.1 個居民。這些社會的人口增長率非常低，明顯低於 1%，即新出生的人口剛剛能夠抵補死去的人數而已。因此，它們的人數變化不大。它們有意無意地運用各種方法來維持人口數量的穩定：分娩後禁慾，為了延緩女人生理節律的恢復而延長哺乳期。驚人的是，在所有這些被觀察到的情況中，人口的增長並不會促使社群在新的基礎上重組；而是隨着人口的增多，社群會分裂開來，形成兩個與之前社群大小相同的小型社會。

這些小社群擁有一種天生的能力，可以祛除社群內部的傳染性疾病。……[1]

一個需要解釋的現象是，有些「富裕採集民族」社會長期以來與農耕社會比鄰而居，相安無事。比如，南部非洲卡拉哈里沙漠和澳大利亞北部約克角那些與農耕社會相距很近的採集社會，幾千年來始終沒有採納農業。這似乎說明農耕生活方式並非一種必然。由於人屬這個物種數百萬年來都是狩獵採集的生活方式，現代人類在出現之後的絕大多數時間裡也都是狩獵採集者。

所以，這些天生的狩獵採集者，在某個時候最終轉變成了固定居住在某個小地域內、一般不再接觸新環境、終日彎腰駝背從事單調的耕作或養殖活動的農耕—養殖者，這實際上是一種具有演化意義的「突變」。

在地球上多個地區獨立發生的這種突變，到底是必然還是偶

---

[1] 〔法〕克洛德·列維-斯特勞斯著，欒曦譯：《面對現代世界問題的人類學》，中國人民大學出版社，2017 年，第 15 頁。

然？到底是進化還是退化？關於這個問題，學者們有很多爭論。從遊走的狩獵採集者轉變成定居的農耕養殖者，看起來並不符合人屬這個物種的演化目的。自由自在變成了被迫約束，縱橫馳騁變成了偏安一隅，冒險狩獵變成了馴養禽畜，衝鋒戰鬥變成了彎腰耕作，開疆拓土變成了安土重遷。總之，戰士變成了農民。

僅從個體演化上看，這更像是一種退化的表現，除了身體從野獸般的矯健強壯變得越來越柔弱乏力，隨之引起的性格變化是勇敢變成了膽怯，豪爽變成了拘謹，大度變成了狹隘，質樸變成了造作，陽剛變成了陰柔……很不像是「造物主」的安排，或「天道」的邏輯。

尤瓦爾・赫拉利就此問題寫道：

智人的身體演化目的並不是為了從事這些活動，我們適應的活動是爬爬果樹、追追瞪羚，而不是彎腰清石塊、努力挑水桶。於是，人類的脊椎、膝蓋、脖子和腳底就得付出代價。研究古代骨骼發現，人類進到農業時代後出現了大量疾病，例如椎間盤突出、關節炎和疝氣。此外，新的農業活動得花上大把時間，人類就只能被迫永久定居在麥田旁邊。這徹底改變了人類的生活方式。其實不是我們馴化了小麥，而是小麥馴化了我們。「馴化」（domesticate）一詞來自拉丁文「domus」，意思就是「房子」。但現在關在房子裡的可不是小麥，而是智人。①

---

① 〔以〕尤瓦爾・赫拉利著，林俊宏譯：《人類簡史：從動物到上帝》，中信出版社，2014年，第80—81頁。

學者們用「史上最大的騙局」「定居陷阱」等詞語描述這個難以給出合理解釋的「農業革命」，認為可能發生了因某種偶然因素導致的正反饋循環，造成了這個意外的結果。畢竟，定居文明的出現，必須同時滿足多個前提條件：（1）成功實現了野生動植物的馴化；（2）夏秋季的收穫物留有足夠的剩餘可以維持過冬；（3）掌握了使用種子在春天播種和保留幼畜以維持畜群數量的技術；（4）耕作帶來的土壤消耗很快得到大自然的補充，使地力得以恢復。

　　只要上述條件有任何一個不能滿足，人群就不得不時時遷居，要麼完全靠狩獵和採集為生，要麼不斷尋找新的開墾地或放牧區。

　　然而，後續的歷史發展才是人類文明進程的開始。而正是開創出地球「人類紀」（Anthropocene）的人類文明這個真正具有重大意義的演化事件，賦予了定居農耕生活方式最充分的合理性和必然性。

　　歸根結底，定居農耕生活方式，是通過每個個體的相對退化甚至犧牲，啟動了整個社會的複雜性發展和不同於個體進化的群體進化。

　　首先，定居農耕生活方式提供了多個有利於人口增加的條件，如增加了男女婚配的機會，縮短了婦女的生育間隔並方便了生育和哺養，提高了嬰兒的存活率，等等。與此相對，狩獵採集者必須隨季節變化而四處遷徙，而僅僅為了確保遷移生活方式的進行，就不得不採取自然節育、殺嬰和殺死老年人等控制人口數量的措施，因為遷徙群體的流動性是生存的第一需要。一位研究者稱，史前社會的殺嬰率高達 50%。這些活動帶來的一個結果，就是遷徙型採集

民族的人口增長十分緩慢[1]。

根據賈雷德·戴蒙德在波利尼西亞這個「歷史的自然實驗」社會的人類學調查研究，在查塔姆群島和新西蘭南島上繼續保持狩獵採集生活方式的人群，人口密度低到每平方英里僅 5 人，而湯加、薩摩亞和社會群島等從事集約型農業的島嶼，其人口密度則達到每平方英里 210—250 人，夏威夷每平方英里 300 人。在阿努塔這個高地島，所有土地都被改造成了集約型農業，人口密度甚至達到了每平方英里 1100 人，幾乎超過了現代荷蘭[2]。

而人口密度的增加和規模的增大，被證明是群體進化的一個最重要的因素。密集的人口意味着信息交換的頻繁發生和傳播媒介的產生。以一種媒介決定論的觀點看，媒介構成了社會得以形成的必要條件，社會通過媒介的演變而發展 —— 抽象語言、抽象思維、文字符號、精確交流、集體學習，當然也包括錯誤信息和故意撒謊，都通過信息交換和傳播媒介發展起來。而這正是文明歷史變化逐步加快的根本原因。在那些繼續保持狩獵採集生活方式、人口稀少且分散的地區，即使出現了社會，但變化要緩慢許多。所以，人口密度和規模這個因素本身，就導致了世界上不同地區的社會走上了差別很大的文明發展道路。

另外，定居農耕生活方式使得一個社會與一塊固定的「家園」土地緊密聯繫在了一起，這是一個具有重大意義的突變。

---

① 參見〔美〕大衛·克里斯蒂安等著，劉耀輝譯：《大歷史：虛無與萬物之間》，北京聯合出版公司，2016 年，第 137 頁。
② 〔美〕賈雷德·戴蒙德著，謝延光譯：《槍炮、病菌與鋼鐵：人類社會的命運》，上海譯文出版社，2016 年，第 32 頁。

在狩獵採集社會中，人與土地之間沒有複雜聯繫。根據學者的調查研究，在阿拉斯加的狩獵採集社會，帳篷每年移動的距離超過 400 公里，覆蓋的地理範圍大概有 8 萬平方公里。南美哥倫比亞的狩獵採集社會，一年內帳篷移動的距離約 280 公里，覆蓋的地理範圍是 3000 平方公里。這種差距完全因為植物的生長季長短不同而產生，一般來說，生長季越長，遊動部落覆蓋的範圍越小[①]。

固定在一塊「家園」土地上的定居社會，相較於「往來無定所，逐水草而居」的遊居社會，重要的不同在於各自的社會組織形式：由於有了「家園」，就有了「家園」的秩序問題、治理問題、發展問題，也有了「家園」的生存和防禦問題，這就是定居農耕社會政治和軍事問題的由來。為甚麼早期定居農耕社會的出現都會與某些被奉為「聖王」之類的領袖人物相聯繫？因為這些人物是伴隨農業的出現而誕生的新型領袖，他承擔起了新型的歷史任務——不再率領整個社會遠征其他社會，而是動員整個社會捍衛「家園」，抵禦或者同化外來入侵者；不再代表神靈與人間作對，而是代表人間與天地協調；不是只追求私人或小集團的利益，而是致力於維護整體的公共秩序。以文明史觀之，相較於永遠都在遷徙和遠征活動中、只崇拜兇猛野獸和怪力亂神、沒有仁愛之心、將人群與待捕獵物等量齊觀的狩獵採集社會，定居農耕社會顯然是與歷史演化方向、文明發展方向更為一致的人類社會。

最後，定居農耕社會一旦建立了穩定秩序，文明便快速發展並開始向外擴大範圍，就與周圍那些尚未轉為定居農耕社會的遊居社

---

① 〔英〕亞歷山大·H·哈考特著，李虎等譯：《我們人類的進化：從走出非洲到主宰地球》，中信出版社，2017 年，第 191—192 頁。

會形成一種相互對立：前者為文明社會，後者則被前者稱為蠻族。

中國社會科學院學部委員王震中教授總結道：

> 總之，農業的起源，是人類歷史上的巨大進步，以農耕畜牧為基礎的定居聚落的出現，是人類通向文明社會的共同的起點。從此，由村落到都邑，由部落到國家，人類一步步由史前走向文明。[①]

2. 大歷史理論

考古學家們認為，大型社會是伴隨着定居生活而出現的，並且隨着定居文明的成長而不斷擴大。從大約 1 萬年前開始的幾千年裡，定居村落和城市在各個不同的大陸先後出現。除了「新月沃地」這一人類文明的搖籃地之外，烏克蘭的城市如塔連基（Talianki）等從大約六千年前開始出現。隨後數百年，歐亞多個文明中心進入了被哲學家卡爾·雅斯貝爾斯（Karl Jaspers）稱為「軸心時代」的繁榮期，地中海世界、印度和中國都湧現出了一批和巴比倫規模相當的城市。

為了方便敍述，不至於陷入「列國志」般的煩瑣羅列，在此藉助近幾十年來很熱門的「大歷史」（Big History）理論框架，來理解這一段重要的文明突變期。「大歷史」框架將一萬多年的人類文明視為整個宇宙演化歷史的一部分，將人類遍佈地球的今天視為自地球誕生以來剛剛出現的最新地質學紀元「人類紀」

---

① 王震中：《中國文明起源的比較研究（增訂本）》，中國社會科學出版社，2013年，第 54 頁。

（Anthropocene）。於是，人類文明進程的階段性發展，如社會的出現、城市的出現、國家的出現、萬物互聯的出現等，就與宇宙演化歷史上恆星的出現、生命的出現、智人的出現等重大事件之間有了某種一致性，例如規模的擴大、複雜性的逐步增加、能量流和信息流的聚集方式等，從而可以被置於統一的「普遍起源論」中並列作為「複雜性漸增門檻」系列事件之一進行考察①。

大衛·克里斯蒂安在《時間地圖》一書中這樣描述恆星與城市變化模式的相似性：

在早期宇宙中，引力抓住了原子雲，將它們塑造成恆星和銀河系。在本章所描述的時代裡，我們將會看到，通過某種社會引力，分散的農業共同體是如何形成城市和國家的。隨着農業人口集聚在更大的、密度更高的共同體裡，不同團體之間的相互交往有所增加，社會壓力也隨之增加，突然之間，新的結構和新的複雜性便一同出現了，這與恆星的構成過程驚人地相似。與恆星一樣，城市和國家重新組合並且為其引力場內部的小型物體提供能量。②

「大歷史」理論在 21 世紀初剛剛開始流行，2011 年 4 月成立了國際大歷史協會，2012 年 8 月召開了第一屆國際大歷史會議（IHBA），但在短短的十幾年時間裡，該學科的學術影響力卻

---

① 參見〔美〕大衛·克里斯蒂安等著，劉耀輝譯：《大歷史：虛無與萬物之間》，北京聯合出版公司，2016 年，第 10 頁。
② 〔美〕大衛·克里斯蒂安著，晏可佳等譯：《時間地圖：大歷史，130 億年前至今》，中信出版社，2017 年，第 289 頁。

迅速增長，而且帶來了很多觀念上的突破。「在『大歷史』中，人類第一次被視為一個單一物種」，因此為關於國家、關於文明各種新的敘述開闢出可能性——完全不受文明和種族偏見影響的全球性敘述。

這一點值得引起中國學者特別關注，因為中華文明不僅僅是人類的主要文明之一，而且具有唯一性，因此也具有代表性。既然是唯一的延續文明，唯一的天下型定居文明，那麼研究文明的延續性和定居形態，主要就是研究中華文明。從早期定居的出現，到早期農業的出現，出現後如何度過了生存危機和發展危機，如何形成了持續的發展，如何逐步擴大規模，直到延續至今成為唯一的廣土巨族，這一系列問題，既可以視為中華文明的特殊問題，也可以視為人類大歷史中的普遍問題。

對這些最根本的問題給出合理的解釋，既可以解釋歷史中國和當代中國的大部分問題，也可以為解決當代世界的很多問題提供思路。

將人類歷史視為整個宇宙歷史的一部分，相當於建立了一個「關於時間的全部歷史」的宏大坐標，全部長度是所謂「宇宙年齡」，科學家們估計大約有 130 億年。在如此宏闊的歷史尺度之下，到目前為止只有一萬年左右的人類文明史，被縮微成了一個瞬間單元。正如那個據說是出自馬克·吐溫的著名比喻：若用埃菲爾鐵塔代表地球的年齡，那麼，塔尖小圓球上的那層漆皮就代表人類的年齡[1]。

---

① 參見〔美〕大衛·克里斯蒂安著，晏可佳等譯：《時間地圖：大歷史，130 億年前至今》，中信出版社，2017 年，第 6 頁。

當然，歷史學家們所研究的絕大多數歷史問題，都不需要這樣一種超大的時間尺度。因為在宇宙的無限時空當中，人類與蚍蜉無異，屬於絕對的渺小，這種時間尺度大到與人類沒有直接關係。比如人類歷史當中的「五百年必有王者出」「三千年未有之大變局」之類，在追求嚴謹和專業化的歷史學家眼中，就已經是超長時間尺度了，使用比這更大的尺度描繪一般的歷史現象，統統屬於大而無當。

　　然而，具有這種「大歷史」的觀念，保持關於超大時間尺度的意識，對於研究歷史的人並非不重要。畢竟，在大的歷史框架中仍然可以描述小的歷史事件，反之，用小時間尺度描述較大的歷史事件卻不可能。例如，假如人類從來沒有突破《聖經》宣稱的世界只有六千年的時間尺度，那麼進化論、遺傳學、地質學包括人類學，就統統沒有出現的可能。在科學發現的早期，正是因為產生了幾十億年甚至更長時間這種歷史長度的意識，達爾文才可能猜測到今天的生物圈是極漫長自然選擇過程的結果，萊伊爾才可能猜測到今天的地殼岩石記錄了地球億萬年的歷史。

　　關於定居文明的問題也是如此。如果只在中華文明五千年這個框架內討論，就很難充分理解定居文明、農耕文明、天下型定居文明等概念的真實意義，因為這個歷史框架並不能涵蓋定居和農耕社會如何從無以計數的狩獵採集社會中脫穎而出，又如何在狩獵採集社會以及日後那些「馬背上的民族」的重重包圍和頻頻入侵的惡劣環境中生存下來等問題。只有從更早的舊石器時代開始追根溯源，將五千年中華文明置於一萬多年人類文明史的「大歷史」框架中進行綜合的、對比性的考察，才可能得出有價值的觀察。

在「大歷史」思維中，人類文明最重要的發展，是與城市和國家這些複雜組織形式的出現相聯繫的，城市和國家又都是與定居農耕社會這種複雜文明的出現相聯繫的。而定居農業文明，特別是大規模定居農業文明的出現，則可以被理解為宇宙演化歷史上一系列「複雜性漸增門檻」之一[1]，與智人的出現、生命的出現、恆星的出現等並列為「普遍起源論」中的重大「門檻」事件。

像其他幾個重大「門檻」事件一樣，這種文明發生的真實原因，其發展的內在機制，未來的演化方向等，直到今天仍是沒有最終定論的懸疑問題。

3. 真社會性

通過與狩獵採集遊團的漫長歷史進行對比，人們發現，從定居農耕社會出現的那一刻起，人類歷史一種新的演化邏輯便開始了。雖然到今天為止，這段時間才只佔 5%，但表現出來的特徵已經足夠明顯了。

一些學者使用了「真社會性」的概念來歸納，並且發現只有真社會性動物才能發展出最複雜的社會。「大歷史」的研究表明，地球四十多億年歷史進化出的無數物種中，可以確定為「真社會性」的動物極為稀少，到目前為止只發現了 19 種，分散在昆蟲、海洋甲殼類動物和地下齧齒類動物中，加上人類，總數是 20 種；而且出現得非常晚，直到發現白蟻以及螞蟻的進化證據，人們才找到了真社會性動物出現的證據。在經歷了大約 1 億年的靈長類動物的進

---

[1] 參見〔美〕大衛・克里斯蒂安等著，劉耀輝譯：《大歷史：虛無與萬物之間》，北京聯合出版公司，2016 年，第 10 頁。

化歷程之後，人類在最近的幾百萬年中才開始出現[1]。很少和很晚，說明它的誕生和存續都非常艱難。

「真社會性」可以理解為與「真個體性」相對，個體的演化邏輯從此開始讓位於群體的演化邏輯。愛德華・威爾遜寫道：

> 通俗來講，真社會性就是真實的社會情境。根據定義，在完全社會性的群體中，成員之間互相合作養育後代，群體中的成熟個體可分為兩個以上的世代。它們也存在勞動分工，這種分工是通過許多繁殖能力低的個體自動放棄繁殖機會實現的，目的是給那些繁殖成功率高的個體更多機會去提高群體的繁殖率。[2]

一般來說，「真社會性」總是意味着個體為了群體而做出某方面的犧牲。這種犧牲所換來的，就是「真社會性」群體內部發展出來的高級社會行為，讓這一物種在生態上佔據很大優勢。例如白蟻和螞蟻這兩種具有「真社會性」的昆蟲，雖然它們在已發現的數以百萬計的昆蟲種類中只有不足兩萬種，但是世界上所有白蟻和螞蟻的總重量佔全世界昆蟲體重總和的一半還要多。這顯然意味着能量流的一種超常聚集。

這樣來理解人類定居農耕社會的誕生，很多問題都可以得到解釋。定居之後，個體的自由度換成了群體的一致性，個體的攻擊性換成了群體的穩定性，個體的排他性換成了群體的共生性。總的來

---

[1] 參見〔美〕愛德華・威爾遜著，錢靜、魏薇譯：《人類存在的意義：社會進化的源動力》，浙江人民出版社，2018年，第16頁。

[2] 同上，第15頁。

説，個體對於環境的適應能力普遍降低了，但群體通過發展出更複雜的社會行為，不僅具有了更強的適應環境的能力，而且具有了改造環境的能力。

作為結果，定居社會裡人口規模開始增加，生產力開始增加，資源和財富開始增加，對內的整合能力和對外的防禦能力都開始增加，一種遠遠超出最有力量的個體超人的群體力量建立起來，形成了相對於其他物種或同類群體的競爭優勢。

與此相對，繼續狩獵採集生活方式的遊居社會必須隨季節變化而四處遷徙，而僅僅為了確保遷移生活方式的進行，就不得不採取自然節育、殺嬰和殺死老年人等控制人口數量的措施，因為遷徙群體的流動性是生存的第一需要。

通過對真社會性動物的分析研究，學者們發現，真社會性形成之前的最後一步，正是構築安全的巢穴。動物從巢穴出發外出覓食，在巢穴中養育幼崽直至它們發育成熟①。這進一步證明了家園土地是對於群體演化至關重要的一個因素。

巢穴的安全問題基本上是和建設問題同時出現的，這也是「真社會性」的一個體現 —— 為了集體的生存，必須要進行農民和戰士兩種職能的分工。人類學家輝格指出，早期農業定居點大多數都是設防的。傑里科遺址圍有一道六百米長的石牆，牆外挖了壕溝；烏克蘭發現的幾個五六千年前的萬人大城，包括涅伯利夫卡（Nebelivka）、多布羅沃迪（Dobrovody）和之前提到的塔連基，都是設防城市；新幾內亞高地巴布亞人……會在村邊高樹上搭建瞭望

---

① 〔美〕愛德華·威爾遜著，錢靜等譯：《人類存在的意義：社會進化的源動力》，浙江人民出版社，2018 年，第 16 頁。

塔，由族人輪流值守。……安納托利亞的加泰土丘（Çatalhöyük），由一群磚石房屋相互緊貼組成一個蜂窩狀結構，沒有側面的門窗，也沒有街道，只能靠梯子由天窗出入。……科羅拉多著名的印第安農業村寨梅薩維德（Mesa Verde），修建在一整塊巨大石崖下面，這塊向外伸出的巨石像一個罩子，保護了村莊的三個方向；在西北歐，許多新石器時代的村莊都坐落於湖泊或沼澤中間，通過可開關的橋廊與外界相通；在沒有山崖、河灣、江心洲等有利地勢可依憑的地方，城牆與壕溝便是標準配置①。

總之，定居農耕生活方式導致了人口規模的擴大和密度的增加，同時導致了與家園土地之間的固定聯繫。這兩個因素都是一個群體「真社會性」形成的必要條件。而群體的「真社會性」一旦形成，群體的演化邏輯就超越了個體的演化邏輯，分工協作、市場交換、集體學習等過程相繼開始，整個群體組織朝更大規模和更大的複雜性方向演化。

4. 兩種共生

然而，定居農耕社會雖然代表了「真社會性」物種的演化方向，可是在早期階段卻並未取得明顯的競爭優勢，尤其是遠遠沒有建立起相對於狩獵採集社會的競爭優勢。恰恰相反，由於在群體層次上環境適應性需要相當長的時間逐漸形成，定居農耕社會從誕生之初就一直面臨着嚴重的生存問題。而最大的生存威脅，恰恰來源於那些沒有轉變為定居農耕生活方式的遊居社會，或歷史學家們所

---

① 輝格：《群居的藝術：人類作為一種物種的生存策略》，山西人民出版社，2017年，第 23—24 頁。

説的「蠻族遊團」。

農業正是演化分叉的重要催化劑。在一種高度抽象的理論中，農業本身即可以被定義為通過共生形式增加人類社會的能量和資源利用的一系列方法。例如非洲的栽培蟻與真菌、蜜罐蟻與蚜蟲等都是這樣，前者會悉心照料後者，並收穫作為食物的一部分。沒有前者的干預，後者就會死亡，反之亦然。與此類似，人類學者也觀察到，定居農耕社會中的農民，實際上與該定居地所在的整個環境處在一種共生關係中。隨着時間的推移，這種共生關係主導了相互聯繫的每一個物種的演化方式 —— 農民馴化稻穀和家畜，稻穀和家畜反過來也馴化了農民；遊居社會掠奪了定居社會，定居社會反過來也同化了遊居社會，各個部分在演化過程中變得越來越相互依賴，最終它們都變得無法獨自存活。這就是共生現象，這種例子在整個自然界中不勝枚舉。

而與此同時，仍然四處遷徙的遊居社會也在發展自己的農業和相應的共生關係。歐亞大陸的乾旱帶（arid belt）西起撒哈拉沙漠，東穿阿拉伯半島和伊朗高原，從阿富汗北上，經中亞五國，最後折向中國的新疆、青藏高原和蒙古高原。歷史學家們確信，最早的農業是在這條乾旱帶上的不同地區先後獨立發生的。和定居農耕社會類似，那些處在歐亞大陸乾旱帶上的狩獵採集社會也在距今 1 萬多年前後獨立實現了對牛和羊的馴化。有所不同的是，由於牛和羊都是天生就逐水草而移動的，所以這種馴化並沒有影響到遊居社會的移動性。

牛和羊被馴化為家畜和小麥被培育為農作物大約是在同一時期，比狗的馴化晚數萬年，但是比馬的馴化早數千年。考古學家

在俄羅斯南部草原地帶的德瑞夫卡遺址（前 4200—前 3700 年）發現了大量馬匹的遺骸，這說明馬匹的馴養並且用於坐騎大約在公元前 5—前 4 千紀，時間在車輪發明之前。在哈薩克斯坦北部，在公元前 4—前 3 千紀的一個村落裡挖掘出的所有動物遺骸中，有 99% 屬於馬的遺骸[①]。

第一個成功馴化馬匹的部落到底是哪一個，已經無法考證了，但回顧歷史，這個部落卻是最早打開人類歷史潘多拉魔盒的人群之一。可以說，遊居社會的農業發展到了馬的馴化和使用這個階段，不僅與自己過去徒步進行狩獵採集的歷史拉開了距離，而且反過來形成了相對於定居農耕社會的競爭優勢。

在整個歐亞大草原，對馬的馴化，讓這一地區從東部到西部成為了一個覆蓋面積巨大的文化整體，考古學家在相距遙遠的不同地區發現了具有驚人相似性的文化遺存。它們有些是定居農耕部落，有些是狩獵採集部落，有些則是趕著牧群、依季節的變化作定期巡迴流動的早期遊牧部落。但是，自從實現了對馬的馴化之後，出現了一種文化統一的趨勢，過去是哪一種生活方式變得不重要了，馬、大草原、弓弩和金屬刀劍共同造就出來一種新型人類 —— 具有高度機動性的、好戰的「騎馬民族」。到了青銅器時代晚期和鐵器時代早期，這些被考古學家們統稱為「斯基泰—西伯利亞民族」的新型人類在中歐亞地區的勢力急劇膨脹，四處出擊。亞述人和希臘人的古代文獻中記錄了這些四處遊動的蠻族部落，並分別命名為「辛梅里安人」（Cimmerians）、「斯基泰人」（Scythians）、「塞種人」

---

① 參見〔美〕狄宇宙著，賀嚴等譯：《古代中國與其強鄰：東亞歷史上遊牧力量的興起》，中國社會科學出版社，2010 年，第 29—30 頁。

（Sakas）①。狄宇宙寫道：

> 希羅多德（Herodotus）對於斯基泰人的描述向我們展現了早期畜牧遊牧者們的社會等級制度：王室在等級制度的最上層；其下是「農耕的」「遊牧的」或者是「自由的」斯基泰人，他們都是平民。在這樣一個尚武的社會中，生產了大量的武器，這些武器在武士下葬時就成為了隨葬品。馬不僅在放牧、作戰中具有關鍵的地位，而且對遊牧部落工藝技術的發展也發生着重大的影響。對於遊牧文化來說，各種馬具產品成為其冶金業生產的重要組成部分。馬也是遊牧民族信仰體系的組成部分，馬牲在殯喪中扮演了突出的角色。②

　　草原上的民族馴化了馬匹，製造了弓弩，反過來馬匹和弓弩造就了「騎馬民族」。正如羅馬史家馬西林那斯（Ammianus Marcellinus）所記錄的那些於公元 4 世紀長驅直入掃蕩歐洲東部的匈奴人，他們不會耕種，從來沒有摸過犁柄，沒有固定的住宅，經常坐在馬背上，在馬背上做買賣，在馬背上飲食，甚至在馬背上睡覺③。日久天長，人與馬成了一個共生體，一個離開了馬的草原人等於廢人，而一旦坐到了馬背上，廢人就變身成了超人。「騎馬民族」相對於所有徒步的民族在戰爭中的優勢，貫穿了整個古代歷史，

---

① 參見〔美〕狄宇宙著，賀嚴等譯：《古代中國及其強鄰：東亞歷史上遊牧力量的興起》，中國社會科學出版社，2010 年，第 35 頁。
② 同上，第 36 頁。
③ 陳序經：《匈奴史稿》，北京聯合出版公司，2018 年，第 16 頁。

一直持續到 20 世紀第一次世界大戰坦克車和卡車的出現才宣告結束。歷史上先後出現的那些大的征服，如匈奴人對歐洲的征服，蒙古人對歐亞大陸的征服，歐洲人對南、北美洲大陸的征服，無不是建立在馬上戰士相對於徒步戰士的戰鬥力優勢基礎之上的。

在漫長的古代歷史中，擁有固定住宅、依靠犁柄生活的定居農耕人群，就與沒有固定的住宅、從未摸過犁柄的馬背上的人群長期處在一個互為他者、互為鏡像的對立之中。而且，後者的崛起，正是前者所面臨的最大生存威脅。

前面說過，定居農耕社會將自己與一塊固定位置的「家園」合為一體，從此以後，整個社會的演化就保持在了人口規模持續擴大、組織的複雜性逐步增加以及與整個周圍環境保持共生關係的方向上，而永遠脫離了那種沒有固定居所和「家園」、人口規模基本不變、組織的複雜程度也基本不變、通過排他性的搶奪和榨取維持生存的傳統歷史軌道。但是，問題在於，固定位置的「家園」卻不是那麼容易守住的，因人口增長和生產力發展而創造出的財富也不是那麼容易守住的，每一個定居農耕社會在誕生之後的早期階段，都如孤島一樣陷在遊動的狩獵採集社會的汪洋大海之中。而隨着定居者越來越朝向偃武修文的方向演化，遊居者越來越朝向尚武抑文的方向演化，兩者之間的差距也就越來越大，直到後者終於演化成人人都是馬背上的弓箭手，而前者終於演化成全社會男耕女織，對立也就越來越大，融合也就越來越難。

5. 早期的生存危機

然而，對於定居農耕社會來說，內部的問題已經夠複雜了。最

新的研究表明，古人從狩獵採集活動轉到積累知識逐漸熟悉一部分動植物，培育、馴化它們，是一個漫長而曲折的過程，遠比人們以往認為的時間要長。另外，還有對於定居地各種水源的利用，包括應對水患，適應氣候變化和四季變化，抵抗被馴化動物傳給人類的新的疾病等。當然還有最重要的，因為人口增加而帶來的整個社會的政治經濟秩序問題。

很多學者認為，在早期階段，與狩獵採集者尤其是「富裕採集社會」中的人相比，最早的農民的生活更為艱辛和不易，因為農業生活方式通常更需要體力，更不利於健康，壓力也更大。而且有證據顯示，在某些早期農業社會中，人類壽命縮短，嬰兒死亡率上升。這甚至暗示了新仙女木時期那一次短暫的寒冷期消滅了大量野生穀物作物，迫使人們不得不培育黑麥來應付食物的短缺。一些考古學家令人信服地指出，只有更加穩定的全新世取代新仙女木時期之後，農耕才出現在大多數定居文明遺址的考古記錄中[①]。

大衛·克里斯蒂安用「5個步驟」描述了農業成為不得已的一種選擇的過程：

步驟 1（前提條件 1）：人類已經掌握了與農業相關的大量必不可少的知識和技能；

步驟 2（前提條件 2）：作為潛在的「馴化物種」，一些植物和動物物種已經「預先適應」；

步驟 3：在世界上一些重要地區，人類已經採取一種不太顯著

---

① 參見〔美〕大衛·克里斯蒂安等著，劉耀輝譯：《大歷史：虛無與萬物之間》，北京聯合出版公司，2016年，第 152—153 頁。

的流動生活方式，至少開始了「部分時間」的定居生活；

　　步驟 4：由於氣候變化和人口壓力，這些社會發現他們陷入到「定居陷阱」（trap of sedentism）之中。為了避免在日益增長的人口中出現饑荒，他們的定居生活方式，或者一年大部分時間居住在同一個地方的生活方式，致使進一步的集約化變得完全必要。由此導向步驟 5；

　　步驟 5：農業成為唯一的選擇。①

　　事情的另一面是，如前所述，大量的狩獵採集部落也在發生着內部的某種演化。除了馬匹這個農耕時代的「坦克車」，還有弓弩這個農耕時代的「大炮」。考古證據顯示，最早的狩獵者在獵取大型野獸的時候，所依靠的是近距離攻擊和手中的長矛。這類攻擊顯然既危險又費力，所以在那個時候，獵人必須有強健的肌肉和粗壯的骨骼。當然這就需要更多的食物 —— 在高獲取與高消耗之間達到的能量平衡。而在弓箭和梭鏢投射器等新式武器被發明後，獵人們不必非有寬厚的肱二頭肌和強健的骨骼也可以殺死大獵物。在這種情況下，更輕捷善跑、不需太多食物的人們就成了更有競爭力的優勝者 —— 在低獲取與低消耗之間達到新的能量平衡。格雷戈里·柯克倫和亨利·哈本丁觀察到，南非的布須曼人都是矮小、堅韌、極瘦的，身高不到 1.5 米，他們幾千年來都在那一地區用弓和帶毒的箭射殺獵物。「這看起來就像工具造就了人 —— 弓弩造就了

① 〔美〕大衛·克里斯蒂安等著，劉耀輝譯：《大歷史：虛無與萬物之間》，北京聯合出版公司，2016 年，第 154 頁。

布須曼人。」①

這樣，一個世界是在適合農業的那些地區猶如島嶼一樣星星點點的設防城市，另一個世界是繼續遠古生活方式的猶如大海一樣的狩獵採集遊團。但是，由於不同的共生模式導致了不同的演化路徑，久而久之，在戰鬥力上的差距就越來越大，就好像一方是小米加步槍、一方是坦克加大炮。

麥金德在概述歐亞大陸歷史時所列舉的入侵歐洲的「亞洲人」，不是東亞定居文明中的亞洲人，而是「圖蘭語系的遊牧民族——匈奴人、阿瓦爾人、保加利亞人、馬扎爾人、哈扎爾人、帕濟納克人（Patzinak）、庫曼人、蒙古人和卡爾梅克人」②，這是一個分佈在歐亞大陸乾旱帶中心部分的自成一體的遊居民族世界。麥金德提到的這些騎馬民族，沒有一個能說清楚本民族的起源和早期歷史，就像俄羅斯文化史學家 C. 別列維堅采夫的那個比喻：民族的起源可以與一個孩子的誕生相比。受孕是個秘密，嬰兒要在母親的肚子裡好長時間，但肚裡的孩子已經有了，他在成長，他的心臟在跳動——他有生命，只不過沒有來到世上而已。……這些民族的產生就像其最初幾個世紀的存在一樣，是神秘莫測的，因為它們處在歷史的肚子裡，但是他們已經生活着、勞動着、打仗作戰、追求某些目標。可每個民族登上歷史舞台的時候已經是一個成型的、獨具一格的機體③。

① 〔美〕格雷戈里·柯克倫、亨利·哈本丁著，彭李菁譯：《一萬年的爆發：文明如何加速人類進化》，中信出版社，2017 年，第 3 頁。
② 〔英〕哈爾福德·麥金德著，林爾蔚、陳江譯：《歷史的地理樞紐》，商務印書館，2017 年，第 56 頁。
③ 轉引自任光宣著：《俄羅斯文化十五講》，北京大學出版社，2007 年，第 2 頁。

與這些不知何時出現又不知何時出場的騎馬民族相對的，就是沿着歐亞大草原的南部邊緣自西向東分佈的各個定居文明區，包括東地中海地區、安納托利亞半島、印度半島、伊朗高原、中國史書上記載的西域和中國的中原和南方。

宏觀上看，草原上的遊居社會，與大草原南方邊緣的這些定居農耕社會之間，也是一種共生關係。通過將狩獵採集遊團與遊牧社會區別開，人們發現，遊牧民族的社會結構高度依賴於他們和鄰近定居農耕社會的關係，以及這些農耕社會本身的結構特徵。一般來說，距離定居農耕區較遠，或者相鄰的農耕社會較小，遊牧者的社會結構便與狩獵採集遊團相似。例如中國歷史上北匈奴與南匈奴之間的分化，歸根結底就是這個原因。歷史學家輝格說道：

> 地處草原腹地的哈薩克和北部蒙古，一個典型的牧團規模大約五六帳，最多十幾帳（一帳相當於一個家戶），由於過冬草場相對稀缺，冬季會有幾十帳聚在一起；在資源貧瘠、人口稀疏的牧區，比如阿拉伯和北非的沙漠貝都因人，牧團規模更可小至兩三帳。只有當他們頻繁接觸較大規模的農耕定居社會，與之發展出勒索、貢奉、庇護、軍事雇傭等關係，並因大額貢奉的分配和劫掠行動的協調等問題而引發內部衝突時，才會發展出更大更複雜的社會結構。[1]

「勒索、貢奉、庇護、軍事雇傭等關係」，其實就是遊牧社會

---

[1] 輝格：《群居的藝術：人類作為一種物種的生存策略》，山西人民出版社，2017 年，第 16 頁。

與定居農耕社會之間的共生關係。後者往往面臨「不進貢就滅亡」的困境。當然，還有更積極的出路：一是拚死抵抗，把這些蠻族們在外部消滅掉；二是文化反攻，把這些蠻族們在內部同化掉。

麥金德所描述的歐洲歷史從「上帝之鞭」阿提拉在公元 5 世紀對歐洲的廣泛襲擊開始：

> 近代史的很大一部分，可以看成是對這些襲擊所直接或間接引起的變化的注釋。盎格羅—撒克遜人很可能是在那時被驅趕過海，在不列顛島上建立英格蘭的。法蘭克人、哥特人和羅馬帝國各省的居民被迫第一次在夏龍戰場並肩戰鬥，進行反對亞洲人的共同事業；他們不自覺地結合成近代的法國。威尼斯是從阿奎利亞和帕多瓦的廢墟上建立起來的。甚至教皇統治的決定性威望，也得自教皇利奧與阿提拉在米蘭的調停成功。①

另外，「為了抵抗這些入侵，在邊境地區誕生了奧地利，要塞化的維也納則是查理大帝的戰役的結果」。「在最後，新的遊牧民族從蒙古國來到了北部森林帶的俄國，作為蒙古欽察汗國或『草原汗國』（the Steppe）的屬國達兩個世紀之久。」② 也就是說，這些主要的歐洲國家的誕生，歸根結底都是「亞洲大錘隨意越過虛空實施的一擊」的結果。

中國的情況與歐洲有所不同。在匈奴最為強盛的幾百年裡，包

---

① 〔英〕哈爾福德·麥金德著，林爾蔚、陳江譯：《歷史的地理樞紐》，商務印書館，2017 年，第 56 頁。
② 同上，第 57 頁。

括更早的山戎、獫狁、獯鬻等北方戎狄，雖然也是頻頻入侵中原定居農耕區，但並沒有出現像「大錘」擊潰歐洲那樣將中原各個擊破，並變成各自為戰的獨立國家的情況。中國歷史上沒有發生過「齊魯人被驅趕過海，在某某列島上建立了齊國」或「燕國人、趙國人、魏國人被迫第一次並肩戰鬥，從事抗擊戎狄的共同事業，並在不知不覺中結合成近代的某國」或「皇帝統治的決定性聲望，也得益於高祖與單于在長安的成功調停」這種與歐洲類似的歷史。

之所以有如此之大的不同，最重要的原因之一是，中華大地上與定居文明一起發生的還有一個特殊的觀念 ——「天下」。

第二章

天下型定居文明

今天的中華人民共和國，坐擁 960 多萬平方公里的領土，這是共和國開國者及其繼承者們的一個偉業。其重大意義在於：五千年前中華民族的先祖們開創出的定居農耕文明的這塊土地，一代又一代的後人連續不斷地定居下來，還持續不斷地擴大自身的定居文明覆蓋範圍，融合四周的遊居民族，直到成為一個廣土巨族！

當今世界，完成了這一偉業的，在大的民族中只有中華民族一個。

所有的新世界土地 —— 北美洲、南美洲、大洋洲的大部分，其古文明都已經被外來文明所完全覆蓋。也就是說，原初的定居者沒有守住自己祖先定居的土地，被外來者佔據了，而外來者則是丟棄了自己祖先的土地來到新世界佔據了他人的土地。

所有除中國之外的古文明 —— 埃及、兩河流域、安納托利亞、印度都先後發生了中斷，也就是說，今天佔據這些土地並成立現代國家的民族與在這些土地上創造出早期定居文明的民族，兩者之間沒有直接的繼承關係，中間變更了多次，或完全被外來文明所覆蓋。

所有那些很晚才轉入定居文明的地區 —— 歐洲和俄羅斯的大部分，其定居文明的開創者，大都來自於居無定所的遊居社會。定居下來並建立了民族國家的現代民族，都不是創造出早期定居文明的民族，或者是丟棄了自己祖先土地的遷徙者，或者是佔據了其他民族土地的入侵者。

撒哈拉以南的非洲、南太平洋諸島上發生的文明，或者演化太慢，或者規模太小，或者歷史不清，不具有與古文明進行對比的意義。

五千年前開始發生的中華古文明綿延至今，只有新的發展而沒有大的中斷，若從人民的概念上說，就是溫鐵軍教授所說的：中國是一個原住民國家，也可以叫作「世界上最大的原住民大陸國家」。他說：「這個世界上由此至少可以有一個三分天下的感覺。殖民地宗主國在哪兒？歐洲。殖民化大陸在哪兒？美洲、澳洲、半個非洲。原住民大陸在哪兒？亞洲。」

的確，今日中國僅憑這個唯一性，就足以獨步全球。

一、巨大的「文明叢體」

2018 年 5 月，中國國務院新聞辦舉行了「中華文明起源與早期發展綜合研究」（簡稱「中華文明探源工程」）成果發佈會。探源工程負責人之一、北京大學考古文博學院教授趙輝在會上說：「中華文明實際是在黃河、長江和西遼河流域等地理範圍內展開並結成的一個巨大叢體。」「這個叢體內部，各地方文明都在各自發展。在彼此競爭、相對獨立的發展過程中，又相互交流、借鑑，逐漸顯現出『一體化』趨勢，並於中原地區出現了一個兼收並蓄的核心，我們將之概括為『中華文明的多元一體』。」[①] 項目執行專家組組長、中國社會科學院學部委員王巍表示：

截至目前，我們認為，距今 5800 年前後，黃河、長江中下游

---

① 史一棋：《重大科研項目「探源工程」成果發佈 —— 考古實證：中華文明五千年！》，《人民日報》2018 年 5 月 29 日。

以及西遼河等區域出現了文明起源跡象；距今 5300 年前後，中華大地各地區陸續進入了文明階段；距今 3800 年前後，中原地區形成了更為成熟的文明形態，並向四方輻射文化影響力，成為中華文明總進程的核心與引領者。[1]

到目前為止，考古學家們在中國發掘出來的新石器時代遺址已有六七千處之多，大體上分為以渭水為中心的大地灣・老官台─仰韶文化系列群，太行山東側、華北中部的磁山・裴李崗─後崗─大司空仰韶文化系列群，以泰沂為中心的北辛─大汶口文化系列群，長江中游的彭頭山─皂市下層─大溪─屈家嶺文化系列群，長江下游的上山─河姆渡・羅家角─馬家浜─崧澤文化系列群。王震中教授寫道：

在目前已能確認的距今八九千年的源頭中，都發現有農作物，除上山文化和彭頭山文化因其年代更早的緣故外，其餘的大地灣・老官台文化、磁山・裴李崗文化、北辛文化、河姆渡文化都具有相當水平的種植農耕技術。這就使得黃河流域和長江中下游地區的農耕起源如同這裡的新石器文化的出現一樣，是依賴自然生態條件而廣泛發生的一種區域現象。[2]

總之，由於自然生態條件非常好，最早期的定居農耕生活方式，就在這一區域內以「巨大叢體」的形式廣泛發生了。這就意味

① 楊陽：《考古實證中華五千年文明》，《中國社會科學報》2018 年 5 月 31 日。
② 王震中：《中國文明起源的比較研究（增訂本）》，中國社會科學出版社，2013 年，第 24 頁。

着，在黃河和長江中下游流域出現的早期定居農耕區，從形成之初就是同時期世界範圍內規模最大的。

當然，即使是多地分別的、廣泛的發生，但在誕生之初，這些定居農耕區就猶如星星點點的孤島一樣處在四處遊動的狩獵採集部落的汪洋大海之中。這樣一個古代世界的真實圖景，最容易被現代人所忽略。因為狩獵採集部落留下的考古遺存很少，所以後人只能辨認當時的小島，無法復原當時的海洋。然而，一旦想到現代人類歷史 95% 的時間都不是從事定居農耕，直到當代仍有從未經歷過農耕時代的民族，還有不久前剛剛從遊居轉為定居的民族，就能夠想像出真實的古代世界是甚麼樣了。由此也可推想，八九千年那些定居下來從事農業的農民，是多麼不尋常，處境是多麼危險！

偉大的中華先祖，就是這樣勇敢無畏地開啟了自己民族的定居農耕時代，建立起了一個個定居農耕村落。而偉大的中華文明，也就在這些星星點點的早期村落中開始了自己持續數千年至今未曾中斷的發展進程。

考古學家們的發現，為了解這些早期村落的規模提供了一些線索。距今七八千年前仰韶時期佔地面積 3 萬多平方米的姜寨，據估計人口總數可達 400—500 人。河北武安磁山遺址面積 8 萬平方米，有 9 萬餘斤儲糧，據估計聚落的人口當在 250—300 人。類似規模甚至更大規模的村落，還有面積達 12 萬平方米的陝西臨潼白家村、河南漯河翟莊、舞陽賈湖村、鄢陵劉莊、古城、長葛石固、許昌丁集、中牟業王和馮莊以及鄭州南陽寨等[1]。

---

① 參見王震中：《中國文明起源的比較研究（增訂本）》，中國社會科學出版社，2013 年，第 63 頁。

古代文獻中或多或少也反映了當時的情況。最早的帝王，所謂巢、燧、羲、農。有巢氏教民構木為巢，燧人氏教民取火熟食，伏羲氏作網罟以佃以漁，之後是神農氏，都確定無疑是農耕社會的酋長，其根據地都在今河南、山東的黃河以南。

身份比較可疑的是黃帝這個酋長。史載「黃帝邑於涿鹿之阿」，這是在今河北涿州，距離巢燧羲農們建立的定居根據地很遠，而且很靠北方。史學大師呂思勉據此猜測：

大約古代山東半島之地，有一個從漁獵進化到農耕的民族，便是巢燧羲農；而黃帝則為河北遊牧之族。阪泉涿鹿之戰，便是這個農耕民族為遊牧民族所征服的事跡。[①]

呂思勉並未嚴格區分規律性遷徙的遊牧氏族和隨處遊居的狩獵採集氏族，而黃帝一族到底屬於哪一類，這個差別今天也無法考證了。據《史記》記載，軒轅氏「遷徙往來無常處，以師兵為營衛」，「習用干戈，以征不享」，可確定是沒有固定居住地的尚武的遊居氏族。

錢穆區分了「氏」和「族」，他說「氏」是住在較高坡地上的耕稼之民，而「族」字表示一群手持弓矢的人站在旗子下，是遊居之民。他認為當時的「華夏」和「戎狄」其實就是根據定居或遊居而區分的：

---

① 呂思勉：《中國政治思想史》，中華書局，2012年，第13頁。

中國古代之城散開而並不毗連。「國」與「國」之間為遊牧之人所居,謂之「戎狄」。古代封建時期,農、牧之民兼有,直至戰國時土地大加開發後,大部分人民才以農業為主。

　　遊牧之民無宮室城郭,便是戎狄,其他則為耕織之民。華夏為防禦遊牧人入侵,故築溝建牆以居。此耕織之民便是華夏。其實,華夏與遊牧,均為中國人,不過遊牧是流動四方的牧民,華夏是固定居住的農民而已。其不同只在文化生活方面。[①]

　　《史記》說「神農氏世衰,諸侯相侵伐,暴虐百姓,而神農氏弗能征」,看起來應該是指定居農耕社會發生了內亂。而軒轅「修德振兵,治五氣,藝五種,撫萬民,度四方」,先與炎帝戰於阪泉之野,後與蚩尤戰於涿鹿之野,連連得勝之後,「代神農氏,是為黃帝」。總的來說,是講了一個農耕民族為遊牧民族所征服的過程。

　　當時的世界,定居社會被遊居社會所征服,應該是必然發生的一種常態。遊居社會都是「習用干戈」的精壯戰士,又是馬隊,而農耕社會都是守在一塊田地上男耕女織的農民,雙方戰鬥力應該有絕對的差距。後者如果團結一致依靠人口數量的優勢也許還能抵擋一陣子;若發生內亂,則一點勝算也沒有。所以說,真正重要的不是免於被征服,因為根本無法避免;而是被征服之後又發生了甚麼,因為無論如何,生活還要繼續。

　　中華文明的獨特之處和中華政治的獨特之處正是在這裡,而且幾乎是從黃帝時期開始,就體現了出來。《史記·五帝本紀》寫道:

---

① 錢穆口述,葉龍整理:《中國經濟史》,北京聯合出版公司,2016 年,第 13 頁。

（軒轅）時播百穀草木，淳化鳥獸蟲蛾，旁羅日月星辰水波土石金玉，勞勤心力耳目，節用水火材物。有土德之瑞，故號黃帝。

這是說，來自北方遊居社會的首領黃帝，征服了中原地區的農耕社會之後，並不是劫掠一番而去，而是重建中原的定居農耕社會：

帝畫野分州，得百里之國萬區。……使八家為井，井開四道，而分八宅。井一為鄰，鄰三為朋，朋三為里，里五為邑，邑十為都，都十為師，師十為州。分之於井而計於州，則地著而數詳。（《綱鑑易知錄·五帝紀·黃帝有熊氏》）

夏朝之前，中原的定居農耕社會到底有多大規模，難以準確估計。根據考古學家的觀點，文獻中「五帝」時期所對應的是夏商周「王國時期」之前的「邦國時期」或「酋邦時期」，文獻中「萬國」「萬邦」等記載所對應的，就是眾多以都城為中心而與四域的農村結合在一起的定居區域，如《周禮·地官·司徒》所說「惟王建國，辨方正位，體國經野」，也就是一個個可稱為「都邑國家」的政治實體。之所以是酋邦而不是部落聯盟，是因為發生了大規模的武力征服，並出現了以酋長為中心的金字塔權力結構。[①]

那麼這些「都邑國家」有多大呢？如果根據近年來考古方面的研究成果，會發現總體上的趨勢是越來越多地糾正過去對中國新石

---

① 王和：《中國早期國家史話》，社會科學文獻出版社，2011年，第12—14頁。

器時代發展程度普遍低估的傾向。例如發掘陶寺遺址，本來是去找夏文化，結果卻意外發現了很可能是夏文化之前的堯都，面積約 400 萬平方米，絕對年代主體為公元前 2300 年至公元前 1900 年之間。所發現的宮城，東西長約 470 米，南北寬約 270 米，面積近 13 萬平方米。墓地面積在 3 萬平方米以上，估計墓葬總數當在五六千座，甚至更多。最大的甲種大墓的墓主人就是處於金字塔頂端的最高統治者，墓主人使用木棺，棺內撒朱砂，隨葬品可達一二百件，其中包括蟠龍陶盤、鼉鼓、特磬、「土鼓」、玉鉞等象徵特權的成套禮器。綜合宮城、觀象台、禮器、樂器、冶金製品和帶文字的器皿等文物來看，更是一個王國①。

對長江下游地區良渚文化遺址的研究，更是屢屢突破人們的認識。學者們早已認為這個以良渚古城為中心的「中央」聯繫各「地方」中心的網絡結構就是一個王國，而不是酋邦；聯合國教科文組織世界遺產委員會的官方結論則是「早期區域性國家」。良渚古城面積 290 萬平方米，如果包括外城，面積則達到 800 萬平方米。貴族墓如果堆土以 2 米高計算，可達 15000 立方米，需要上萬個勞動力來營造。最大的浙江餘姚反山堆的土台有 4—5 米高，工程量難以想像。貴族墓葬中，也包括隨葬品豐富，玉琮、玉璧和玉鉞齊備的大墓，墓主人明顯具有集祭祀與征伐之權於一身的王者身份②。

還有位於今天濟南市章丘區西北的焦家遺址。2016 年之後對

---

① 楊珏、李建斌：《陶寺考古 40 年：層層打開的秘密》，《光明日報》2018 年 7 月 15 日。
② 參見王震中：《中國文明起源的比較研究（增訂本）》，中國社會科學出版社，2013 年，第 328—330 頁。

該遺址的重新考察，讓一個具有王城性質的都邑「橫空出世」。都邑總面積超過 100 萬平方米，目前已發掘出 116 座大汶口文化房址和 215 座大汶口文化墓葬，年代約在公元前 3300—前 2600 年，比陶寺更早。房址中的夯土城牆、護城壕溝和高等級墓葬，以及玉鉞、玉刀等王權象徵物，昭示着焦家古城是距今五千年前後魯北地區的中心聚落①。

到目前為止，全國發現的史前城址已達五十多座。單獨看，這些「都邑國家」普遍比過去認為的規模更大，其中一些已接近於王國。總體看，這些「都邑國家」比過去認為的分佈範圍更廣、相互之間聯繫更多。考古發現證明這段時期戰爭頻繁，專門用作武器的石鉞、軍事指揮者專用的玉鉞等從一般的狩獵工具中分離出來，被殺死者的亂葬坑也到處可見。這些地下證據與古史傳說中共工、黃帝、炎帝、蚩尤之間的幾次大戰、堯舜禹時期征討三苗的幾次大戰的情況似乎也能對得上。

總而言之，我們有充分的理由認為，早在夏商周王國出現之前，中原各個文化區塊的定居農耕社會，已經出現了越來越趨同的定居農耕文化。在禮器方面，玉璧和玉琮是禮天地的重器，《周禮》有「蒼璧禮天」「黃琮禮地」之說，鄭玄注：「璧圓象天，琮八方象地。」禮天地的本質，就是定居人群與所定居的土地的訂約，就是立足在所定居的土地上確立天地人的結合。而玉鉞則是王權與兵權的象徵，《說文》：「鉞，大斧也。」追根溯源，鉞應該是從開墾山林用的農具轉為武器的。《史記・殷本紀》有「湯自把鉞」之說，

---

① 邢賀揚：《禮出東方 —— 山東焦家遺址考古發現》，新華網 2018 年 7 月 12 日。

《尚書‧牧誓》也有「（武）王左杖黃鉞」的記載。考古證明，玉璧、玉琮、玉鉞似乎都起源於良渚文化，但在黃河流域各文化區塊中也都有發現，可見定居農耕文化的同質性。

在占卜方面，根據殷墟甲骨文的占卜記錄，包括戰爭、祭祀、農業、天氣、未來十天的吉凶、生育、疾病等方面，主要是定居農耕生活方式中的內容。值得注意的是，除了普遍採用的牛和鹿的肩胛骨，使用龜背的龜靈崇拜，是從長江與淮河中下游各部落起源的，但很快傳到了西部和北方。有人認為：在文字方面，學者們根據對史前陶器上刻畫符號的分析認為，在距今約 6800—6300 年的半坡時代已有「六」「七」「八」「九」等屬於假借的記數字，這證明在那以前，漢字應已經歷了相當長的一段發展歷程。目前考古發現的新石器時代各種符號，其分佈範圍幾乎遍及全國，從陝西、青海到東南沿海，從黃河流域到長江流域，都有發現。以幾何形為主的甲類符號，主要出現在西安半坡、臨潼姜寨等地的仰韶文化早期陶器上；以象形符號為主的乙類符號，主要出現在莒縣陵陽河、大朱村等地的大汶口文化晚期陶器上。在一些良渚文化的玉器上，也刻有跟大汶口文化相似的乙類符號。從契刻符號—原始文字—文字系統這一演進階段上看，在距今約八千年的賈湖遺址發現的十六種契刻符號，不僅接近於距今 4800—4500 年大汶口文化晚期的原始文字，其中有個別符號如「目」，竟然與更晚的殷商晚期甲骨文文字系統的漢字高度相似，這充分說明漢字演化的「多元一體」和連續性。

文化的一體化，先於文明和王國的開始，並貫穿於整個文明史。這應該是中原定居農耕社會所獨有的特徵。

這就是今日中國人站在新的高度回望歷史之路時在起點處看到的那個景象：五千多年前，一個多元一體的巨大「叢體」在「黃河、長江和西遼河流域」這一廣闊的土地範圍內同時發生，並啟動了「中華文明總進程」。

　　那麼，同一時期或者更早的世界其他文明，也是這樣嗎？也是多元一體、「叢體」巨大，然後匯聚成一個總進程嗎？當然不是。實際上，在距今五千年前後，多元一體的中華文明總進程的赫然發生，不僅是中華歷史上的重大事件，也是世界人類歷史上的重大事件。

　　如前所述，文明可以被理解為一個向着規模不斷增長、複雜性不斷增加的連續演化進程，那麼，以「叢體」形式開始的文明「總進程」，當然是一個高起點的演化進程。

　　如果單看文明演進之路，早期中國從「古國」時代或「邦國」時代向王國和帝國演進，與世界上其他地區的文明並無不同。大約與中國黃河流域的「炎帝」「黃帝」部落聯盟同時期，上埃及統治者美尼斯征服了下埃及，出現了統一國家，進入了法老的早王朝時期；在兩河流域也出現了烏魯克等城市國家；在印度河流域出現了哈拉帕和摩亨佐—達羅兩個大型城市國家。

　　《史記‧五帝本紀》載堯帝「能明馴德，以親九族。九族既睦，便章百姓。百姓昭明，合和萬國」。文中九族—百姓—萬國這種表達，無論是在埃及、兩河流域還是在安納托利亞地區，包括印度河地區，都不太可能出現。

　　按照英國歷史學家阿諾德‧湯因比的觀點，從數量巨大的原始社會中脫穎而出的第一代文明社會，只有六個，即古代埃及、蘇美

爾、米諾斯、瑪雅、安第斯、古代中國社會①。毫無疑問，其中只有古代中國社會，是一個從「巨大叢體」匯聚成一個「總進程」的文明。所以當 2018 年 5 月中國政府宣稱中華文明實際是「一個巨大叢體」並可以概括為「中華文明的多元一體」時，也就相當於向全世界宣佈了中華文明在起源上的唯一性。

良渚古城申遺成功，被世界遺產委員會確認為五千年前「以稻作農業為支撐」的「早期區域性國家」，這也從另一個側面說明了這個唯一性。

有個流行語叫作「贏在起跑線上」，若以今天的國際競爭或文明競爭的視角看，說中華文明在濫觴之時就佔了先機、享有天生優勢，其實並不為過。

今日的中華人民共和國，雖然從領土面積上看不是世界上最大的國家，但是如果只從原住民和當前人口規模上看，中國實際上就是世界上最大的國家。更重要的是，無論是人民還是疆域，都是從分佈地域廣闊、數量眾多的早期古國或邦國不斷融合、聚集、擴大而來的。五千年前的每一個早期文化遺址，都保留在今天的國土範圍內。

目前，東南方向上還有一塊不大不小的海島，島上有一群本是同一祖先、血脈的人，卻背對中國的歷史，幻想分裂的未來。不過，統一大業只是時間早晚之事。

---

① 〔英〕阿諾德·湯因比著，〔英〕D·C·薩默維爾編，郭小凌等譯《歷史研究》（上卷），上海人民出版社，2010 年，第 53 頁。

二、從「叢體」到「天下」

古代埃及是第一個實現向定居文明躍升的社會，並在古代世界創造了最早、最輝煌的文明。原因很簡單，因為「尼羅河的饋贈」實在是太好了。每年的 7 到 8 月，尼羅河都會發生週期性的洪水氾濫，為河谷低地覆蓋上肥沃的淤泥層，等到 10 月進入減水期，人們就可以在上面耕作。每年周而復始，古代埃及人就不必遷居了，世界上最早的一塊定居文明也就自然而然地出現了。

但若與中華大地相比，這個區域還是太小了，只有一條河流，文明只發生在河流兩岸的狹長河谷和下游的三角洲中。

兩河流域的情況也屬於得天獨厚，希臘語「美索不達米亞」的意思就是「河流之間的土地」。在北部的上游地區，許多支流形成了一個三角形網狀地區，冬季降雨量較豐沛，成為無需人工灌溉的定居農業區。中下游地區是平坦的沖積土地，緩慢流動的河水使泥沙沉澱，導致河床升高，經常漫過河堤甚至改變河道，成為了可以通過人工灌溉維持的定居農業區 ①。

但兩河流域這個區域更小了，合計不過 40 多萬平方公里，不過是今天中國的四川省大小。儘管它也有高度發達的區域文明，但終究未能抵抗蠻族遷徙浪潮的衝擊，亡於公元前 17 世紀前後騎馬民族喜克索斯人的南下浪潮。

印度河流域和中美洲等其他幾個獨立發展出定居農業的地區，

---

① 參見劉文鵬主編：《古代西亞北非文明》，中國社會科學出版社，1999 年，第 203—204 頁。

也都具備得天獨厚的條件。因為當時的人類憑藉自身的能力僅夠勉強維持生存，而想要獲得更多的收穫物，必須依靠充沛的雨量，至於地力的恢復，則全賴河流的週期性氾濫。

然而，一旦將目光移出西亞和南亞，轉到喜馬拉雅山脈以東直到西太平洋海岸的這一廣闊的東亞地區時，一切都不一樣了。因為這裡分佈着現在被稱為「三江四河」的多個巨大的水系，而且還有充沛適度的降水量和非常適合農耕的肥沃土壤。

這就是中華文明「巨大叢體」形態的世界歷史意義：巨大面積的優越地理環境，孕育出了文明的「巨大叢體」，而文明的「巨大叢體」確保了規模足夠巨大、數量足夠眾多的、遍佈當時「天下」範圍的定居農耕聚落，使之能夠在較短的時間內形成部落聯盟，抵抗周圍蠻族遊團的入侵，守護住第一代文明的僅存碩果。

到底從甚麼時候開始，定居部落逐漸連成一片，形成了足以抵抗狩獵採集或遊牧部落劫掠和攻擊的人口規模，並具有了使文明得以快速發展的社會基礎？這一問題今天已難以確切考證。但可以肯定的是，的確存在這樣一個類似於「臨界點」的時期，否則就沒有後來的歷史了。過了這個「臨界點」之後，基於農耕—養殖活動的定居文明就一直在持續發展，中國自此有了作為一個整體的歷史，文明自此有了以定居農耕社會為基礎的快速發展。

西方學界一直有一個所謂的「中國歷史起源悖論」，即是說中國歷史找不到一個明確的起源，「早在黃帝之前，就已經有了中國。在歷史意識中，中國是一個只需復原，而無須創建的既有國家」①。

---

① 〔美〕亨利·基辛格著，胡利平等譯：《論中國》，中信出版社，2012 年，第 1 頁。

這個悖論所指的就是那個「臨界點」時期。從傳說上看，黃帝之前是共工氏霸有九州，然後是蚩尤氏、有苗氏逐鹿中原，直到黃帝的子孫們入冀豫，遷三苗，再霸九州。好像這個神秘的「九州」一直就在那裡。

雖然遲至周朝才開始正式使用「天下」命名這一近乎圓形的區域，但史書上講述有夏一代，就有「當禹之時，天下萬國」（《呂氏春秋‧用民》）「（禹）沐甚雨，櫛疾風，置萬國」（《莊子‧天下》）等說法。甚至在講述更早的始祖黃帝時，也有「撫萬民，度四方，……置左右大監，監於萬國」（《史記‧五帝本紀》）之說。

18—19世紀的西方學者，在驚奇地發現古代埃及和蘇美爾那些神秘的文字符號的同時，也絕望地發現，在當地已找不到任何一個能讀懂這些符號的人。於是埃及學、蘇美爾學，包括古印度學、瑪雅學、安第斯學等都先後成為西學體系之下的歷史和考古學科，與今天那些土地上的居民們毫無關係了。而偉大的中國先祖們，不僅捍衛了自己的文明，也在事實上捍衛了全人類的第一代原生文明。

對於這一點，西方歷史學家們一向視而不見，從未公開承認。恰恰相反，他們最熱衷的是給自己的晚近文明嫁接上古代文明的起源，同時將東方文明整體上貶損為停滯文明。

如果中國學者們不特別強調這一點，就沒有人主動提出了。其實，中外所有歷史學家都應該意識到：五千多年前的中華先祖，幾乎從一開始就開創了一個巨大的天下型定居文明。這在世界上是獨一無二的，而這個定論，應該促成人類文明史和世界歷史的改寫。

近二十年來，生命科學分子人類學領域的發展，在通過基因遺

傳研究描繪史前人類的遷徙和擴散路徑方面，為中華天下型定居文明的形成，提供了某種佐證。

　　根據復旦大學跨學科研究項目「中華民族形成及其遺傳基礎」的研究成果，可以歸納出如下幾個結論：（1）東亞地區最早的智人，主要是兩支，一支是距今三四萬年前從南方的中南半島先後穿過中國的雲南、廣西一帶進入長江和黃河流域，另一支則於更早一些時間抵達渤海灣西部各地[1]；（2）大約距今六千年前，一部分人群離開原來的「仰韶文化」群體，從今天的黃河河套地區向西南遷徙進入高原，成為今天藏族的祖先；（3）東亞人最主要的類型是 O型，佔到了 70% 到 80%。O 型下面分很多亞型，分 O_1、O_2、O_3 這三大支。中國大部分民族裡面都有 O_3，而且 O_3 在大部分中國群體中佔多數，在漢族人裡面更是多數，佔到了大概 60%[2]。

　　基於上述幾點比較明確的遺傳學結論，可以推定：在距今三四萬年前進入東亞的智人，首先在南方地區擴散開來，而在數萬年向北方和東方遷徙的過程中，由於不斷發現適合生存的好地方，所以又頻繁發生分裂和隔離，逐漸轉變成體貌和文化都有所不同的族群，例如史書上記載的南方地區的「百濮」「百越」等。而從「仰韶文化」群體分離出來向西遷徙的那一群，由於遇到了完全不同的

---

[1]　姚大力：《誰來決定我們是誰：關於中國民族研究的三把鑰匙（上）》，《東方早報·上海書評》，2011 年 3 月 20 日。
[2]　在分子遺傳學中，一組類似的單倍型組成的單倍群，通過字母來標示，並用數字和其他字母做補充，例如 O_3e_1。人類 Y 染色體脫氧核糖核酸單倍群（Y-DNA 單倍群）和人類線粒體脫氧核糖核酸單倍群（mtDNA 單倍群），都可以被用來定義遺傳群體。Y-DNA 單倍群僅僅被從父系線遺傳，同時 mtDNA 僅僅被從母系線遺傳。

自然環境，逐漸放棄了原始灌溉農業，發展出半農半牧的流動畜牧生活方式，最終變成了被泛稱為「胡」的諸多北方族群。

最終，向東發展的仰韶文化與由東向西擴展的龍山文化，在充分的交流中間產生逐漸融合的趨勢。在公元前 2000 年之後，從華北的原始文化中間，終於產生了由原始的史前文化跨越早期文明門檻的突破，中國早期國家就這樣從成百上千的一大群酋邦社會中誕生了」[①]。

從文明的「叢體」，到文明的「天下」，中華文明在世界文明史早期階段的唯一性和超前性，一直都被大大低估。因為在「西方中心論」的文明理論和歷史理論中，根本找不到中華文明真實的身份和地位。

只有對定居文明這個基本概念進行分類 —— 首先區分出天下型定居文明、非天下型定居文明和分散狹小的定居文明；再在非定居文明中，區別出遊獵文明、遊牧文明、遊商文明、遊盜文明，中華文明的真實身份和地位，才可以清楚地凸顯出來。

只有確定了中華文明是唯一的天下型定居文明，才能真正理解：中華古代哲學思想、政治思想、經濟思想、軍事思想等，本質上都只是關於這個文明的，而不是關於其他文明的，尤其不是關於遊牧、遊商、遊盜這些遊居文明的。

《周易》：「天地交而萬物通也，上下交而其志同也。」《禮記‧禮運》：「大道之行也，天下為公。」《公羊傳‧成公十五年》：「王者欲一乎天下。」《論語‧顏淵》：「一日克己復禮，天下歸仁焉。」

---

① 姚大力：《誰來決定我們是誰：關於中國民族研究的三把鑰匙（上）》，《東方早報‧上海書評》，2011 年 3 月 20 日。

《道德經》第七十七章：「天之道，損有餘而補不足；人之道則不然，損不足以奉有餘。」《孟子‧公孫丑上》：「以不忍人之心，行不忍人之政，治天下可運之掌上。」《管子‧霸言》：「以天下之財，利天下之人。」《韓非子‧因情》：「凡治天下，必因人情。人情者有好惡，故賞罰可用；賞罰可用，則禁令可立，而治道具矣。」……無論是儒家、道家、法家還是其他學派，都是以天下而不是以一國為考慮範圍的，而且只能在天下型定居文明中產生。這個區別很大，正如約瑟夫‧列文森所說：

> 早期的「國」是一個權力體，與此相比較，「天下」則是一個價值體。[1]

權力之間當然就是鬥爭，因為這是權力的本質，所以只有列國而沒有天下的世界，就是一個戰爭的世界。戰爭是必然，是常態，而和平是偶然，是戰爭的間隙。而一旦有了天下的觀念，在主觀上，天下就是整個世界，而不再是列國，主觀上就會追求全世界的穩定和安寧，就是天下太平的觀念。天下太平，不只是各國和平，天下太平局面被認為是必然的、永久的，戰亂只是偶然的，是太平的意外。這就是為甚麼一旦形成了天下的觀念，天下的範圍就一定會越擴越大。

中華文明史上，從秦漢到隋唐，再到明清，天下的範圍就是越來越擴大的，在天下太平的實現上，沒有能和中華文明相提並論

---

① 〔美〕約瑟夫‧列文森著，鄭大華、任菁譯：《儒教中國及其現代命運》，中國社會科學出版社，2000 年，第 84 頁。

者。這是人類文明史上的一個奇觀。

20世紀的人類學家們在發現了世界上眾多從來沒有發明過文字和機械工具的原始社會之後，不由得對那些起點很高、發展很快的發達文明社會感到驚訝並產生新的認識。克洛德・列維－斯特勞斯在深入研究了中美洲的狩獵採集社會之後寫道：

我們不該忘記最初的一些事實：這些社會是我們了解人類以前的生活方式的唯一一個模型，從人類文明伊始至今的99%的時間段裡，人們共同生活在地球上有人居住的3/4的土地上。這些社會帶給我們的意義並不在於它們可能展現了我們遙遠過去的某些階段。更確切地說，它們展現的是一種普遍現象、一個人類狀況的共同點。從這個角度來看，東、西方的高等文明才是例外。①

西方文明的故事，下面還要講到。在中國的早期國家出現的時期，中華文明這個天下型定居文明成為當時整個古代世界的一個例外，這是毫無疑問的。

1. 定居文明圈的擴大

大禹治水被很多人認為是中華定居文明區域開始連成一片的那個起點。《左傳》中有記載：「宋、鄭之間有隙地焉，曰彌作、頃丘、玉暢、嵒、戈、錫。」將「隙地」當作特殊情況，而不是將都邑當作特殊情況，這就說明，從大禹治水到春秋戰國的這一千多年

---

① 〔法〕克洛德・列維－斯特勞斯著，欒曦譯：《面對現代世界問題的人類學》，中國人民大學出版社，2017年，第14頁。

裡，各個定居文明區一直隨着大國對小國的兼併而擴大，相連的部分越來越大，但還沒有完全連成片，一些小的古國和蠻族遊團還散落其間，形成「隙地」。而到了春秋末年，最遲至戰國時期，就已經完全連成片了。秦朝統一時，這個完整的經濟體已達 300 多萬平方公里之廣，約 3000 萬人口之眾。

「天下」的觀念，在非定居的遊居社會中不可能產生，因為感覺不到固定的地理範圍；在小規模定居文明中也不可能產生，因為感覺不到固定的地理中心；在任何邊緣地帶文明中也不可能產生，因為既感覺不到範圍也感覺不到中心。所以這個重要觀念只可能在一個廣達千里、一直伸展到外部邊緣的超大定居社會中產生，因為只有這裡的人們才可能充分感覺到天和地的範圍和中心，才能將世間萬物的運行與「天道」聯繫起來。

而自從「天下」「天道」「天命」「天子」等觀念產生之後，就牢固地扎根在了中國人的思想觀念之中，成為「廣土巨族」所獨有的一種精神。

《肅州新志》載炎帝時「南至交趾，北至幽州，東至暘谷，西至三危，莫不從化」。《史記・五帝本紀》載黃帝時「東至於海，……西至於空桐，……南至於江，……北逐葷粥，……而邑於涿鹿之阿」。到了第三代時「帝顓頊高陽者，……北至於幽陵，南至於交阯，西至於流沙，東至於蟠木」。

此後，這一特有的關於「天下」範圍的表述幾乎在每一個朝代都會重新出現，成為每一個朝代的追求。《呂氏春秋・為欲》：「會有一欲，則北至大夏，南至北戶，西至三危，東至扶木，不敢亂矣。」《史記・秦始皇本紀》：「六合之內，皇帝之土。西涉流沙，

南盡北戶。東有東海，北過大夏。人跡所至，無不臣者。」《元史·地理志》：「北逾陰山，西極流沙，東盡遼左，南越海表。」《大明一統志》：「惟我皇明，誕膺天命，統一華夷。幅員之廣，東盡遼左，西極流沙，南越海表，北抵沙漠。四極八荒，靡不來庭。」

始皇《泰山刻石》辭云：「治道運行，諸產得宜，皆有法式。」《琅邪刻石》辭云：「誅亂除害，興利致福。節事以時，諸產繁殖。黔首安寧，不用兵革。」《碣石刻石》辭云：「男樂其疇，女修其業，事各有序。惠被諸產，久並來田，莫不安所。」

這是天下一統之後的「天下政治」，放在文明演化路徑上進行衡量，甩開「城邦政治」已經十萬八千里了；在「大歷史」理論中，兩者的差距，可以類比為小行星與大恆星的差距。

城邦永遠成不了「天下」。從一個城邦看出去，只能看到另外的城邦，城邦之外，無論是「海外」還是「山外」，都還不是「四極八荒」，因為還有更遠方的異族城邦。位於西方的城邦往東看，是無數東方的城邦；位於東方的城邦往西看，是無數西方的城邦；看來看去，看不出天地的形狀。於是只能以城邦為政治單位，把自己的城邦視為「我」，「世界的其他地方」（the rest of the world）視為「敵」，視為可以被征服、支配、剝削的對象。其實這正是西學世界觀的邏輯起點。

梁啟超當年曾對比過這兩種世界觀，他在《論中國學術思想變遷之大勢》中說：

希臘有市府而無國家，如雅典斯巴達諸邦，垂大名於歷史者，實不過一都會而已。雖其自治之制整然，然終不能組織一國如羅馬

及近世歐洲列邦。卒至外敵一來，而文明之跡，隨群市府以同成灰燼者，蓋國家思想缺乏使然也。中國則自管子首以國家主義倡於北東，其繼起者率以建國問題為第一目的。群書所爭辯之點，大抵皆在此。雖孔老有自由干涉之分，商墨有博愛苛刻之異，然皆自以所信為立國之大原一也。中國民族所以能立國數千年，保持固有之文明而不失墜者，諸賢與有勞焉矣。[1]

概言之，柏拉圖也好，亞里士多德也好，皆是出身於島國城邦的政治家，所言只是如何治理城邦的知識和智慧，缺乏關於國家的思想，何談國家如何組織和建立。而中國的天下型定居文明，不僅早早就孕育出了國家主義思想，甚至誕生出大批懷抱世界主義理想的大政治家。憑藉一百年前的知識水平，梁任公就有如此宏論，實超過不少當代學人的水平。

2. 與其他古文明的對比

西南亞—東地中海一帶的第一代原生文明，有尼羅河流域的古埃及社會、位於兩河流域的蘇美爾社會和位於愛琴海地區的米諾斯社會。

古代埃及社會存活了約三千五百年，從公元前 3150 年法老美尼斯建立統一的王國開始，到公元 5 世紀「後羅馬埃及」被「拜占庭埃及」所取代為止。但是自公元前 22 世紀古王國時期的法老第六王朝開始，埃及就遭遇到從東北部進入的蠻族的入侵。前 18

---

[1] 梁啟超：《論中國學術思想變遷之大勢》，見《飲冰室文集之七》，第 31—32 頁，《飲冰室合集》（第 1 冊），中華書局，1989 年。

世紀上半葉到前 17 世紀，蠻族喜克索斯人入侵埃及，佔領了孟菲斯，使埃及分裂為南北兩個王國。

蘇美爾社會存活了大約兩千六百年，從公元前 4000 年前後出現的蘇美爾城邦開始，到公元前 1460 年亞述人打敗了亞摩利建立的巴比倫為止。但是該文明的第一個帝國阿卡德帝國，卻只存活了不到一百五十年，於公元前 2230 年左右被來自東北高原的蠻族古蒂人推翻。

同屬蘇美爾文明的巴比倫人，於公元前 18 世紀後期被蠻族喀西特人所征服，被迫納貢交稅。而亞述王國則被蠻族米坦尼人統治了三個多世紀。

米諾斯社會是一個以克里特島為基地、控制着愛琴海的海上帝國，興起於新石器時代，毀滅於公元前 1400 年左右來自於北方的蠻族亞該亞人的大遷徙。蠻族在米諾斯文明的廢墟上重建了邁錫尼文化，但考古證據表明，公元前 13 世紀末，邁錫尼堅固的宮殿曾屢遭洗劫，一次更加可怕的毀滅導致愛琴海文字徹底失傳，文化財富完全枯竭[①]。

這就是城邦國家的宿命。湯因比寫道：

公元前三千紀後半期正是公認的印歐語系各民族開始移民的時期。看來吸引他們的東西乃是毗鄰的文明所具有的富庶，這種富庶使該地區很容易招致蠻族的劫掠。無疑，小亞細亞文明的輻射範圍已超過它本身的疆界，因而被文化之光炫惑的蠻族，慕於

---

① 參見〔英〕阿諾德·湯因比著，徐波等譯，馬小軍校：《人類與大地母親：一部敘事體世界歷史》，上海人民出版社，2016 年，第 116 頁。

自己無法企及的豐饒，像飛蛾撲向燭光一樣紛紛撲向這種潛在的財富。①

同遭覆滅厄運的還不只是小亞細亞諸文明。公元前 15 世紀左右掃蕩了東地中海的蠻族，與同一時期毀滅了印度河哈拉帕文明的蠻族同出一源，前者被稱為喜克索斯人，後者就是進入伊朗高原創造了波斯文明、進入南亞次大陸創造了新的古印度文明的雅利安人。

如此盤點一番之後可以看出，在第一代文明時期，似乎沒有任何定居文明能夠逃脫被北方蠻族摧毀的命運。最壞的結局，就像米諾斯文明一樣，曾經輝煌一時的文明之光完全被黑暗所籠罩，歷史倒退千年。但即使是最好的結局，如埃及文明，蠻族入侵者被定居文明的先進文化所同化，文明繼續發展；可是由於反覆有蠻族入侵，經過一次次的大混亂之後，新的文明開始發生，老的文明終於還是壽終正寢。關於這段歷史，歷史學家雷海宗先生寫道：

生產尚低、人口不密的古代國家如被征服，人口可以大部被屠戮、被奴役、被驅逐流亡，經濟政治文化中心的城市可以全部被破壞，成為丘墟，原有的政治機構以及社會機構可以全被毀滅。在這種情況下，征服者可以另起爐灶，再經氏族社會而進入一種新型的國家階段。如公元前 2000 年以下歷屆征服兩河流域的各部族，如公元前 2000 年至前 1000 年征服古印度北部的雅利安人，如公元

---

① 〔英〕阿諾德·湯因比著，徐波等譯，馬小軍校：《人類與大地母親：一部敘事體世界歷史》，上海人民出版社，2016 年，第 85 頁。

前 1400 年以下征服愛琴世界的希臘人，都屬於此類：原來當地的人口基礎、經濟基礎、政治基礎，以及包括語言在內的全部生活方式都被徹底粉碎，等於一種巨大的天災把一個地方削平，原地的殘餘人口和殘餘物質條件只能作為新局創造中的原始資料，創造的動力全部地、最少是大部地來自比較落後而社會機體完整的征服者部族。這在上古前半期，即生產力一般低下的銅器時代，是曾經不止一次發生過的使歷史臨時倒流的現象。①

　　按照湯因比的觀點，以先後滅亡的第一代文明社會為「母體」，才又誕生出赫梯社會、巴比倫社會、敘利亞社會、希臘社會、伊朗社會、古代印度社會、中美洲的墨西哥社會、尤卡坦社會等十幾個第二代的「子體」文明社會。而與這些社會同時期，古代中國社會則始終保持着自身的延續和發展，並衍生出朝鮮社會和日本社會這兩個分支。

　　接下來，以第二代文明社會為「母體」，希臘社會的一支向西北方向轉移，在歐洲發展出了西方社會，隨後在大航海時代覆蓋了非洲和美洲的大部分，並消滅了全部美洲文明；另一支希臘社會向東北方向轉移，發展出了東正教社會，一直延伸到了俄羅斯。公元 7 世紀之後，整個中東和西亞地區以原來的赫梯社會、巴比倫社會、敘利亞社會、阿拉伯社會和伊朗社會為母體，發展成為伊斯蘭社會，並向東北方向延伸；古代印度社會繼續在南亞次大陸延續和發展成為今天的印度社會。這四個今天還活着的文明，都屬於第三

---

① 雷海宗：《雷海宗史論集》，天津人民出版社，2016 年，第 191 頁。

代「子體」文明社會。

而與第二代文明社會時期一樣，在第三代文明時期，中國社會繼續保持着自身的發展，直到現在。

在第二代文明中，先看一下伊朗社會的古波斯。從早期歷史看，古波斯帝國是一個半遊牧、半定居的文明。崛起於公元前 7 世紀的米底王國，包括了十個部落，其中有六個以農耕為主，四個以遊牧為主，疆域覆蓋了整個伊朗高原和小亞細亞的部分地區。公元前 559 年，居魯士大帝統一古波斯各部落，於公元前 553 年—前 550 年擊敗米底王國統治者，建立起強盛的阿契美尼德王朝。

阿契美尼德王朝史稱第一波斯帝國，歷經二百二十年。極盛時期的疆域橫跨歐亞非三洲，總面積約為 600 萬平方公里。國家建設方面，在史稱「大流士改革」的時期，劃分了行省、軍區，統一了鑄幣，修建了道路，開通了運河。從大流士一世起，帝國就有四個首都：蘇撒、愛克巴坦那、巴比倫和帕賽玻里斯。據記載：蘇撒的宮殿用埃及的烏木和白銀、黎巴嫩的雪松、巴克特利亞的黃金、粟特的青金石和朱砂、花剌子模的綠寶石以及印度的象牙修建裝飾而成，國王及其宮廷一年四季輪流駐於每個都城。希臘劇作家歐里庇得斯在《酒神的伴侶》中寫道：神奇富饒的東方，「那裡有着沐浴在陽光之下的波斯平原，有着由城牆保護的巴克特里亞城鎮，有着設計精美、可以俯瞰海岸的塔樓」[①]。

然而，有一點需要特別注意，古代世界所有國家的類型，分佈在「定居部落—城市國家—領土國家—大型帝國」這個演化路徑

---

① 轉引自〔英〕彼得·弗蘭科潘著，邵旭東、孫芳譯，徐文堪審校：《絲綢之路：一部全新的世界史》，浙江大學出版社，2016 年，第 3 頁。

上，各類型之間可能差距巨大。有些僅僅是同一個地區的一群城市，相互之間並無領土國家性質的結構關係。設想一個古代世界的觀察者，騰雲駕霧俯瞰大地，他首先看到的是一個廣闊區域內有一大群雉堞崢嶸的城市林立其中，但他卻看不到各個城市之間無形的強制、支配和服從等權力關係。有時他會看到中心城市的國王派出軍隊出征遠方，而周圍眾多城市也紛紛派出自己的軍隊與王師會合後一起出征，那麼，他就可以將所有派出了軍隊的城市劃入一個王國的範圍內，認定這個範圍屬於一個以中心城市為「都城」的王國。但如果不是這樣，他看到王師出征後應者寥寥，反而有其他某一個或數個邊緣城市集合了自己周圍的軍隊組成聯軍一起對抗王師。這時情況就複雜了，或者是統一的王國出現了叛亂和分裂，或者是新王國誕生、老王國覆滅，或者是王國本來就有名無實、弱幹強枝。古代世界的各種國家類型，其實就分佈在從定居部落到大型帝國的不同組合和不同範圍之中。

除了王師出征，還有都城主辦大型祭祀活動，前往都城拜謁和朝貢活動等，這也都可以成為確定一個王國實際疆域範圍以及統一分裂狀態的根據。但也僅限於此，支撐起一個大型領土國家的廣義「基礎設施」，如全國公路網、驛站、典章文物、官僚機構等，都還遠遠沒有出現。

本來，古代世界可能會長期徘徊在從定居部落到大型帝國的某個中間階段，例如古代地中海的希臘時代和羅馬時代，其實長期都只是城邦聯盟的類型，並未實質性地跨出成為大型帝國的那一大步。

這一點，從人口數量上也可以看出來。根據馬克垚先生轉引的

有關資料，公元前 2 世紀前後的羅馬共和國時期，其公民總數一直在 30 萬到 40 萬之間波動，還比不上公元前 260 年秦趙長平之戰秦軍一次斬殺的趙卒總數；而古羅馬軍隊總人數最多時是公元前 213 年前後的 7.5 萬人，只是秦國大將王翦滅楚時 60 萬大軍的八分之一。

而在二百年後的帝國時期，由奧古斯都親自主持了三次人口普查，根據他的《自傳》，不包括奴隸和殖民地人口，這三次普查統計的羅馬帝國的公民總數分別為 406.3 萬、423.3 萬和 493.7 萬人[①]，只相當於中國戰國時期一個大國的人口。弗朗西斯·福山在《政治秩序的起源》一書中將信將疑地寫道：

> 從公元前 356 年到前 236 年，秦國據說一共殺死 150 多萬他國士兵。歷史學家認為這些數字誇大其詞，無法證實。但它仍不尋常，中國的數字簡直是西方對應國的 10 倍。

根據《中國人口史》的統計，秦朝時人口在 2500 萬—4000 萬之間，漢朝時達到過 6000 萬。考慮到當時中國巨大面積的農業生產區，以及在當時就已很發達的耕種技術，養育的人口十倍於地中海和歐洲地區，並不奇怪。

在整個古代世界，與中國類似的超大定居經濟體，只在古印度出現過。但由於印度古史嚴重缺失，此前的哈拉巴文化沒有留下隻言片語，所以最早只能追溯到公元前 15 世紀雅利安人進入印度建

---

① 參見陳鳳姑、楊共樂：《奧古斯都七大政績芻議》，《歷史教學問題》2013 年第 3 期。

立起婆羅門教社會之後。

公元前 4 世紀末建立起來的孔雀王朝，是在亞歷山大東征的衝擊下引發的一個本土崛起，到了第三代帝王阿育王時期，在疆域上已是超大定居社會了，也有豐富的物產和發達的貿易。

雖然根據現有的文獻，我們有理由相信鼎盛時期的孔雀王朝在疆域、人口、政治、軍事、文化等多方面很接近於中華的秦漢帝國，阿育王的多個壯舉甚至還早於秦始皇，但最根本的區別是，這一王朝並未完成政治制度的現代化和國家的大一統建設。弗朗西斯·福山在比較了中國的秦朝和印度孔雀王朝之後，得出結論：（兩者）「政體的性質可以說相差十萬八千里」，他寫道：

> 孔雀王朝……政府用人完全是家族式的，受種姓制度的嚴格限制。……據我們所知，孔雀王朝沒有統一度量衡，也沒有在管轄地區統一語言。……孔雀王朝的終止導致帝國分崩離析，分割成數百個政治體，很多尚處在國家之前的層次。[1]

對於羅馬帝國和波斯帝國，福山評價孔雀王朝的那句話皆適用：「王朝的終止導致帝國分崩離析，分割成數百個政治體，很多尚處在國家之前的層次。」實際上，除了中國的秦漢帝國，世界歷史上古代所有其他帝國都只是半完成，或沒完成。

無論各種文明理論的正確性和精確性如何，也無論怎樣變換描述方式，中華文明驚人的延續性和連貫性都是不能不承認的。

---

[1]〔美〕弗朗西斯·福山著，毛俊傑譯：《政治秩序的起源：從前人類時代到法國大革命》，廣西師範大學出版社，2014 年，第 162—165 頁。

為甚麼秦朝首先完成了政治制度的現代化，成為了世界上第一個政治方面現代意義上的國家？為甚麼秦朝的廢封建、設郡縣政治措施在此後兩千多年歷史上成為「百代秦制」，被每一個王朝所實行？為甚麼中國在世界歷史的大多數時間裡都是最富庶的國家，而且會有從中國向世界各地源源不斷輸送絲綢、瓷器和其他物產的「絲綢之路」？根據唯物史觀，道理也很簡單，就是由巨量的物產和巨量的人口這兩個基本的物質環境因素所決定的。

三、獨特的政治和經濟

　　無論如何，黃帝的征服完成之後，中原的定居農耕酋邦基本上都在黃帝的統治之下了。《肅州新志》載炎帝時「南至交趾，北至幽州，東至暘谷，西至三危，莫不從化」。黃帝時範圍更大，「東至海，西至崆峒，南至於江，北逐獫鬻，合符於釜山」，雖是誇張之辭，卻也反映出當時已經有了一個方圓面積很大的定居農耕範圍。最值得注意的是黃帝「北逐獫鬻」，這至少說明兩個問題：一是黃帝一族雖也是遊居氏族，但卻不是獫鬻這一夥的蠻族。二是在完成了「天下有不順者，黃帝從而征之，平者去之」之後，黃帝就開始以中原定居農耕區保護者的身份率領農民們共同驅趕北方戎狄了。所以，雖然建都於涿鹿，但卻「披山通道，未嘗寧居」，繼續履行邊疆保護者和秩序維護者的職責。

　　今天的中國人自稱是「炎黃子孫」，若從史書的描述上看，應該包括了兩部分人：神農氏炎帝一族定居農耕社會中的農民們和有

熊氏黃帝一族遊居狩獵採集社會的戰士們。這應該基本符合當初的情況。雖然關於三皇五帝的事跡和世系，不過是後人製造出來的一個古史系統，大部分內容荒渺不可考。但在某個時期，以農民為主的氏族和以戰士為主的氏族錯居雜處在一個區域內，是可以確定的；前者常常被後者所征服，也是可信的。

根據史書上的記載，黃帝一族與炎帝一族之間有過一場大的戰爭，黃帝一族成了征服者，炎帝一族成了被征服者。兩部分人群的結合，製造出中國歷史上最早的二元社會分化。

《史記》載「黃帝二十五子，其得姓者十四人」，此後一千多年夏商周的王室和諸侯，都出自這一家族。帝少昊，黃帝之子玄囂。帝顓頊，昌意之子，黃帝之孫。帝嚳，玄囂之孫，黃帝之玄孫。帝堯，帝嚳之子。帝舜，黃帝之八代孫。夏朝大禹，黃帝之玄孫。商朝成湯，帝嚳次妃簡狄之子契之後。周朝先祖后稷，帝嚳元妃姜原之子。

征服者一族與被征服者一族之間的二元社會分化，正是中華獨特政治傳統的起點。

1. 二元社會

為甚麼說這個政治傳統是獨特的呢？在一個遊居、非農耕的社會裡，無論社會內部如何分層，其生產和生活方式是一樣的，要麼都是狩獵採集，要麼都是放牧，要麼都是掠奪搶劫或貿易，其差別只在於分配方式上，上層得到的多，下層得到的少。但是在定居農耕社會裡，只有被征服者的一族，也就是下層社會，才從事農耕勞動，而征服者一族構成的上層社會，是不從事農耕勞動的，他們是

所謂的食利者階層。本質上，這些上層貴族同樣也是靠索取來獲得生活來源，不同的是，其索取的對象，不是社會外部的異族，而是本社會內部的下層。

古代人類社會，屬於自然狀態，人為的制度設計不多，今天看起來很成問題的事情，在當時則是天經地義的。食利者就是食利者，「食」這個漢字在古代中國也就是這麼用的，如「封君食租稅」「食邑五百戶」「食邑千五百戶」。漢朝高祖曾下詔：「其七大夫以上，皆令食邑，非七大夫以下，皆復其身及戶。」（《漢書‧高帝紀》）唐朝大臣論時弊，上書曰「拜爵非擇，虛食祿者數千人；封建無功，妄食土者百餘戶」（《通典‧職官三》）。

「食租稅」者，或者是封土之君，或者是爵官大夫，也稱「素封」。不管是哪一種，有的參與政治，有的不管政治，只管收租稅。如錢穆談中國經濟史時說：

> 古代諸侯有封君，他們兼理政治。漢代亦有，但漢之封君不管政治，只理租稅，即所謂「食租稅」。如每年率戶 200，封君可每戶取其 200 錢之租，等於其生活費之三分之二。故 1000 戶年獲 20 萬錢，是謂千戶侯。①

中國古代政治問題就是從這裡開始出現的，確切地說就是從社會的二元分化開始的。

首先，被征服之族或下層社會，永遠是男耕女織，在田地裡或

---

① 錢穆口述，葉龍整理：《中國經濟史》，北京聯合出版公司，2016 年，第 44 頁。

在家裡辛苦勞動，無論上層社會如何構成，疊成幾層，下層都是一模一樣。如前所述，選擇了定居農耕生活方式的早期農民，逐漸與所居住和所耕作的土地之間形成一種共生關係。農民改造了土地，土地也改造了農民，日久天長，農民就好像成了土地的一部分。正如《漢書‧食貨志》所說「辟土殖穀曰農」。

《詩經‧國風‧七月》描繪了那時的農民生活：

> 三之日於耜，四之日舉趾。……八月萑葦。蠶月條桑，……七月鳴鵙，八月載績。……八月其獲，十月隕蘀。一之日於貉，……六月食鬱及薁，七月亨葵及菽。八月剝棗，十月獲稻。……七月食瓜，八月斷壺。九月叔苴，採荼薪樗。……九月築場圃，十月納禾稼。黍稷重穋，禾麻菽麥。……二之日鑿冰沖沖，三之日納於凌陰。四之日其蚤，獻羔祭韭。九月肅霜，十月滌場。……

農夫們一年到頭忙個不停，簡直沒有喘口氣的時候，「嗟我農夫，我稼既同，上入執宮功。晝爾於茅，宵爾索綯。亟其乘屋，其始播百穀」。但抱怨歸抱怨，他們卻也認命，並不反抗，「朋酒斯饗，曰殺羔羊。躋彼公堂，稱彼兕觥，萬壽無疆」。

可見，農民們在和自己所耕種的土地之間形成自成一體的共生關係之後，就相當於變成了一架自動運轉的人力機器，一架能夠讓土地生產出財富的機器。實際上，傳統的政治經濟學正是這樣定義財富的，如亞當‧斯密將財富定義為「土地和勞動的年產物」，威廉‧配第說財富——「勞動是它的父，土地是它的母」。

換句話說，農民首先與土地形成了共生關係，食利者階層再寄

生在這種共生關係之上，在當時的社會，也是一種各方都可以接受的自然狀態。

二元社會的概念，在當代的語境中，或指城市與鄉村之間的二元社會結構，或指自然經濟與商品經濟之間的二元經濟分類，或指農業經濟和工業經濟之間的二元部門劃分。但在古代的中國，這個典型的定居農耕社會中，被束縛在土地上的下層勞力者社會與不被束縛在土地上的上層食利者社會兩者之間就已經形成了一個明顯的二元分化。這種分化又由於下層社會的一盤散沙和樂天知命而更趨嚴重。

有學者認為，在常態的情況下，中國農民「是政治的觀眾和國家權力的順從者，表現出的是低調的集體意識和政治意識」[1]。農民們所關注的唯一事情就是如何擴大可耕地並增加產出，富蘭克林‧H‧金在《四千年農夫》一書中寫道：

這些古老民族的人，習慣於充分利用土地，他們很早以前就能讓四片草葉生長在本來只能生長一片草葉的地方，也學會怎樣加倍擴大面積來滿足作物對更大空間的需求。[2]

於是，對於征服者一族或上層社會來說，就有了兩種選擇：一是插手干涉，對農耕社會內部的事情進行治理，通過治理實現持續

---

[1] 魏福明、劉紅雨：《利益集團視野下的農民權益保護》，《江蘇科技大學學報（社會科學版）》2005 年第 4 期。

[2] 〔美〕富蘭克林‧H‧金著，程存旺、石嫣譯：《四千年農夫》，東方出版社，2016 年，第 28 頁。

的甚至是漸增的榨取；二是放任不管，只是榨取。至於兩種方式孰優孰劣；在哪種特殊情況下一種方式為優，一種方式為劣；在哪種特殊情況下優可能變成劣，劣可能變成優……可以說，中國古代的各種政治學說，主要就是圍繞對這幾個問題的回答而展開的。

《周禮・地官・司徒》將田分為三種等級：上田不更易，一年一墾；中田一年交換，三年一墾；下田交替輪耕，三年一墾。何休注：「肥饒不得獨樂，磽埆不得獨苦，故三年一換土易居。」《國語・魯語下》中記載：「先王制土，藉田以力，而砥其遠邇；賦里以入，而量其有無；任力以夫，而議其老幼。」這就屬於干涉性的治理，旨在提高土地的使用效率。

《左傳・襄公三十年》記載：「子產使都鄙有章，上下有服，田有封洫，廬井有伍。……從政一年，輿人誦之曰：取我衣冠而褚之，取我田疇而伍之。孰殺子產，吾其與之。及三年，又誦之曰：我有子弟，子產誨之；我有田疇，子產殖之。子產而死，誰其嗣之？」這屬於針對地狹人稠的「國情」而進行的更加深入、更加綜合的干涉性治理。

《公羊傳・宣公十五年》曰：「古者什一而藉。古者曷為什一而藉？什一者，天下之中正也。多乎什一，大桀小桀；寡乎什一，大貉小貉。……什一行而頌聲作矣。」《孟子》有云：「夏后氏五十而貢，殷人七十而助，周人百畝而徹，其實皆什一也。」這就屬於不干涉，只收稅。「貢」「助」「徹」是三種徵稅方法，錢穆解釋說：

「貢」法是取數年來收成平均數照收十分之一；由於收成之好壞每年不同，收成好時有盈餘，但荒年連肥料費都不足，故「貢」

法不好。「助」法是隨年歲好壞而收稅，對農民有利。「徹」法是永遠固定收取十分之一，不過每年要調查田畝。後來「貢」「徹」二法並用。每 100 畝徵收七擔，收成好並不多收，壞則可報荒，所以租稅制度很合理。[1]

《論語‧顏淵》載：「哀公問於有若曰：『年饑，用不足，如之何？』有若對曰：『盍徹乎？』曰：『二，吾猶不足，如之何其徹也？』對曰：『百姓足，君孰與不足？百姓不足，君孰與足？』」這是經典的儒家治理思想，不是竭澤而漁的掠奪，而是放水養魚的共享。

在需要對社會進行治理的時候實施了良好的方法，在需要與民休養生息的時候採取了自由放任的政策，食利者有所得，耕田者有活路，能做到這一點的君主就是後世所稱的聖主賢君，而在聖主賢君統治之下的社會，就是孔子所說的小康社會。杜佑在《通典》中寫道：

穀者，人之司命也；地者，穀之所生也；人者，君之所治也。有其穀則國用備，辨其地則人食足，察其人則徭役均。知此三者，謂之治政。夫地載而不棄也，一著而不遷也，安固而不動，則莫不生殖。聖人因之設井邑，列比閭，使察黎民之數，賦役之制，昭然可見也。

隨着人口的增加、土地開墾面積的擴大，「開關梁，弛山澤之

---

① 錢穆口述，葉龍整理：《中國經濟史》，北京聯合出版公司，2016 年，第 15—16 頁。

禁」，工商業也繁榮起來，整個社會的規模和複雜性隨之增加，士農工商「四民社會」逐漸形成。在社會治理問題越來越複雜的時代背景下，官僚階級應運而生。

官僚階級人員的構成，一部分來自於征服者集團中有知識的人士，一部分來源於沒落的舊貴族。春秋戰國時，大國之間兼併戰爭頻發，許多小國都變成了大國中的一個縣，原來的國君被撤廢，改由大國的中央政府派遣地方官吏，這就是封建制向郡縣制的過渡。

中國古代政治的對內方面，基本上就在土地、勞力、徭役、賦稅這幾個事項上展開；至於仁政還是暴政，聖主還是昏君，治世還是亂世，就在君主、官僚、農民這三者的關係中決定。

2. 基本經濟區

西周的封建制度，受封者「授民授疆土」，土地與人民分屬各地的諸侯卿大夫，雖然同屬下層社會，但卻被采邑和封地所區割，分散在各個地方。如《禮記・王制》所記：「天子之田方千里，公侯田方百里，伯七十里，子男五十里。」

但隨着兼併的進行，城邦國家逐漸發展為領土國家，自給自足、彼此獨立的小型地方區域開始轉變為較大的成片區域，一些可以在經濟上自成一體的經濟區開始出現。冀朝鼎在《中國歷史上的基本經濟區》一書中，定義了一種「基本經濟區」：

在此經濟區內，農業生產率和運輸設施使繳納漕糧成為可能，而且要遠遠勝過其他地區，因此任何一個團體，只要控制這一經濟

區，就掌握了征服和統一全中國的關鍵。因此，這種地區被定義為「基本經濟區」。[①]

從基本經濟區的形成、擴大和轉移這個角度，可以發現中國歷史上朝代興衰更替的演化脈絡。因為誰控制了富庶的基本經濟區，誰就佔據了生產力上的競爭優勢，或者說綜合國力的優勢，誰就有可能成為爭霸天下的大國。而一旦奪得天下，為了確保江山穩固，朝廷又會進一步開發所佔據的基本經濟區，提高農業生產率、興修水利、發展漕運等，使得基本經濟區的競爭優勢更強，成為爭霸天下者必欲奪取的戰略要地。

例如春秋時管仲相齊期間，就曾經利用齊國作為一個大型經濟區的優勢支撐了齊桓公的霸業。管仲首先打破了原來的封地和采邑邊界，建立新的地方行政區劃，以「定民之居」：「制國以為二十一鄉：工商之鄉六，士鄉十五。」「五家為軌」「十軌為里」「四里為連」「十連為鄉」。軌有一人為長，里有司，連有長，鄉有良人，即鄉長、「鄉士」「鄉大夫」。「制鄙五」，三十家為邑，十邑為卒，十卒為鄉，三鄉為縣，十縣為屬。邑有司，卒有卒帥，鄉有鄉帥，縣有縣帥，屬有大夫，五屬立五大夫，各使治一屬。

這就是讓人民和土地充分結合，整體上形成生產財富的人力機器。如管子所說，「地者，政之本也，是故地可以正政也」（《管子·乘馬》）。在土地與人民很好結合的基礎上，財富自然會產生出來，「務五穀，則食足；養桑麻，育六畜，則民富」（《管子·

---

① 冀朝鼎著，岳玉慶譯：《中國歷史上的基本經濟區》，浙江人民出版社，2016年，第4頁。

牧民》）。「無奪民時，則百姓富；牲犧不略，則牛羊遂。」（《國語‧齊語》）

今天看來，管仲的「均地分力」「制地分民」等政策正是通過經濟區建設來實現富國強國的有效舉措。「欲為其國者，必重用其民。欲為其民者，必重盡其民力。」（《管子‧權修》）「均地分力，使民知時也。民乃知時日之蚤晏，日月之不足，飢寒之至於身也。是故夜寢蚤起，父子兄弟不忘其功，為而不倦，民不憚勞苦。」（《管子‧乘馬》）

由於中國先天具有的「廣土」特性，在自然環境條件方面可以成為基本經濟區的地區有很多。漢代的關中平原，號稱「沃野千里」，一條鄭渠灌溉良田四萬頃；公元前 95 年前後建成的白渠，灌溉良田四千五百頃。有一首歌謠讚頌白渠：「涇水一石，其泥數斗。且溉且糞，長我禾黍。衣食京師，億萬之口！」（《漢書‧溝洫志》）唐朝大臣長孫無忌曾經評價說：「白渠水帶泥淤，灌田益其肥美。」（《通典‧食貨二》）一位研究中國「持久農業」問題的美國學者寫道：

> 洪水暴發會造成悲劇，但是這裡的土壤年輕、新鮮、適合耕種，而且週期性地得以更新。……中國人過去曾經擁有 —— 而且顯然現在仍然擁有 —— 年輕、多產、未淋洗的土壤。[1]

天然灌溉和人工灌溉的結合，讓中國比其他地區更早、更充分

---

[1] 冀朝鼎著，岳玉慶譯：《中國歷史上的基本經濟區》，浙江人民出版社，2016年，第 22 頁。

地發展出集約農業。中國一向被稱為「河川之國」，非常適合發展灌溉工程。專門研究過治水與中國歷史關係的 K・A・魏特夫將中國的江河系統與埃及和美索不達米亞比較之後說，中國的江河並不流經綠洲，但是都分佈在廣闊連綿的土地之上，這非常有利。正是由於這一點，到現在為止，中國農業的中心都處於幾大江河流域。他說，灌溉「在中國每個地方都是集約農業的必要條件；就在此基礎之上，建立了中國的農業社會，就像現代資本主義工業社會是建立在煤鐵的基礎上一樣」①。

隨着諸侯國最終合併成為大一統國家，中國的基本經濟區以類似於多元一體的「叢體」形式發展起來。根據冀朝鼎的研究，若以「基本經濟區」作為中國經濟史的劃分依據，自戰國到晚清的兩千多年裡，可以分為五個時期。

第一個統一與和平時期（前 255—220），包括秦朝和漢朝，涇水、渭水、汾水和黃河下游流域為基本經濟區。第一個分裂和鬥爭時期（220—589，極為重要的轉變時期），包括三國、晉朝和南北朝，四川與長江下游流域，因為灌溉與防洪的逐漸發展，成為重要的農業生產地區，對早期基本經濟區的主導地位構成挑戰。第二個統一與和平時期（589—907），包括隋朝和唐朝，長江流域獲得了基本經濟區的地位，同時大運河也得以迅速發展，把首都和新基本經濟區連接起來。第二個分裂與鬥爭時期（907—1279），包括五代、宋朝和北方的遼朝和金朝，長江流域作為中國突出的基本經濟

---

① 冀朝鼎著，岳玉慶譯：《中國歷史上的基本經濟區》，浙江人民出版社，2016年，第 11 頁。

區進一步得到迅猛發展。第三個統一與和平時期（1279—1911），包括元朝、明朝和清朝，統治者日益擔心首都與基本經濟區之間的距離，多次想把海河流域（即現河北省）發展成為基本經濟區。[①]

值得注意的是第四個時期。公元 960 年趙匡胤建立的北宋王朝，是個偏安的「小天下」；連同燕雲十六州在內的整個北方屬於契丹建立的遼朝；而北宋的疆域北邊只到今天的天津市、河北省霸州、山西省雁門關一帶，東南抵海，西達今甘肅省。

這是一個非常接近圓形的疆域，是遼、宋、西夏、金列國均勢平衡的結果，但卻反映出當時的基本經濟區已經以長江流域為中心，並可以支撐一個國力不足以全取天下但卻足以偏安一隅的中原定居農耕社會。

宋朝於公元 979 年和 986 年先後兩次發動對遼戰爭，均告失敗。遼朝也幾次大舉南下進攻宋朝，最後在 1005 年與宋朝簽訂了「澶淵之盟」，宋朝每年向遼朝輸銀 10 萬兩、絹 20 萬匹，雙方約為兄弟之國，恢復和平關係。西夏國建立以後，由於宋朝不承認西夏國也不給國王元昊封帝號，元昊多次出兵進攻宋朝；1044 年雙方議和，西夏取消帝號，仍由宋朝冊封為夏國王，宋朝每年給西夏銀 7 萬兩、絹 15 萬匹、茶 3 萬斤，重開沿邊権場貿易，恢復民間往來。

這些和約的簽訂，說明當中原定居農耕社會在喪失軍事上抵抗周邊半定居半遊居社會的能力之後，依靠其最大規模的基本經濟

---

① 冀朝鼎著，岳玉慶譯：《中國歷史上的基本經濟區》，浙江人民出版社，2016 年，第 9 頁。

區，仍可以通過「購買和平」的方式維持其生存。兩宋的國祚綿延了三百多年，其間的經濟規模曾達到過世界第一，財富增長，人民富裕，文化繁榮，算是不壞的一個結果。

而在第五個時期，元和清是草原和森林民族建立的帝國，明朝初期也很強盛。它們的國力是依靠「北宋圓」這個疆域範圍的最大規模基本經濟區來支撐的。

3. 天下型經濟體

單純從經濟這個側面來看，一個社會，其所有經濟單位（包括個人、家庭、企業、組織和政府）的生產、分配、交易、消費活動的總和，即構成一個經濟體。社會規模有大有小，經濟體也有大有小。較小的經濟體往往只有一部分經濟活動，例如只有原材料生產，或者沒有生產只有貿易，或者既無生產也無貿易完全就是消費，而較大的經濟體則具有全部的經濟活動。

中國歷史上的基本經濟區，隨着幾次大一統的建立而逐步擴大。北宋時期圓形疆域的大部分，尤其是江南地區，經過兩宋長達三個多世紀的開發，成為了世界上最大的基本經濟區。雖然面積小於秦朝的疆域，只是今日中國疆域的五分之一左右，但考慮到人口和城市化等因素，也可以視為是具有天下規模的一個疆域。為方便敍述，不妨將這個天下型的圓形區域命名為「北宋圓」。

元、明、清三朝都定都北京，因此都曾嘗試過把直隸變成「第二個江南」的計劃，期望在首都附近建立起一個與江南類似的基本經濟區，以減少對於漕運的依賴。例如林則徐就曾在一份奏摺中計算得出，如果在直隸再開墾土地兩萬頃，每年能夠生產的糧食就相

當於從南方運來的 400 萬擔漕糧^①。

根據冀朝鼎的觀點，基本經濟區是古代中國實現國家統一的物質基礎；大型的基本經濟區可以支持大型的統一國家，國家統一之後又會採取各種措施進一步擴大和發展基本經濟區，使之作為支持國家進一步擴張的更大的物質基礎。正是在這樣的正反饋循環中，到了元明清時期，中國各地相互關聯的基本經濟區已經構成一種與天下型國家相「配套」的天下型經濟體。

正如天下型國家不同於一般的國家，天下型經濟體也不同於一般的經濟體，這一點是研究中國經濟問題時最應該加以注意的。但遺憾的是，直到今天尚沒有一個經濟學家正式使用過這個概念，在大多數經濟學家的觀念中，中國經濟，無論是古代經濟還是現代經濟，都和其他國家的經濟，例如英國經濟、荷蘭經濟、意大利經濟等，沒有本質上的不同，都可以使用同一套分析方法。

但中國的情況顯然不像歐洲列國那麼簡單。從歷史上看，北宋時期的宋和北方的遼、西北的西夏、西面的吐蕃、西南的大理等，在當時都是獨立的經濟體，相互之間有貿易上的互補和依存，這時的情況是類似於歐洲的，相互之間有可比性。但是，經過元朝到了明朝，永樂年間的疆域完全包括了北宋時期的宋、遼、金、西夏、大理等各國的大部分疆域，這時的「中國經濟」還可以與北宋時的經濟同樣對待嗎？從明朝再到清朝，從 1500 年到 1800 年的三個世紀裡，人口和疆域都增長了不少，這時的「中國經濟」還是與以前一樣的那個經濟體嗎？

---

① 參見冀朝鼎著，岳玉慶譯：《中國歷史上的基本經濟區》，浙江人民出版社，2016 年，第 136—137 頁。

秦朝創制，推行書同文、車同軌、人同俗，決川防、墮城郭，收天下兵；漢朝創制，文帝「始開籍田，躬耕以勸百姓」（《漢書·食貨志上》），武帝「平準之立，通貨天下」（《史記·平準書》「索隱述贊」），宣帝設常平倉，穀賤而糴，穀貴而糶；北魏和隋唐創制，實行均田制和租庸調制；宋朝創制，王安石改革行方田法、青苗法、均輸法、市易法；明朝創制，洪武行開中法，建魚鱗圖冊，張居正創「一條鞭法」，均稅均役；清朝創制，康熙之後「攤丁入畝」，永不加賦。這些創制，不論成敗，本質上是面向整個天下的，都帶有王安石「因天下之力以生天下之財，收天下之財以供天下之費」的思想，也就是天下型經濟體特有的經濟思想。

雖然天下型經濟體與列國經濟體之間不會有截然的差別，尤其是很大的國家，也都或多或少具有天下的觀念；但是一般的國家不會出現這些「以天下為天下」的創制。近代之後，歐洲列國發現了靠經濟富國強國的途徑，16—18 世紀之間盛行的「重商主義」以本國一國的富足與力量（Plenty and Power）為目標，而在當時的語境中，Power 一詞的含義主要是在與他國之間的「零和」競爭中取勝。約翰·洛克說過：「財富不在於擁有更多的金銀，而在於擁有金銀的比例超過世界其他地方或我們的鄰居。」[1] 這就是典型的「以一國為一國」的經濟思維，與「以天下為天下」恰成對照。

歸納一下，天下型經濟體具有如下特點：

第一，天下型經濟體的地理範圍就是天下型定居社會的地理範圍，兩者重合，定居農耕區域擴展到哪裡，天下型經濟體就覆蓋到哪

---

[1] 轉引自王鬧鬧：《「共同體」與英國重商主義的富強觀》，《江海學刊》2019 年第 3 期。

裡。因此，它既是一個經濟體也是一個經濟區；既是一個多門類的生產基地，又是一個巨大的統一市場，在天下這個範圍內包括了生產、分配、交易和消費等主要的經濟活動。非定居的各種遊居社會、各種封建制度下的社會、小型分散的定居農耕社會都沒有這個特點。

第二，天下型經濟體包括了天下型定居社會的全部生產力，在「耕者有其田」且「男樂其疇，女修其業，事各有序」的這種「人人有業」的理想狀況下，總的生產力是定居農耕土地面積、人口數量、生產工具和生產技術的函數，生產力的增長會在人口增加、勞動技能提高、生產集約化程度加深等條件下自動發生。根據經濟學理論，農業時代的生產率一般來說可分為四種，第一種是土地生產率，就是土地產出的效率；第二種是勞動生產率，就是農業勞動者的生產效率；第三種是資本生產率，是指使用的資本的產出效率；第四種是全要素生產率，也就是前面說的根據生產三要素綜合計算出的產出效率。由於天下型經濟體包括了天下所覆蓋的全部農耕土地範圍，因此其農業生產率主要通過土地生產率反映出來。在土地生產率保持正常水平的情況下，天下型經濟體的經濟平穩增長，天下富庶，一派繁榮。

第三，在農業時代，天下型經濟體中的農民包括擁有自己土地的自耕農、耕種地主土地的佃農、國家分配土地的均田農民等；廣義上也包括農村的手工業者和小商販等，即費孝通先生所定義的「靠他們自己的生產勞動過日子」的固着於土地或不完全固着於土地的職業農民[1]。在西歐等其他定居農耕社會中，由於封建制長

---

[1] 費孝通：《江村經濟》，中信出版社，2019 年，第 126 頁。

期存在，農民有守田的義務，有強迫的力役，本質上依附於領主，被分割為不同「領主經濟」中的不同群體，相互之間差異性大於共性。但中國的封建社會早在先秦時期就已崩潰，土地歸自由的地主和自由的農民佔有和使用，政權則歸國家，從此土地不再是封建的領地，因此，由所有農民組成的中國下層社會更像是一個整體[①]。宋代實行主客戶制和戶等制，國家對人民的管理，由以丁為本轉向以戶為本，客戶是沒有土地的民戶，大多為地主的佃戶；主戶以佔有土地的多少劃分戶等，大體上，一、二等戶是地主，三等戶是自耕農，四、五等戶是貧農或佃農。無論主戶與客戶，都是國家的編戶齊民，但客戶對地主有一定的依附關係。明清時期，國家管轄的農民仍然大量存在，而且隨着經濟的發展，他們的自由程度也不斷加強[②]。

第四，天下型經濟體作為一個相對獨立的經濟體，在理論上，它可以被任何一個民族的統治集團所佔有和控制。因此，無論是定居社會內部的食利者階級，還是外部毗鄰的遊居社會的掠奪者集團，都以控制這個的經濟體或者搶奪它的產出為目的。誰控制了這個經濟體，誰就有了建立統一王朝或者帝國的競爭優勢。天下型經濟體只有經濟屬性，沒有政治屬性，永遠處在上層建築的統治之下。在歷史上，一旦上層社會的政治壓迫和經濟剝削過於沉重，經濟體的經濟屬性會大大減弱，並出現無業遊民人口總體上超過從業人口的情況，逐漸變身成為一個巨大的「暴力體」，最終導致群雄並起、四方皆反，兵力所向直指朝廷，導致王朝覆滅，

① 參見馮天瑜：《「封建」考論》，湖北人民出版社，2018年，第110—114頁。
② 參見馬克垚：《封建經濟政治概論》，人民出版社，2010年，第54頁。

改朝換代。

　　第五，天下型經濟體在根本上不同於列國型的經濟體，在理論上，天下型經濟體不依賴於國際貿易，不需要通過比較優勢進入國際經濟體系，它本身即通過所有的生產門類和巨大的統一市場構成完整的經濟循環。它不像列國經濟體那樣，只作為國際經濟體系的一個組成部分，只靠一種或幾種生產門類支撐整個國民經濟；更不同於單純依靠出賣能源或原材料的資源輸出國，或只依靠沿海港口或陸地樞紐中轉的服務貿易國。歷史上形成的以中國為中心的同心圓形狀的朝貢體系，就是天下型經濟體典型的表現形式。即天下型經濟體生產並出口幾乎所有商品，不依賴於外國商品，周邊的朝貢國必須用本國的特產或者金銀等通貨交換中國的商品。如貢德·弗蘭克（Andre Gunder Frank）所說：

　　「中國貿易」造成的經濟和金融後果是，中國憑藉着在絲綢、瓷器等方面無可匹敵的製造業和出口，與任何國家進行貿易都是順差。因此，正如印度總是短缺白銀，中國則是最重要的白銀淨進口國，用進口美洲白銀來滿足自身的通貨需求。[1]

　　具有以上特點的天下型經濟體，是中國這個天下型定居文明獨有的產物，它的地理性、天下性和整體性等都是獨特的。當人們分析中國經濟時，需要意識到這些獨特性。換言之，基於天下型經濟體的中國經濟根本不能簡單等同於列國之一的經濟體而與其他國家

---

[1] 〔德〕貢德·弗蘭克著，劉北成譯：《白銀資本：重視經濟全球化中的東方》，四川人民出版社，2017 年，第 115 頁。

進行對比，只有天下型經濟體的某一部分與列國的經濟體之間才有可比性。

另外，中國的農民不能簡單等同於其他國家的農民，無論個體的生活或村落的面貌如何相像，但作為一個整體，中國的農民群體和農村社會有着完全不同的性質。美國漢學家沙培德（Peter Zarrow）教授在比較了中國農民與中美洲種植園裡的農奴之後認為：美洲種植園主大多擁有成百上千的農奴，不可能有商品化的農業或工業化，沒有土地會轉手，精英家族像公司一樣經營着他們的莊園，只對更大的外國商業利益負責。而中國農業的基本模式是農家耕種小塊土地，既有自種者，也有佃種者，或自種與佃種混合者；其中的精英家族可以依靠土地所有權、官方地位以及商業關係的混合獲得向上層社會流動的機會。

全盛時期的中華天下型經濟體，其富足程度遠超任何一個列國經濟體，來自列國經濟體的英國馬戛爾尼使團做了一個見證。魏斐德寫道：

1793 年，喬治·馬嘎（戛）爾尼爵士率使團來到中國，為喬治三世向乾隆呈上了最好的禮物：武利亞米鐘（自走機械吊鐘）、地球儀、太陽儀、一座精巧的行星儀和最好的韋奇伍德瓷器。然而，這些東西與乾隆已有的藏品相比，幾乎都顯得鄙俗不堪。馬嘎爾尼爵士在皇帝的熱河行宮乘船遊湖，參觀了四五十座亭台樓閣，每一座都：……極盡奢華，掛着皇帝的狩獵行進圖；陳列着巨大的碧玉花瓶和瑪瑙花瓶、最好的瓷器和漆器，各種歐洲玩具和鳥鳴鐘以及大量工藝精湛的地球儀、太陽儀、鐘錶和音樂盒。相比之下，

我們（指馬戛爾尼使團）的禮物真是微不足道，「黯然失色」。①

　　然而，天下型經濟體最大的範圍也仍以天下型定居文明為界，出了定居文明的範圍，就是「他者」的世界了。

四、作為「他者」的草原遊居社會

　　今天的學者們在說到他者文明或異質文明時，往往會習慣性地聯繫到西方文明，自西學東漸、西力東擊之後，關於中西文明互為他者、互為鏡像的著作就多如牛毛，不勝枚舉。但在中華文明五千多年的歷史上，西方文明進入視野不過是近幾百年的事，中華文明長期以來面對的他者文明，是歐亞大陸乾旱帶上的草原文明。所以，要討論中原定居農耕社會，必須同時討論與之相對的草原遊居社會。

　　做個假設：如果中國位於一個半島型的地理環境中，三面大海、一面高山，北方並不與歐亞大草原相接，那麼，可以想像，秦朝實現了大一統之後，定居社會取得了對於殘存於「隙地」中的遊居社會的最後勝利，從良渚開始的區域性國家最終擴展成為天下型國家，農耕—養殖生產生活方式遍及這個國家……

　　但歷史不是這樣安排的。與中華定居農耕社會自周初第一次大一統之後迅速擴大的同時，遊居於北方草原的戎狄社會也與中原社

---

① 〔美〕魏斐德著，梅靜譯：《中華帝國的衰落》，民主與建設出版社，2017 年，第 101—102 頁。

會如影隨形般地興衰起落。宏觀上看，草原上的遊居社會與毗鄰的中原定居農耕社會之間，實際上是一種共生關係。因此，分析中原定居社會的天下型定居文明，必須同時分析與它互為「他者」的草原遊居社會及其特有的文明。

無論是考古方面的證據，還是遺傳生物學方面的證據，都說明南俄羅斯大草原和西伯利亞這一廣闊地帶也是人類文明的起源地之一。

舊石器時代晚期的奧瑞納文化，是現代人類在歐亞大陸上創造的文化中最早的一個，包括早期的岩洞藝術、雕塑以及製造精美的石器和骨器。從西伯利亞往西到歐洲，往東到中國北方，如寧夏水洞溝黃土坡和榆林薩拉烏蘇河流域，都曾發現過奧瑞納文化遺址。

進入青銅時代，這一廣闊區域內出現了辛梅里安文化。勒內·格魯塞認為，從公元前 1200 年開始，一支印歐人種的辛梅里安人開始在黑海以北的俄羅斯草原活動，並在此定居。辛梅里安的青銅文化是經由伏爾加河進入突厥斯坦和烏拉爾山區的。公元前 1150—前 950 年，辛梅里安文化繼續傳播，向黑海以北推進。辛梅里安文化的最後階段，應該在公元前 900—前 750 年，同一時期的高加索文化和歐洲的哈爾希塔特文化與辛梅里安文化存在着諸多相似之處。但鐵器時代的到來，使得高加索文化和哈爾希塔特文化漸漸超越了辛梅里安文化[1]。

---

① 參見〔法〕勒內·格魯塞著，劉霞譯：《草原帝國》，文化發展出版社，2018年，第 2—3 頁。

1. 遊牧社會的出現

對先進的青銅冶煉技術和各種手工製作技術的掌握，以及對騎馬技術以及馬車運輸技術的掌握，最終導致了歐亞大草原地區遊牧文化的出現和力量的擴張。繼辛梅里安人之後，歐亞大草原就被斯基泰人所統治，一直到公元前 3 世紀才結束。狄宇宙認為，早在公元前 1 千紀，被稱為「斯基泰型」（Scythian-type）的馬背遊牧民族，就已遍及歐亞大陸的群居文化中心之內，而整個中國北部也都已進入了這一寬闊的大陸文化進程。他寫道：

經濟實踐活動方面結合了農耕和牲畜飼養，而在文化方面則與內亞的冶金業密切相關，這些都出現在商朝所統治的地區和中亞、西伯利亞、阿爾泰等青銅文化區之間。[①]

關於歐亞大草原上遊牧民族的起源問題，學者們一直有多種不同觀點。一種觀點認為是從成熟的畜牧生活中自然演化發展而來的，是社會內部技術進步、規模和複雜性增加的結果。另一種觀點認為，可能是氣候變化導致可耕種土地減少，迫使以前定居而耕種土地者和飼養家畜者轉變成了遊牧者。還有學者認為，最初可能就是森林中畜養動物的狩獵者，他們在開始使用馬之後，就移居到了大草原地區[②]。

另一個比較獨特的觀點是歐文·拉鐵摩爾提出來的，他認為，

[①] 〔美〕狄宇宙著，賀嚴等譯：《古代中國與其強鄰：東亞歷史上遊牧力量的興起》，中國社會科學出版社，2010 年，第 6 頁。

[②] 同上，第 26 頁。

遊牧社會是被綠洲上的定居畜牧—養殖社會「推」出來的。在歐亞大草原地區，那些在綠洲上所捕獲的大型食草動物可以保留下來進行飼養，人們逐漸地學會了如何使用它們，並最終傳播到整個大草原。就這樣，那裡的人們成為了「專業的放牧者」。拉鐵摩爾將啟動這一過程和「推動」最早的遊牧民族進入大草原的原因，歸之於在經濟上對大草原自然環境的更有效的適應。

無論是哪一種起源，考古研究已經清楚地表明，至遲在青銅時代晚期，也就是公元前 2 千紀至公元前 1 千紀之間，早期遊牧人群和農耕人群就已經分離開來，雖然界限還不是那麼嚴格，因為那些專門從事畜牧業的遊牧民族同時也從事農業生產。

也就是在這個時期，開始了中原的華夏族與北方戎狄之間長達數千年的互動歷史。

《史記》載黃帝「北逐葷粥」，葷粥，堯時曰獫粥，周曰獫狁，後世喚作匈奴。可見，關於匈奴的歷史敘述與華夏歷史基本平行，或者說，匈奴「侵盜暴虐中國」之事，伴隨着中華定居農耕文明早期的艱難成長。「築長城以拒胡」起自戰國後期，與匈奴為鄰的燕、趙、秦三國皆修建長城。

長城到底是甚麼？秦始皇的長城通常被理解為華夏農耕社會作為一個整體抵禦北方遊牧民族掠奪的一條軍事防禦工事線。但最早的長城是齊宣王在齊國和楚國之間修的，東起大海，西到冀州，一千多里。齊宣王時期正是齊國的鼎盛時期，他剛剛稱王不久，就開始以「中國」自居，當時稷下學宮廣納天下學士，吹竽樂隊多達三百人。《戰國策‧齊策一》裡通過蘇秦之口描繪都城臨淄的繁榮景象：

臨淄甚富而實，其民無不吹竽鼓瑟，擊筑彈琴，鬥雞走犬，六博踏鞠者。臨淄之途，車轂擊，人肩摩，連衽成帷，舉袂成幕，揮汗成雨。家敦而富，志高而揚。

而在齊國看來，當時的楚國則是蠻夷之國，開化程度遠在齊國之下，如果將臨淄城搬到楚國去，該城肯定要用高高的城牆把裡面「吹竽鼓瑟，擊筑彈琴，鬥雞走犬，六博踏鞠」的生活方式嚴嚴實實地圍起來，以防破壞。所以，從文明論的觀點看，長城的本質就是從定居城市到定居文明國家演化過程中的一個產物。定居城市通過城牆將自己的定居文明世界與外面的蠻族世界隔離開，當定居城市越建越多，開始發展成一個大型的定居文明國家時，城市的城牆就演變成了國家的長城。

漢字的「國」是個象形字，《說文》云：「或，邦也，從口從戈，以守一。一，地也。」「國，邦也，從口從或。」就是說：古代文字中，「或」就代表邦國，如周初何尊銘文中的邦國就用「或」，其中那個小口即城牆的意思。但如果寫成「國」，則表示中心城邦「或」之外還有一圈邊界，這就成了超越城市國家形態、本身包括了眾多城市的大國了。而長城不過就是最大的「國」的那個最大的大口而已。歸根結底，是定居文明的產物。

宋遼時期，契丹佔領燕雲十六州，入主中原，女真的金朝後來也入主中原，他們都進入長城內與漢族雜居。金朝曾將上百萬女真、奚、契丹等族百姓遷入長城以內屯田，與漢族交錯共處。也就是說，進入長城即等於選擇了定居農耕生產生活方式。

匈奴在強盛的時候，東破東胡，南併樓煩、白羊河南王，西擊

月氏與西域諸國，北服丁零與西北的堅昆，是一個所謂的「百蠻大國」。秦漢時期的長城，就成了中原大一統國家與北方這個「百蠻大國」之間的邊界，本質上就是定居文明與草原遊居文明之間的邊界。

《漢書·匈奴傳下》載匈奴單于對漢使者說：「自長城以南天子有之，長城以北單于有之。」說明匈奴也認為這是兩國的邊界。

匈奴的歷史長達七個世紀，作為一個「他者」文明「陪伴」了中原定居農耕文明的整個早期成長歷史。《史記·匈奴列傳》說：「其俗，寬則隨畜，因射獵禽獸為生業，急則人習戰攻以侵伐，其天性也。……自君王以下，咸食畜肉，衣其皮革，被旃裘。壯者食肥美，老者食其餘。貴壯健，賤老弱。」又說：「其畜之所多則馬、牛、羊，……逐水草遷徙，毋城郭常處耕田之業，然亦各有分地。……兒能騎羊，引弓射鳥鼠；少長則射狐兔，用為食。士力能毌弓，盡為甲騎。」從定居文明的角度看，這與自身的習俗、慣例和道德正好相反。

尤其令男耕女織的漢族農民們無法接受的是，遊牧民族打獵與打仗不分，動物與人都被當成獵物。《後漢書·南匈奴列傳》說：「其歲，單于遣兵千餘人獵至涿邪山，卒與北虜溫禺犢王遇，因戰，獲其首級而還。」每個人生來就是戰士，生活的內容，或者打獵，或者打仗，沒有別的。如《淮南子·原道訓》所說：「人不弛弓，馬不解勒。」

兩個社會之間的共生關係，總體上看，一方面是遊牧社會對於農耕社會的武力掠奪或者武力威逼之下的索貢，一方面是農耕社會對於遊牧社會的文化征服和民族融合。前一方面是顯性的，轟轟烈

烈的；後一方面是隱性的，潛移默化的。前一方面讓遊牧社會一時
得逞，後一方面讓定居社會笑到最後。

公元 10 世紀契丹建國之初，耶律阿保機先後攻克河東、代北
九郡，一次就掠回牛、羊、駝、馬十餘萬。建國後，西征突厥、吐
渾、沙陀諸部，又獲「寶貨、駝馬、牛羊不可勝算」（《遼史・太
祖本紀上》）。919 年北伐烏古部，掠得「牛馬、車乘、廬帳、器
物二十餘萬」（《遼史・太祖本紀下》）。遼國強大起來之後，戰爭
掠奪轉為索貢獲得：遼國規定東丹國年貢馬 1000 匹，女真、直不
姑等 10000 匹，阻卜及吾獨婉、惕德各 20000 匹，西夏、室韋、
越里篤、剖阿里、奧里米、蒲奴里、鐵驪等各 300 匹（《遼史・食
貨志下》）。

隨着越來越多地進入漢地定居農耕社會，遼國政治制度首先開
始發生變化。四時捺缽制、南北面官制的創立，旨在既保持遊牧、
漁獵等傳統管理方式，又對定居的漢人進行有效管理。北面官為治
宮帳、部族、屬國之政，南面官係治漢人州縣、租賦、軍馬之事，
「以國制治契丹，以漢制待漢人」，分而治之，但契丹國的統治大
權集中在北面官手中。文化方面，契丹字仿漢字偏旁而制成，阿保
機於 918 年詔建孔子廟，提倡儒家的忠、孝、仁、義、修身、齊家
等倫理思想，此後歷代契丹君主均以學習中華文化為榮。遼道宗耶
律洪基曾說：「吾修文物，彬彬不異中華。」遼太祖耶律阿保機長
子耶律倍善畫草原風光畫，其「《射騎》《獵雪騎》《千鹿圖》，皆
入宋秘府」（《遼史・宗室列傳》）。

宋人洪皓《松漠紀聞》記載：「（大遼道宗朝）有漢人講《論
語》，⋯⋯至『夷狄之有君』，疾讀不敢講。（道宗）又曰：『上世

獫鬻、獫狁，蕩無禮法，故謂之夷。吾修文物，彬彬不異中華（中國），何嫌之有！』卒令講之。」這個故事很典型地說明了「夷而進於中國則中國之」這一反向的文化征服與民族融合現象。唐朝程晏《內夷檄》曰：

> 四夷之民長有重譯而至，慕中華之仁義忠信。雖身出異域，能馳心於華，吾不謂之夷矣。……四夷內向，樂我仁義忠信，願為人倫齒者，豈不為四夷之華乎？

2. 居國與行國

兩種不同的社會通過共生的方式各自發展，一旦先後都發展到了國家階段時，實際上就分化成為兩種不同的國家。

中國古人有個準確的命名方法，將前者稱為「居國」，後者稱為「行國」。《漢書・西域傳》云：「西夜與胡異，其種類羌氐行國。」可見，漢時的中華將西域那些「被髮，隨畜逐水草」的社會都歸類為「行國」。張騫歸國後在報告中說：「奄蔡在康居西北可二千里，行國，與康居大同俗。」（《史記・大宛列傳》）

「行國」這一命名，很好地反映了遊居社會出現國家形態，但又不同於定居社會的國家這一狀況。例如秦漢時期北方的匈奴，事實上已發展為一種國家，甚至也出現了城郭，並不完全像史書所說「夫匈奴無城郭之居」。

根據陳序經的《匈奴史稿》，蘇聯的考古學者在色楞格河左岸與伊伏爾基河合流的地方發現了一座古代匈奴城市。城市的面積在一公頃以上，周圍有城牆，高度超過 1.5 米。城的外面有許多住

宅，用土坯建築。在城的內外都有陶器，有耕作的工具，還有貯藏糧食的地窖等遺物、遺址。蘇聯考古學者還在色楞格河左岸的哈剌勒赤·黑里姆金、八剌哈思、扎爾嘎特蘭、蘇木等地發現了匈奴時代的城市，城的面積約有 4 萬平方米，城牆頗高，並有四座城門。城裡的房舍是用黏土做成的，蓋有漢瓦[①]。

然而，若與良渚古城相比，匈奴人模仿漢朝城市建立的簡陋城市，至少晚了兩千多年。畢竟，定居和城市代表着人類文明的演進方向，而匈奴的初級城市只是行國向居國演進中的初級階段。

管子有言：「地之守在城，城之守在兵，兵之守在人，人之守在粟，故地不辟則城不固。」（《管子·權修》）土地、農業、農民、衛士、城市，在農業時代，這些定居農耕文明的要素是緊密融合為一體的。

所以，居國就是緊緊固守在土地上的國，一旦被迫舉國遷徙，那就是人間慘劇了。後漢羌亂，王符《潛夫論·實邊》言：

　　民之於徙，甚於伏法。伏法不過家一人死耳。諸亡失財貨，奪土遠移，不習風俗，不便水土，類多滅門，少能還者。……邊民謹頓，尤惡內留。……太守令長，畏惡軍事，……至遣吏兵，發民禾稼，發徹屋室，夷其營壁，破其生業。強劫驅掠，與其內入。捐棄羸弱，使死其處。當此之時，萬民怨痛，泣血叫號，誠愁鬼神而感天心。……民既奪土失業，又遭蝗旱饑疫，逐道東走，流離分散。幽、冀、兗、豫、荊、揚、蜀、漢，飢餓死亡，復失太半。邊地遂

---

①　陳序經：《匈奴史稿》，北京聯合出版公司，2018 年，第 40—41 頁。

以兵荒，至今無人。

行國不會面臨這種絕境，因為不需要和土地緊密融合，也不用如管子所說的那樣一「守」到底。雖然行國也有簡陋的城郭，如果有條件，也會一步步定居下來，不再舉國遷徙；但總體上，行國是進可攻、退可逃的，對他們來說，只要移動起來，未來就會給他們帶來收穫與回報。但是行國一旦被大國圍困，失去了遷徙的方向和範圍，或者被大國征服，全國人民做了臣虜，行國的末日也就到了。

例如西北的党項，自古就是行國。《新唐書·西域傳上》記載：

党項。漢西羌別種，……以姓別為部，一姓又分為小部落，大者萬騎，小數千，不能相統。……土著，有棟宇，織氂尾、羊毛覆屋，歲一易。俗尚武，無法令、賦役。……然好為盜，更相剽奪。尤重復仇，未得所欲者，蓬首垢顏，跣足草食，殺已乃復。男女衣裘褐，被氈。畜氂牛、馬、驢、羊以食，不耕稼，……無文字，候草木記歲……

這是如假包換的行國氣象。貞觀元年（627），隴坻以西劃為隴右道，包括了各個党項部族；睿宗景雲二年（711），又從隴右道中分出黃河以西為河西道，領涼、甘、肅、瓜、沙、伊、西等七州。安史之亂後，吐蕃進攻大唐，寶應元年（762），「陷臨洮，取秦、成、渭等州」；代宗廣德元年（763），入大震關，取蘭、河、鄯、洮等州，於是「隴右地盡亡」；同年秋，吐蕃軍乘勝入據長安，

大肆抄掠十五日後退出，屯軍原、會、成、渭等地。在這個戰亂的過程中，各行國被困在其中，大都沒能逃脫厄運，河隴的西羌部族大都成了吐蕃的臣役，行國歷史成為過去。

總的來說，在行國與居國的交往中，行國總是佔有軍事上的優勢。中國北方的行國，先後進入中原地區的就有匈奴、鮮卑、羌、氐、羯、突厥、句麗、回紇、契丹、党項、女真、蒙古等。但隨着中原定居農耕區的不斷擴大，文化同化力反向施加，總的趨勢卻是居國越來越多、越來越大，行國越來越少、越來越小。到了清朝，真正的行國只局限在蒙古和西域、青海等少數幾個地方。正如清朝魏源在《聖武記·國朝綏服蒙古記》中所記：

> 十七行省及東三省地為中國，自中國而西回部，而南衛藏，而東朝鮮，而北鄂羅斯；其民亦皆土著之人，其國亦皆城郭之國。若乃不郭郭，不宮室，不播殖，穹帳寄而水草逐者，惟瀚海南北部及準部、青海諸部則然。故史傳外夷皆以居國、行國為大界畫，而遊牧行國又以瀚海為大界畫。

第三章

文明的成長

自夏至商近千年，中原的居國漸成規模。在地理上，商朝自湯至帝辛十七代三十一王，雖「殷人屢遷，前八後五」，但前期遷都以今日鄭州的商城遺址為中心，後期以今日安陽的殷墟為中心，都沒有離開黃河中下游這一後來被周成王當作「天下之中」的核心區域。從都城區域向四周伸展，較為穩定的商朝疆域，北至易水、燕山，南至淮河，東至泰山以西及魯北，西至關中平原、渭水中下游。

超出穩定疆域範圍的遠方，也有殷人曾經到達過的遺跡：一是長江流域，如今湖北黃陂盤龍城、江西樟樹市吳城村等地的商代聚落遺址，則可能是商朝不同時期的軍事據點①。二是渤海灣的海岸線，殷墟婦好墓中出土了 6800 枚貝幣，還有鯨魚的骨頭，而甲骨文裡也有關於貝、朋的記載，說明殷人已經有了海洋活動。

雖然這一廣闊空間並不是現代意義上的國家疆土，只是巨大部落聯盟或酋邦的一個分佈範圍，但由於都城的存在，已有「王畿」「四土」和「多方」的劃分。畿是商王直接管轄之地，甲骨文裡稱為中商、大邑商或天邑商；四土，即商朝的諸侯，是商向四方移民和擴張的區域。四土之外是多方，是其他各部族分佈的地方。

夏朝的部族稱「氏」，如有扈氏、有男氏、褒氏、費氏等，而商朝的部族稱「方」，如子方、土方、鬼方等，標誌着政體從血緣本位向地緣本位的演進。可以說，從商朝的地緣格局中，已經能看出未來大一統國家的雛形了。

中原第一次大一統，是周人完成的。武王滅商之後，封建

---

① 白至德編著：《傳說與真實：上古時代》，紅旗出版社，2017 年，第 100 頁。

親戚，以藩屏周，中原居國進行了一次大擴張。《史記・周本紀》記載：

武王追思先聖王，乃襃封神農之後於焦，黃帝之後於祝，帝堯之後於薊，帝舜之後於陳，大禹之後於杞。於是封功臣謀士，而師尚父為首封。封尚父於營丘，曰齊。封弟周公旦於曲阜，曰魯。封召公奭於燕。封弟叔鮮於管，弟叔度於蔡。餘各以次受封。

李鴻章論晚清時局，曾有「三千餘年一大變局也」之歎。從晚清倒推三千年所指的時代，正是發生在公元前最後一個千紀之交的商周之變。而 1917 年王國維發表《殷周制度論》，以 20 世紀的眼光回望歷史，開篇第一句就是：「中國政治與文化之變革，莫劇於殷、周之際。」

李氏的「三千年」之論怎講？在中國舊學士大夫們的意識裡，中華始祖歷經三皇五帝三王，到了周朝，周公集古代治法之大成，所以後世皆以周公為先聖，以孔子為先師。只要自認為是正統中華的後人，則必以周人為人文先祖。

王氏的「殷周之際」之論又怎講？他在文章中寫道：

殷、周間之大變革，自其表言之，不過一姓一家之興亡與都邑之移轉；自其裡言之，則舊制度廢而新制度興，舊文化廢而新文化興。又自其表言之，則古聖人之所以取天下及所以守之者，若無以異於後世之帝王；而自其裡言之，則其制度文物與其立制之本意，乃出於萬世治安之大計，其心術與規摹，迥非後世帝王所

能夢見也。[①]

一、第一次大一統

周人本為「大邑商」西部邊陲的一個小邦國，古公亶父率部落從「戎狄之間」的豳地返回關中岐山之下後，逐漸壯大起來，傳至文王時，已「三分天下有其二」。武王聯合西南眾多邊疆部落「庸、蜀、羌、髳、微、盧、彭、濮人」，起兵伐紂，一舉克殷。

與傳說時期半定居半遊居的黃帝統一中原類似，信史之後的第一次大一統是由半定居半遊居的周人率領其他半定居半遊居的部族共同完成的。此後類似的規律一再重複，秦的大一統、隋唐的大一統、清的大一統，無不是由位於定居和遊居或居國和行國交錯帶上的邊陲軍事集團實現的。

實際上，這也正是中華文明的本質所在，因為中華文明並非只關於定居社會，它是關於整個天下的。何為天下？天下就是不分內外，或稱「天下無外」。趙汀陽教授寫道：

「天下無外」原則先驗地（transcendentally）預設了世界是一個整體的政治概念，那麼，天下體系就只有內部性而沒有外部性，也就取消了外人和敵人的概念：無人被理解為不可接受的外人，沒有一個國家、民族或文化被識別為不可化解的敵人，任何尚未加入

---

① 王國維：《觀堂集林‧殷周制度論》，中華書局，1959 年，第 453 頁。

天下體系的國家或地區都被邀請加入天下的共在秩序。[1]

　　古代世界，蠻族無處不在，或受到南方富裕城邦中財富的誘惑，或受到北方極寒氣候的驅趕，總之，無論是西南亞還是東亞，那些遊蕩在歐亞大草原上的蠻族遊團總會週期性地大舉南下，將早已因定居生活而變得柔弱腐化的所謂文明人當作獵物進行圍捕，然後鳩佔鵲巢，成為新王國的主人。

　　可是，發生在其他古代世界的文明與野蠻內外有別的故事，在東亞大陸的中華世界卻走出了另一種歷史，一個定居與遊居、居國和行國、華夏與蠻夷「一體化」的共存共生的歷史。

　　並不是因為中華大地的蠻族遊團不來征伐定居城郭、劫掠財物或鳩佔鵲巢，也不是因為中華大地上的夷狄們比小亞細亞的喜克索斯人或南俄草原上的雅利安人更溫和仁慈。真正的原因正如趙汀陽教授所說，是因為中華特有的天下觀念，在根本上取消了外人和敵人的概念，所有人，無論是華夏還是夷狄，都被邀請加入一個天下共有的秩序。

　　從史書記載中即可看出，中華的「華夷之辨」從一開始就不是按種族劃分的，而是按政事、習俗、舉止等文化因素而區別的。換句話說，在「萬國林立」的初期，雖然普遍具有了外人「非我族類」的觀念，但誰是華夏、誰是夷狄的最終區分，卻是通過一種文化上的競爭來決出結果的。這是一個極為特殊的現象。

　　第一次建立了中華大一統的周朝，實際上就是一個來自於西方

---

① 趙汀陽：《天下的當代性：世界秩序的實踐與想像》，中信出版社，2016年，
　　第4頁。

「戎狄之間」的小部落。古公亶父率部返回岐下,「貶戎狄之俗,而營築城郭室屋」,已是距始祖后稷一千多年後的事。那麼,與其時佔據中原的「大邑商」相對比,誰是戎狄?誰是華夏?而武王滅商之後,成王復營洛邑,取天下之中,在這樣的局面下,楚和秦又如何再被稱為夷狄?《左傳‧昭公十二年》記載的「晉伐鮮虞」之事,《宣公十二年》記載的「邲之戰」之事,都涉及誰是華夏誰是夷狄的問題。正是由於問題的核心是圍繞着春秋禮法而非種族血統,所以成了兩千年儒生們心目中的大問題,從西漢的董仲舒一直到清末的康有為、劉師培,始終爭辯不休!

孔子作《春秋》,治天下也,非治一國也;治萬世也,非治一時也。子曰:「有教無類。」《禮記‧中庸》曰:「是以聲名洋溢乎中國,施及蠻貊。舟車所至,人力所通,天之所覆,地之所載,日月所照,霜露所隊,凡有血氣者,莫不尊親,故曰配天。」對此,梁啟超在《春秋中國夷狄辨序》中一言以蔽之:

何謂彝狄之行?《春秋》之治天下也,天下為公,選賢與能,講信修睦,禁攻寢兵,勤政愛民,勸商惠工,土地闢,田野治,學校昌,人倫明,道路修,遊民少,廢疾養,盜賊息。由乎此者,謂之中國;反乎此者,謂之彝狄。[1]

這就是中華天下型定居文明獨有的天下之道,有定居城郭,但卻是一種天下的定居,也有蠻族遊團,但卻是一種天下的遊居,都

---

[1] 梁啟超:《春秋中國夷狄辨序》,見《飲冰室文集之二》,第 49 頁,《飲冰室合集》（第 1 冊）,中華書局,1989 年。

在一個共有的秩序當中，都要符合天道。兩者之間並不是非此即彼、你死我活，完全可以是你中有我、我中有你，甚至是相互借鑑與融合。

借用今人的話說，中華文明從一開始就是一種「人類命運共同體」，既有理論，又有實踐。

1. 周朝創立了甚麼？

周朝到底做了甚麼，讓這一次改朝換代具有如此深遠的意義？讓其不只是表面上看起來的「一姓一家之興亡與都邑之移轉」，而是埋伏了「萬世治安之大計」甚至「人類命運共同體」在裡面？

首先，如前所述，商朝已經有了「王畿」「四土」和「多方」的「中心─邊緣」地緣格局。周人從西方崛起，滅掉了紂王之後，立刻面對一個兼有東西兩部分的巨大疆域，如果再把周圍的「九夷八蠻」納入進來，也就是當時的天下了。

一個「小邦周」，「萬邦」中的一個，無論在文化上還是在經濟上都較「大邑商」要落後很多，現在因為一舉奪取了政權突然要面對整個天下，要管理包括原殷商的王畿、四土、多方等「萬邦」，這就是周朝開國者們要解決的頭號難題。

這個難題，歷史上其他開國者也都遇到過，但結果卻大相徑庭。最常見的一幕，是武力征服，文明倒退，重回野蠻世界，最後又在某個邊疆地區湧現出新的起義集團，進入下一輪毀滅與重建的循環。阿卡德、亞述、赫梯、巴比倫，包括波斯，大抵如此。從疆域的規模上講，與周初形勢最接近的，是公元前 4 世紀崛起的亞歷山大帝國。當時這個由西部小邦馬其頓人建立的龐大帝國曾經橫跨

歐亞非三大洲，也可算是一個天下。但從公元前 336 年亞歷山大即位到他於前 323 年在巴比倫城暴病而亡，前後不過十三年。整個過程，不過就是一支五萬人左右的蠻族大軍毀滅了第一波斯帝國，所到之處留下一連串兵災戰火，並無進步和建設可言。勉強的積極評價，不過就是說武力入侵給被征服地區帶來了新的活力，促成了各文明之間的融合與交流。

但文明的發展，卻不是靠野蠻來推動的。遺憾的是，無論是亞歷山大，還是被他擊敗的大流士三世，都完全不了解七百年前在東亞中原地區發生的事情。以今人的眼光回顧地看，那是文明史上一個見證奇跡的時刻。周朝的開國者從文王、武王到周公，面對着同樣的難題，卻沒有落入那個重回野蠻的俗套，他們成功發明出了一種史無前例的、跨越式的解決方案，直接將中原大地帶入一個新的文明。

此外，關於周朝創制在世界政治發展史上的重大意義，同樣也不能指望在西方史學「大師」們的著作中找到任何客觀的闡釋。在很多人的頭腦中，除了希臘、羅馬，世上再無其他古代政治史，除了亞歷山大、愷撒等幾個軍閥，全世界其他人好像都在睡覺。而青藏高原以東的世界乾脆被「與世隔絕」。因此，在此要再次致敬趙汀陽教授，他正確地將周朝政治制度的創制，定義為一個超前進行的「世界政治」實驗，他寫道：

　　周朝的天下體系只是覆蓋有限地域的「世界性」政治秩序，是世界政治的一個概念性實驗，是世界歷史的預告。世界至今尚未變成天下，真正的世界歷史尚未開始。……除了周朝的天下體系這個

特例，由自然狀態發展出來的政治幾乎必定是國家政治，而由國家政治派生出來的是國際政治，卻無法進一步發展出世界政治。[①]

誠哉斯言。公元前 1044 年武王去世，因成王年幼，周公攝政，《尚書大傳》記載：「一年救亂，二年克殷，三年踐奄，四年建侯衛，五年營成周，六年制禮樂，七年致政於成王。」正是這七年，周公完成了一個世界政治史上的奇跡，不僅成功實現了周朝「以小治大」「以一治眾」的目標，而且創造性地建立起一個「世界性」的政治秩序，大治天下。《史記‧周本紀》記載：「成康之際，天下安寧，刑錯四十餘年不用。」這才是文明。

若為亞歷山大寫傳記，基本上就是戰史，從漢尼拔、愷撒到拿破崙，沒甚麼差別，寫到最後，就是蓋世的英雄死去，久違的和平重現；但若要評價周公攝政的七年，卻大大超出了西方史學家的理解範圍，即使在中國，從兩千多年前的先秦諸子，直到民國時期和今天的學人，也還在不斷刷新不同的理解方式。

後人將周公的基本政治策略歸結為兩條：「協和萬邦」與「德治天下」。先說一說「協和萬邦」。

殷人尊神，「率民以事神」，視本部族為大神「帝」的後人，末世商王甚至自封為帝，如帝乙、帝辛二王，傲視其他部族，主要靠武力維持聯盟的統治，很像近世的一神教帝國主義。而武王克殷，「小邦周」打敗了「大邑商」，為了獲得合法性，就用「天」代替了「帝」。這個置換意義重大，使得商周之變不再是古代王朝

---

① 趙汀陽：《天下的當代性：世界秩序的實踐與想像》，中信出版社，2016 年，第 211—213 頁。

興亡老路的重複 ── 新霸權取代老霸權、新帝國主義取代老帝國主義。表面上看，雖也是新王興老王滅，但實質上，周王已不再是新「帝」，而成了「天子」。

一系列神奇的變化由此發生。「天子」受「天命」治「天下」，從此出現了「君統」，如王國維所説：「由是天子之尊，非復諸侯之長，而為諸侯之君。」①

如何才能將天子與諸侯的關係納入「君統」呢？ ── 自有策略，創「嫡庶之制」，使「宗統與君統合」，立尊尊親親賢賢之義，於是「自國以至天下合為一家」②。

如何才能將天下的諸侯都納入「宗統」呢？ ── 自有策略，「封建親戚，以藩屏周」，實行宗法分封，武裝殖民，派同姓母弟

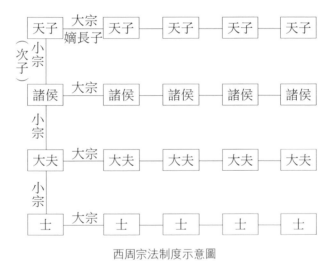

西周宗法制度示意圖

---

①　王國維：《觀堂集林·殷周制度論》，中華書局，1959 年，第 467 頁。
②　同上。

和異姓姻親前往遙遠的邊疆和要衝地區建立諸侯國。

歷史見證，這一組策略極為成功。《左傳》載武王封「兄弟之國者十有五人，姬姓之國者四十人」，《荀子》言周公「立七十一國，姬姓獨居五十三人」。具體情況已難詳細考證，總之是一次極有魄力的擴張行動。錢穆先生精闢地將這一活動定義為「農民社會武裝的殖民開墾」①。武裝開拓，針對的是定居的萬邦，將姬姓的宗親們分佈到前殷商的萬邦之中，使異姓「諸夷」被同姓「諸姬」所包圍。武裝墾殖，針對的是遊居的部族，使定居的農耕區在各地同時擴大，造成遊居區域的蹙縮。

《詩·小雅·六月》記周宣王時期尹吉甫北伐獫狁：

四牡修廣，其大有顒。薄伐獫狁，以奏膚公。有嚴有翼，共武之服。共武之服，以定王國。……戎車既安，如輊如軒。四牡既佶，既佶且閑。薄伐獫狁，至於大原。文武吉甫，萬邦為憲。

據史料記載，最遲至戰國初期，各諸侯國之間留給遊牧部落活動的「隙地」已接近消失，而到秦統一後，「六合之內，皇帝之土。……人跡所至，無不臣者」（《史記·秦始皇本紀》）。從此，世界上最大的天下型定居農耕文明和最大規模的定居農民人口，出現在中華大地上。

實際上，從那時起直到今天，這個基本現實從來沒有改變過，這一點值得特別關注。回顧商周之變以後的三千年，無論王朝如何

---

① 錢穆口述，葉龍整理：《中國經濟史》，北京聯合出版公司，2016 年，第 18 頁。

更換、治亂如何交替、疆域如何變化、民族如何遷徙，一個世界上最大、人口最多的定居農耕區始終存在於中華大地上。

近代之後，由於工業文明和城市文明迅速興起，世界上大部分遊居社會，包括遊獵、遊牧、遊商、遊盜社會都在近五百年裡先後轉型為以工業城市和農耕鄉村為中心的定居社會，使得今天的人們容易產生嚴重錯覺，誤認為古希臘、古羅馬真的可以和周朝、秦、漢相比，歐洲的中世紀真的可以和隋、唐、兩宋相比。

歷史上的實際情況是：從周朝開始，到秦統一，最大規模定居文明的形成和以此為基礎的大一統的實現，就使得中國超前於世界上絕大多數地區。在近代以前的大部分歷史時間裡，沒有其他文明可以與之相比，印度有大規模定居文明，但沒有實現大一統，阿拉伯世界和歐洲既沒有出現大規模定居文明，也沒有實現大一統。而對於 21 世紀「世界秩序」的建立者們來說，「協和萬邦」和「德治天下」，仍然是一種過高的理想。

如此說來，將三千年前的商周之變和周公攝政七年的制度創造命名為世界政治史上的「周朝之謎」，廣邀中外歷史學家和政治學者研究破題，並不過分。

2.「德治」的由來

文明各有起源。起源於「多元一體」的定居，還是起源於單一部族的遷徙或征戰，區別重大，因為這直接決定了後世關於其部族始祖的類型想像。中華始祖的類型很特殊，雖然照例被尊為戰神，但另一個更重要的面貌，則是指導萬民在自己土地上生活的聖王。

中國人作史，按「三皇五帝三王」的順序，始祖是「三皇」；

「皇」字的古義是「德冒天下」，本身就含有全天下至德之人的意思。

對比一下，古代以色列人的聖經講述的是部族的大遷徙，古代希臘人的荷馬史詩講述的是特洛伊戰爭，都屬於遊居文明中的行為，充斥着遠征、燒殺、搶奪、復仇之類的情節，看不到「天下平」「萬國和」的景象，當然也就談不上德行、德治的問題。

那時世界不通，中國和地中海世界之間沒有交流；如果有的話，不知周公和孔子如何看待和評價古希臘人、古埃及人和古以色列人。這些民族可能創造出華麗的長詩，也有一些重大的科學發現，但不大會誕生傑出的農民領袖和農業革命帶頭人，因為這些民族並未發展出大型的定居農耕文明。而在遊居文明為主的古代世界，率領部族遷徙或率領軍隊征伐的戰爭英雄，世界各地隨處可見。不難想像，蒼茫大地上無數的蠻族遊團，都有自己的亞伯拉罕、摩西、阿伽門農和阿基琉斯，故事甚至更曲折、更精彩，區別僅在於有沒有留下文字記錄。

但可以斷定，並不是每個部族都能出現自己的巢、燧、羲、農，因為這些最早的農民領袖和農業革命帶頭人，只可能在天下型定居文明中成為大有功於天下萬民的聖王，從而進入民族的始祖世系，被無數後人祭拜。

德治，中華政治的這個核心概念，就是從這裡出來的。換言之，中國人所謂「德治」，其實是專屬於定居農耕文明的一種道德化政治，與天下萬民—天下聖王這一社會結構密切相關；不能說最好或最高，但卻是最適合天下型定居文明早期發展的。

周朝的早期歷史就是一部「德治」的成功史。據《史記·周本紀》記載，周人先祖后稷「好耕農，相地之宜，宜穀者稼穡焉，民

皆法則之」，本是一個定居農耕部族中的聖王。但是兒子不窋不務正業，放棄了農耕，竄居「戎狄之間」。好在第三代孫子公劉很有作為，又率領部族在戎狄之間的豳地復修后稷的稼穡舊業。然而農耕事業並不順利，因為周圍的「薰育戎狄攻之」。結果不用說，彎腰種地的肯定打不過騎馬打獵的，就這樣進進退退糾纏了一千年。到了古公亶父當政時，為了復修后稷、公劉之業，終於下決心舉國離開豳地，渡漆、沮，逾梁山，止於岐下。

看這段歷史，從戰術上講，肯定是周人敗了，薰育勝了，因為前者被後者趕跑了，丟了豳地。但是從戰略上講，卻正好相反，因為周人撤離時，「豳人舉國扶老攜弱，盡復歸古公於岐下。及他旁國聞古公仁，亦多歸之」，最後不僅重建了新的根據地，擴大了地盤，而且盡收民心。到了古公之子王季、之孫西伯，「修古公遺道，篤於行義，諸侯順之」。周家八百年王業，自文王始。

在公元前一千紀的那個世界，其他地方有沒有可能發生類似的故事，大可懷疑。軍事上的失敗者反而成了文化上的勝利者，憑着「仁義」二字最終贏了天下，這樣的「德治天下」敘事，尋遍其他民族的史詩，恐怕難以找到第二家。

後人紀念文王，全都是動人故事——敬老慈幼，禮賢下士，耕者讓畔，民俗讓長，修德行善，發政施仁，澤及枯骨……蓋人心至是已去商而歸周矣，「德治」大勝。但這裡似乎有個問題：周人的這些道德觀念和行為到底是如何產生的呢？真的是頭腦中聰明智慧靈光一閃的產物嗎？設想一下，假如周人沒有離開豳地南下關中平原，「德治」能夠在北方的薰育戎狄當中產生同樣的效果嗎？能夠讓周圍的蠻族遊團像中原的殷商諸侯一樣紛紛歸附嗎？

絕無可能。不要說當時的薰育戎狄，從那時起到後來的匈奴、鮮卑、突厥……直到兩千多年後的蒙古諸部，這些北方遊居民族只要不進入中原的定居文明圈，就不會因「德治」而歸順，反而毫不猶豫且理直氣壯地一次次越過長城，用武力碾壓整個中原乃至南方。這是為甚麼？歸根結底，不同的社會有不同的道德標準，周朝的「德治天下」只能在定居農耕文明為主的區域內起作用，而在遊牧遊獵文明為主的區域內，基本沒用。

如前所述，敬老慈幼在定居文明中是美德，但在遊居文明中卻不是，因為根本沒條件，整個部落必須不斷地長途遷徙甚至快速奔走，不可能因為要照顧少數老人，影響整個群體的機動性。恭敬守禮在定居文明中是美德，但在遊居文明中不是，在馬背上生活的所有男人以好鬥、殘暴、貪婪為基本品質，這樣才能讓整個群體獲得更多的獵物並且更快地繁衍。

在定居文明中一直被視為理所當然的那些道德行為，在遊居文明中也許恰恰是非道德，因為不能促進群體的生存發展。周文王禮賢下士，尊八十歲的呂望為太公，因為賢士們頭腦中的一個良策，就可能大大推進治國平天下的事業。但遊居民族的世界就是茫茫大草原，散落着無數的野獸群體和異族部落，要想生存下來就要盡可能多地消滅他們，因此，計謀遠遠頂不上勇猛，智力不能代替臂力，與其禮賢下士，還不如錘煉戰士。

若沒有大面積的定居農耕區、大規模的定居農民人口，再出一百個周文王也沒用。周人從豳地舉國遷徙到岐下周原，從地理上看就是跨越了農—牧分界的 400 毫米降水線，融進了定居農耕的核心區；從歷史上看就是匯入了當時的農業革命浪潮，順應了定居農

耕區的大一統趨勢。「德治天下」政治策略的成功，當然要歸功於文、武、周公這些開國者的偉大政治實踐，但其背後的深層歷史運動，卻是那個歷史時期定居農耕區域的迅速擴大和對周圍遊牧─遊獵蠻族遊團的大量吸收。

3. 先秦諸子都在爭論甚麼？

定居農耕區大一統趨勢發生的同時，是一個堪稱政治奇跡的新事物的出現 ── 原本作為地理概念的「天下」，通過「溥天之下莫非王土，率土之濱莫非王臣」的制度安排和「德治天下」政治策略的實行，成了一個地理、政治和倫理的「三位一體」。

天下，同時意味着全部土地、全體人民和全局秩序，天道、人倫和天人相與之際三合一，世界上再也找不出第二個類似的「三位一體」。

周朝早期，封王所到之地，新城拔地而起。以周文王為源頭，在全天下制邑立宗，每個城市自始封者開始別子為祖，建立宗廟，下一代則按嫡長子繼承制再繼別為宗。一切都井然有序，各就各位，各得其所。《禮記·王制》曰：

> 天子七廟，三昭三穆，與大祖之廟而七。諸侯五廟，二昭二穆，與大祖之廟而五。大夫三廟，一昭一穆，與大祖之廟而三。士一廟。庶人祭於寢。

重要的是，當人為制定的宗法制度遍行於全天下，各地的宗廟都只祭人祖不祭眾神之後，關於天的觀念也隨之發生了重大變化。

研究者們注意到，在講述周人遷徙故事的《詩經·大雅·皇矣》等篇章中，天還是一個被稱為「帝」的人格神，「皇矣上帝，臨下有赫。監觀四方，求民之莫」，像極了希伯來《舊約》中的耶和華；而到了較晚的《尚書·呂刑》等篇章中，天即變成了「穆穆在上，明明在下，灼於四方」的抽象物，與人為秩序合二為一了。梁啟超對此總結道：

> 其所謂天者，已漸由宗教的意味變為哲學的意味。而後世一切政治思想之總根核，即從此發軔。①

天，不再是任意的、絕對的、超越於人的，而成了規則的、相對的、與人合一的。如《詩經·大雅·烝民》的表達，上天與萬民直接聯繫在了一起：

> 天生烝民，有物有則。民之秉彝，好是懿德。

對這句話，孔子的解釋是：「有物必有則，民之秉彝也，故好是懿德。」彝指法度、常規；懿是美好的意思；萬民只要遵從天的法則，就是好的德行。梁啟超的解釋是：

> 凡一切現象，皆各有其當然之法則，而人類所秉之以為常也。故人類社會唯一之義務在「順帝之則」。②

---

① 梁啟超：《先秦政治思想史》，中華書局，2016 年，第 31 頁。
② 同上，第 32 頁。

今人讀六經，容易想當然，認為天就是天，民就是民，不用多解釋，全世界都一樣，基本上可以等同於人類社會。其實這是個誤讀。在中國人開始將「天」與「民」連在一起，而且有了「天聰明，自我民聰明。天明畏，自我民明畏」這類思想時，世界其他民族當中，無論是天的觀念，還是民的觀念，都還遠遠沒有成型。

所以，當中國的先秦諸子使用「天」和「民」這兩個概念時，兩者本質上是一枚硬幣之兩面。硬幣就是天下型定居文明本身，這個文明的一面是生養萬物的天，另一面是順天之則的民。那些不在天下型定居文明中的民，要麼是蠻族暴民，要麼是小城寡民，要麼是奴隸草民，皆非「天民」。

「天民」觀念最圓滿的表達，在《尚書·皋陶謨》中：

> ……天工，人其代之，天敍有典，敕我五典五惇哉。天秩有禮，自我五禮有庸哉。……天命有德，五服五章哉。天討有罪，五刑五用哉。政事，懋哉懋哉。

至此，從「多元一體」定居文明開始，到「天道」哲學的確立，一個獨立的、完整的、自治的天—地—人體系出現在中華大地上，並且屹立千秋。

獨立的，因為一切都起源於中華大地上獨一無二的天下型定居文明；完整的，因為正是基於這種文明，才有了集合在天下概念之中的地理、政治和倫理「三位一體」；自治的，因為天下中的天是哲學意味的天，所以「順帝之則」就成了「順天之則」，繼而通過「天生德於予」又進一步融化成為人的道德義務，完成「天人合一」。

其他古文明中僅僅從人格神到抽象的天這一步，就都沒能完成跨越，更不要説天下觀念的「三位一體」和「天民」的「一體兩面」。

然而，凡事都有兩面，正如近現代學者反思中華文明時普遍認為的，這個文明的確過於超前和早熟。回看中華歷史，無論是「三位一體」的天下，還是「一體兩面」的「天民」，其實更多的只是士大夫們頭腦中的理想，而非真正的社會現實。周初「協和萬邦」「德治天下」策略的實行，不可能在短時間內就建成一個理想社會。雖説從理論上講，當時的中國農民已初步具有了辜鴻銘所説的「良民宗教」精神，但實際上，在當時的中原地區，遊居的蠻族暴民、城邦的小國寡民、底層的奴隸草民，也都大量存在，與其他文明無異。人畢竟是人，不可能因為《詩》《書》中幾句虛無縹緲的哲言，全體農民就都集體昇華成了與眾不同的「天民」。

如前所述，定居農耕社會擴展的同時，是下層社會的形成。《詩經》中的《豳風·七月》《魏風·碩鼠》等詩描述的那種二元社會分化和剝削關係，才是更加真切的社會現實。從這一點上看，周道不過就是一種關於如何在業已形成的下層社會之上建立穩定統治秩序的理想。

大道之行也，天下為公，選賢與能，講信修睦。故人不獨親其親，不獨子其子，使老有所終，壯有所用，幼有所長，矜寡孤獨廢疾者皆有所養，男有分，女有歸。貨惡其棄於地也，不必藏於己；力惡其不出於身也，不必為己。是故謀閉而不興，盜竊亂賊而不作，故外戶而不閉。是謂大同。（《禮記·禮運》）

如此這般的大同社會若能實現，那天下就是「有道」，人民就是「天民」。

遺憾的是，歷史不是按照人的理想演進的。短暫的「成康之治」過後，「周道衰廢」不可避免地發生了，昭王伐楚不返，厲王侈傲弭謗，再經驪山之恥、平王東遷，諸侯並起、禮崩樂壞的局面已成，人們心目中那個空中樓閣般的大同天下自此土崩瓦解。

就是在這樣一個時代背景下，天下讀書人紛紛發聲，中華文明最為光彩奪目的思想文化之花大綻放時期隨之到來。

今天的人們在重讀先秦經典時，既不能將它們僅僅看成是聖賢們高人一等的聰明智慧，也不能盲目認為其中的名句格言絕對英明正確。大體而言，它們只是天下型定居文明這個特殊文明的產物，且生發於這個文明遭遇到理想與現實、超前與滯後、早熟與晚成之間巨大衝突的那個特殊時代。而諸子百家的不同學說，就其實質而言，就是面對這些衝突的諸種不同回應。

這樣界定之後，再看先秦諸子的學說，脈絡就清楚了。

以孔孟為代表的儒家，抱負最為宏大，對於「三位一體」的信念最為堅定，天道、人倫和天人相與之際三端缺一不可，所以立志要修舊起廢，從正面匡扶周道。《史記·孔子世家》記載：

（齊）景公問政孔子，孔子曰：「君君，臣臣，父父，子子。」……（衛）靈公老，怠於政，不用孔子。孔子喟然歎曰：「苟有用我者，期月而已，三年有成。」

這就是毫不退縮，周道從哪裡倒下去，孔子就從哪裡扶起來。

正如《史記‧太史公自序》所言：

> 周道衰廢，……孔子知言之不用，道之不行也。……夫《春
> 秋》，上明三王之道，下辨人事之紀，別嫌疑，明是非，定猶豫，
> 善善惡惡，賢賢賤不肖，……王道之大者也。

對於天人相與，儒家給的是完整解。《禮記‧禮運》中表達得
很清楚：

> 故政者，君之所以藏身也。是故夫政必本於天，殽以降命。命
> 降於社之謂殽地，降於祖廟之謂仁義，降於山川之謂興作，降於五
> 祀之謂制度。此聖人所以藏身之固也。

以商鞅、韓非等為代表的法家，與儒家同出孔學，兩派的區別
在於：儒家不接受據亂世的現實，堅持最高理想，追求昇平世到太
平世之間的「大同」；而法家是退而求其次，接受據亂世的現實，
關注當下，致力於據亂世到昇平世之間的「小康」。所以，法家對
於「三位一體」能否恢復其實半信半疑，雖然他們也相信天道，但
執意將其中的道解成「法」和「紀」，就是《禮記‧禮運》那段接
在「大同」之後關於「小康」的話：

> 今大道既隱，天下為家，各親其親，各子其子，貨力為己，大
> 人世及以為禮，城郭溝池以為固，禮義以為紀。以正君臣，以篤父
> 子，以睦兄弟，以和夫婦，以設制度，以立田里，以賢勇知，以

功為己。

如《管子·形勢解》所言：

天覆萬物，制寒暑，行日月，次星辰，天之常也。治之以理，終而復始。主牧萬民，治天下，蒞百官，主之常也。治之以法，終而復始。

再如《韓非子·主道》所言：

道者，萬物之始，是非之紀也。是以明君守始以知萬物之源，治紀以知善敗之端。

「法」和「紀」被當作比「禮」和「義」更牢固的東西。

以老莊為代表的道家，屬於所謂「南派」，偏於逍遙，對於「三位一體」的信念最淡漠，不認為聖賢們能夠做甚麼。於天道、人倫和天人相與之際這三端，只信天道，只解無為，根本不相信人倫。所以老子在《道德經》中會主張「絕聖棄智」「絕仁棄義」：

我無為而民自化，我好靜而民自正，我無事而民自富，我無欲而民自樸。……天之道，損有餘而補不足，人之道則不然，損不足以奉有餘。……天地不仁，以萬物為芻狗。

莊子也說：

夫帝王之德，以天地為宗，以道德為主，以無為為常。（《莊子‧天道》）

當是時也，陰陽和靜，鬼神不擾，四時得節，萬物不傷，群生不夭，人雖有知，無所用之，此之謂至一。（《莊子‧繕性》）

以墨翟、禽滑釐為代表的墨家，屬於北南之間的「宋鄭派」。但墨子為魯人，習孔子之書，業儒者之業，在匡扶周道的事業上與儒家算是同志，對於「三位一體」的信念同樣堅定。墨家於天道、人倫和天人相與之際這三端，比儒家更為相信人倫的力量，也相信天人相與。對於天道，執意要解出「天志」。《墨子‧法儀》曰：

然則奚以為治法而可？故曰：莫若法天。天之行廣而無私，其施厚而不德，其明久而不衰，故聖王法之。既以天為法，動作有為，必度於天。天之所欲則為之，天所不欲則止。然而天何欲何惡者也？天必欲人之相愛相利，而不欲人之相惡相賊也。奚以知天之欲人之相愛相利，而不欲人之相惡相賊也？以其兼而愛之、兼而利之也。奚以知天兼而愛之、兼而利之也？以其兼而有之、兼而食之也。

所謂諸子百家，就其「大宗」而言，就是以上幾家，其他諸家都是「大宗」之間混合衍生而成，不再一一詳述。以上的簡略梳理，旨在突出這些產生於那個特殊時代的古典學說與天下型定居文明本身以及這個文明內在困境之間必然的因果聯繫。

由於據亂世是現實，太平世是理想，所以，承認據亂世這一現實並從中尋找出路的法家就體現為治術，而不承認這一現實只宣揚太平世理想的道家就變成了宗教。位於兩者之間的就是堅持將現實推向理想的儒家，所以儒家是兼有治術和宗教的一種學説。如康有為《外釁交迫，分割迭至，急宜及時發憤，大誓臣工開制度新政局摺》所説「夫孔子之道，博大普遍，兼該人神，包羅治教，固為至矣」。

若按梁啟超在《先秦政治思想史》中的劃分，法家是「法治主義」，道家是「無治主義」，儒家是「人治主義」。「人治主義」偏理想一些，也可稱為「德治主義」，偏現實一些，也可稱為「禮治主義」。

儒家的「治教合一」性質為日後中國「罷黜百家，獨尊儒術」的思想奠定了基礎，因為「治教合一」的儒家學説對定居文明中的上層統治階級和下層社會具有不同的意義。由於是治術，即使是外來的異族統治者，入主中原之後也要尊孔講經；由於是宗教，即使在下層社會起義造反的時期，也以儒家作為革命思想的資源。這一點，本書後面還會提到。

二、看不懂春秋戰國，就看不懂中國和世界

天下國家，或稱「內含天下結構之國家」[①]，區別於城市國家、

---

① 趙汀陽：《天下的當代性：世界秩序的實踐與想像》，中信出版社，2016 年，第 168 頁。

邦國和王國等，是天下型定居文明獨有的也是必然的產物，而「平天下」這一事業則是天下國家獨有的也是必然的使命。因為這一事業的本質，就是對天下型定居文明的守護，確保它不解體、不滅亡。《呂氏春秋・貴公》曰：「公則天下平矣。平得於公。」《呂氏春秋・諭大》又曰：「天下大亂，無有安國。一國盡亂，無有安家。一家盡亂，無有安身。此之謂也。」即是說，「平天下」的事業，在於通過「天下為公」實現全天下範圍內的安國、安家、安身。

周朝初期，以政治單位的層級結構和政治倫理的禮樂制度為核心，周王室（宗主國）為頂級，封國和服國（諸侯國）為第二級，士大夫采邑（貴族領地）為第三級，歷史上第一次建立起內含天下結構的天下國家。然而，儘管是一個極具創新性的制度設計，細密而嚴謹，繁複而有序，「鬱鬱乎文哉」，但是太超前於當時的時代了。

管仲曰：「以家為鄉，鄉不可為也；以鄉為國，國不可為也；以國為天下，天下不可為也。以家為家，以鄉為鄉，以國為國，以天下為天下。」（《管子・牧民》）老子曰：「以身觀身，以家觀家，以鄉觀鄉，以國觀國，以天下觀天下。」（《道德經》第五十四章）意思是，天下國家是一個整體秩序，這個秩序對全天下每個政治單位包括每個人都是有要求的，必須各安其位，各得其所，不可以自行其是。

很顯然，這太理想化了，只在非常完整的、成熟的天下型定居文明中才可能實現。

1. 春秋戰國時期貫穿了三大歷史進程

事實上，周朝初期的天下，還遠遠不是一個完整的、成熟的天下型定居文明，甚至大部分地區都還屬於化外之地。化外之地漸次開化，先後融入定居文明區，最終合併成為「天下國家」的組成部分，這是在春秋戰國時期完成的。

今天回看春秋戰國這段對於中華文明存續和發展至關重要的時期，會發現這五百多年並不是一個簡單的過渡期，也不是諸侯稱王稱霸、諸子百家爭鳴等流傳至今的歷史典故所能概括的。整個春秋戰國時期實際上並行地貫穿着三大歷史進程，而正是這三大歷史進程的先後完成，才共同促成了秦朝的統一和秦漢帝國的建立。

第一個進程是國家的兼併和集中，數百個林立的小邦國，合併成為七個大國，最終又統一成為一個超大國家。

周初封建，「兼制天下，立七十一國，姬姓獨居五十三人」（《荀子‧儒效》），但這七十一個分封國，其實只是當時全天下邦國總數的十分之一左右。按《逸周書》的説法，在封國之外，「凡服國六百五十有二」（《逸周書‧世俘篇》）。關於這些臣服於周朝的前殷商小邦國，或者就是小部落，沒有留下多少文字記錄，人們只知道周朝歷史到了《春秋》記事的時代（隱公元年至哀公十四年），只剩下十幾個大邦國存世，絕大多數小邦國或部落都在過去的幾百年裡被兼併融合了。再到戰國時代，又完成了一輪大淘汰，最後剩下了七個更大的邦國。

從七百多到七個，集中度是 99%，如此劇烈的兼併融合，其歷史意義是甚麼呢？

小國被大國吞併、國家數量越來越少的兼併集中進程，世界歷

史上不乏其例，也最容易納入現代的國際關係理論框架加以解釋。例如查爾斯·蒂利（Charles Tilly）的「戰爭造就國家，國家製造戰爭」的民族國家理論等。但是，如果只看到國家，甚至將春秋戰國時期的各諸侯國簡單理解為相當於現代國際關係理論中的行為主體，就不能真正理解其歷史本質和意義。

很多學者都忽視了這一點：春秋戰國時期諸侯國的特殊性在於，它們雖然都已是典型的領土國家，但是在觀念意識中，天下仍是一個真實的存在，就是群雄割據的所有領土國家的總和。將這個時代定義為「霸政時代」，其含義是在整個天下的範圍內不能有權力真空出現，不可以一日而無霸，多個強權通過你死我活的戰爭爭奪霸主地位，各領風騷一個時期。《史記·太史公自序》曰：

> 幽厲之後，周室衰微，諸侯專政，《春秋》有所不紀；而譜牒經略，五霸更盛衰……

所以說，各諸侯國都不只是爭權奪利，而是天生自帶《春秋》綱紀、譜牒經略的雄心和使命來爭霸天下，這一點不可忽略。史書多有記載，各國君主頻頻被士人告誡其言行要取信於天下，通過施行仁義「天下可運諸掌」。所以，就其本質而言，每個諸侯國都是在西周天下國家解體之後進入了「據亂世」階段、但仍然懷抱「太平世」理想的一個小型天下國家。

也就是說，這一時期的歷史演進是帶有方向性的，國家的兼併和集中也隱含了某種目的性。到了戰國晚期，七國無一不建政府、備官守，本質上已屬於同一種制度甚至同一種風俗文化的「現代國

家」，相比周初時參差多態、類別不知凡幾的七八百個邦國部落，已是高度發達，既不屬於同一類別，也非處在同一水平。

所以，春秋戰國時期的確有一個「戰爭創造國家」的進程貫穿始終，但這八百年卻是天下國家從早熟到成熟、從理想到現實的一個具有自身演化邏輯的階段性歷史運動。

第二個進程，是散佈於東亞大陸的眾多蠻夷戎狄族群大規模同化，融入華夏族群。

周初封建，在山東北封齊太公，南封魯周公，開始有了齊國和魯國。但齊國和魯國所在地區的原住民分別是萊夷和東夷，再往南的淮水流域還有淮夷，在這兩國建國早期，新移民與原住民相互爭地，殺伐不斷。所以，齊魯兩國的發展壯大過程，同時也是夷人被同化的過程。及至齊桓公九合諸侯、尊王攘夷、救燕國滅山戎那個時期，齊國內部的族群同化融合早已完成。

晉國始祖是成王幼弟叔虞，始封於河汾以東的太原。該地的原住民是「群狄」，即商周時的獫狁、鬼方及後世的丁零、敕勒、鐵勒、突厥等。《詩經·六月》所記周宣王遣尹吉甫「薄伐獫狁，至於太原」，《左傳·昭公十五年》所記晉大夫籍談有言「晉居深山，戎狄之與鄰，而遠於王室。王靈不及，拜戎不暇」等，即反映了晉初周人農民與遊牧戎狄錯居雜處、互有攻伐的情況。及至魯莊公十六年曲沃武公為晉侯時，「謂晉人曰：『與我伐夷而取其地。』遂以晉師伐夷，殺夷詭諸」（《左傳·莊公十六年》）。晉獻公時號稱「併國十七，服國三十八」（《韓非子·難二》），大量的狄人部落如皋落氏、驪戎、耿、蒲、屈等，都在這一時期先後被滅。

再說秦國。與周人東進的方向正好相反，原屬東夷居於曲阜的

秦人，在商朝末年因戰亂從山東穿越中原來到西北，取了周人故地。根據司馬遷在《史記》中的記載，秦人嬴姓，始祖是白帝少昊氏。西遷時，嬴姓的一支去了山西，成了後來的趙國；另一支去了甘肅和陝西，就是後來為周孝王養馬，並「分土為附庸」的秦嬴。秦仲被封為西陲大夫，為周王室「保西陲」，歲歲攻伐，到秦文公五世中有三君死於戎難，四百餘年與西戎混居雜處，相互融合。經過春秋戰國時期，西戎已整體被秦、晉、趙等國同化。《後漢書》中所記的西戎，只剩青海諸羌。

楚國更不必說，連是否是正宗的黃帝世系都大可懷疑，所謂帝顓頊之後、唐祝融之後、夏昆吾之後、殷彭祖之後、周始祖曰熊繹等各種認祖歸宗，都有附會之嫌，無法考證，總之與中原族姓世系有別。建國之後，在南方不斷融合百濮、百越等「群蠻」，在中原則將漢陽一帶周初姬姓諸封國吞併殆盡。經過數百年的同化融合，無論從民族還是文化，楚國整體上還是更接近於荊蠻。到了齊桓公稱霸時期，楚國崛起成為大國之一。

所以，若以齊桓公的霸業高峰時期為階段標誌，如公元前664年率大軍滅山戎孤竹之年，此時距周初分封諸侯過了大約三個半世紀。總體上看，這一時期的齊和晉，是中原對外擴張消滅戎狄，而秦和楚，則是蠻夷向內同化融入中原。最終的結果是一樣的，都是定居文明華夏族的擴張和對蠻夷戎狄的同化。關於戰國晚期這段歷史，錢穆先生在《國史大綱》一書中總結道：

秦、趙、燕三國競務拓邊：燕開漁陽、右北平、上谷、遼西、遼東諸郡；趙滅中山，（其先為鮮虞國，先滅於魏，為魏別封。）

開雁門、代、雲中諸郡；秦開九原、隴西、北地諸郡，魏開上郡亦入秦。中央諸戎則以韓、魏滅伊、洛諸戎，楚破南陽九夷而漸就消滅。東方淮海諸夷，率與諸夏同化。南方則有楚、越兩國之闢地。大抵今浙江、福建兩省為越人所闢……①

　　第三個進程，是與民族融合進程相一致且更為本質的一個進程，即定居文明區域的同步擴大。

　　一些學者認為，華夏族與蠻夷戎狄的區別，並非是種族上的，而是由生產生活方式所決定的。如拉鐵摩爾，他的「移置理論」（theory of displacement）認為，在北方草原地帶過着遊牧生活的戎狄部落，實際上是被很早就居住在農牧交界線附近的邊緣人口「推動」出來的，是定居的農耕社會人口和土地不斷擴張的結果。也就是說，這些戎狄部落不過就是當初邊緣人口中那一部分更能適應大草原自然環境的人群而已，種族上並沒有根本的差別。暫且不論這種理論能否得到更多科學證據的支持，歷史上的中國人一直也是這麼認為的，《史記·匈奴列傳》曰：「匈奴，其先祖夏后氏之苗裔也，曰淳維。」沒把他們當外人。

　　周朝以遷居到岐下周原的周人氏族為文明主幹，周人繼承后稷、公劉的稼穡傳統，推進農耕，發展農業，所以，當開始實施向四周武裝殖民的政策後，基於農業經濟的定居文明就在一個很短時期同步擴大到了各地邊疆。這應該是在那個歷史時期最大的一次定居文明圈的擴展。七十一個諸侯國，就是七十一個定居文明核心

① 錢穆：《國史大綱》（上），商務印書館，1996 年，第 116 頁。

區。然而，農民集團在全天下範圍內進行武裝墾殖，這一戰略性擴張的另一面，必然是對於先前的採集者、狩獵者、漁獵者、放牧者等遊居部落領地的戰略性搶佔和掠奪。

反映在漢字上，「國」與「野」相對，《說文》段注：「去國百里曰郊」「郊外謂之野」。其中的含義是，只有武裝邊界之內的「國」才有定居文明，而邊界之外的野，既可以是農耕也可以是遊牧或遊獵，處於荒蠻世界。

分封初期，最靠近「天下之中」的魯、衛、宋、鄭、陳、蔡各國，或是先王故都，或是文物重地，歷經數百上千年文化的浸潤涵養，已成華夏族的人文淵藪所在，聲教衣冠名區。相對於晉、楚、齊、秦、燕、吳、越等邊疆國家，在這些中原小國裡見不到「九夷、八狄、七戎、六蠻」（《爾雅·釋地》），各部落也沒有「被髮左衽」「斷髮文身」等風俗，文化上都是「君子國」，血統上都屬「正宗」，也就是農耕定居文明的核心區。《論語·子路》記載：

子適衛，冉有僕。子曰：「庶矣哉！」冉有曰：「既庶矣，又何加焉？」曰：「富之。」曰：「既富矣，又何加焉？」曰：「教之。」

中原地區定居文明經濟和文化的繁榮景象由此可見一斑，與邊疆地區的荒蠻面貌迥異。

但另一方面，春秋戰國五百年的歷史大勢，卻是文化早熟的定居文明核心區注定被晚熟的邊疆大國先後滅國。晉楚中原爭霸、齊秦東西二帝，核心區那些固守舊土舊民的老貴族國家，卻先後成了大國霸政的犧牲品。如果拋開國家的表象，僅從蠻夷戎狄被同化並

轉入農耕定居生活方式的先後順序上看，其規律表現為：率先轉入定居的地區一定會出現文化和經濟的昌盛，但尚武精神也迅速消失，國力隨之衰落，隨着晚近轉入定居的地區在四周崛起，國力增強，前者終將被後者征服吞併。

這一現象可以被簡要歸納為「定居社會武力遞減」以及「早定居者衰，晚定居者強」，這不僅出現在春秋戰國時期，實際上貫穿於全部人類文明史。從古埃及、古蘇美爾覆滅到雅利安人征服古印度，從古羅馬帝國亡於北方蠻族到蒙古大軍橫掃歐亞大陸，從東胡女真入主中原到歐美基督教列強統治全球，各文明歷史概莫能外。

綜上所述，春秋戰國時期的無與倫比之處在於，這五百多年裡包含了國家的兼併集中、民族的同化融合以及定居文明區域的層層擴大這三大歷史進程。而秦朝大一統的實現，則是這三大歷史進程共同的結果。最終，通過這三種歷史進程，為大一統國家的建立創造了最佳條件，經過上千次戰爭決出了秦國這個「與戎翟同俗，有虎狼之心」（《戰國策・魏策三》）的終極勝利者，天降大任於斯人，由它一舉完成了大一統的歷史使命，在新的歷史條件下重建了周初開創的「天下國家」。

今天的中國人應該認識到，春秋戰國時期這些驚心動魄、波瀾壯闊的歷史運動，在整個世界文明史上，不僅在當時是空前的，直到今天也是絕後的。翻遍世界歷史，找不到任何可以與之相比的時期。

2. 西方學者至今看不懂春秋戰國

西方學者看中國，一直都有很多難解之謎，甚至研究越多，謎

團反而越多。導致這種情況的原因，本不是因為中國問題有多神秘、多難懂，歸根結底還是西方學者研究中國問題的兩大先天缺陷：一個是先入為主的「西方中心論」立場，用西方文明做標準來評判其他文明；另一個可以叫做不由自主的「現代中心論」立場，用現代社會做標準來評判古代社會。進一步講，這兩個先天缺陷是一病二症，所以偏於「西方中心論」也必然同時偏於「現代中心論」。結果就是，大多數的西方學者，既不能很好地理解其他文明，也不能很好地理解古代歷史，兩個偏向疊加之後表現為：在面對最具歷史特性的中華文明時完全混亂，就像是帶着一副近視眼鏡遙望高山大川，怎麼看都是模糊一片。

這裡不得不提到數年前由四位頂尖學者傾十年之功完成的六卷本《哈佛中國史》。無論這部被認為代表了「新史學」中國史研究世界水平的著作取得了多高的學術成就，獲得了多少讚譽，被多少名牌大學當作教科書，它的先天缺陷卻是顯而易見的。最嚴重的問題，就是該書直接截斷了春秋戰國及其以前的這段歷史。作者之一陸威儀在他編寫的第一卷《秦與漢》中寫道：

總體來說，秦和漢兩個帝國構成了中華文明的「古典」時代，如同古希臘和古羅馬之於西方。和「古希臘—古羅馬」地中海時代類似，這個時代的中國文化和其他時代明顯不同。但是，如果不先抓住中國這個最早的統一時期，了解其完成統一的具體過程，我們就無法理解本書所要講的內容。[1]

---

① 〔美〕陸威儀著，王興亮譯：《早期中華帝國：秦與漢（哈佛中國史）》，中信出版社，2016年，第2頁。

這段話裡，歷史觀的先天缺陷和內在荒謬一目了然：第一，秦漢不是中華文明的「古典」時代，夏商周才是；第二，秦漢之於中國，完全不同於古希臘和古羅馬之於西方，兩者根本不能相提並論；第三，秦漢不是中國最早的統一時期，從「天下一統」的角度看，周朝是第一次，秦漢是第二次；第四，沒有春秋戰國時期，就沒有秦漢大一統國家的建立。

對此，陸威儀的辯護是：

（前帝國時代，人們）要麼以「秦人」「齊人」「楚人」為人所知，要麼以其他諸侯國國名命名，或者以某個特定地域命名，比如「關內人」。公元前 3 世紀，秦的征伐把這些不同的人群在政治上聯結起來……①

如前所述，周初建立的是天下國家，秦漢建立的也是天下國家，都不是普通王國或帝國，都是天下型定居文明獨特的也是必然的產物。而整套天下體系和政治結構，則是周初的創造，並經過周朝八百年，特別是春秋戰國五百年三大歷史進程的反覆糅合塑造，最終才孕育出實現現代政治制度的天下國家 —— 秦和漢。

這是世界歷史上獨一無二的重大事實，周朝初期形成的「德治天下」和「協和萬邦」的偉大理想，直到今天的現代世界還遠遠沒能實現。三千年來誰著史？三千年前誰領先？將中華文明中的秦漢對應西方文明中的古希臘古羅馬，同稱「古典時代」，表面上看似

---

① 〔美〕陸威儀著，王興亮譯：《早期中華帝國：秦與漢（哈佛中國史）》，中信出版社，2016 年，第 3 頁。

乎也算一種學說，但在人們頭腦中產生的實際效果是甚麼呢？在中華這邊，秦漢距今只有兩千多年，原本的五千年文明史一下子被截掉了三千年，少了一大半；在西方那邊，古希臘古羅馬本是包括西亞和北非在內的古代地中海社會一部分，一旦被併入了所謂「西方文明」，原本只有一千五百年文明史的西北歐又接上了另一個文明的一千五百年歷史，似乎西方文明史比中華文明史還要悠久，還要連續！

另一個例子，是歐美學界的一個研究熱點，就是運用基於近現代歐洲歷史經驗的國際關係理論模型，研究中國歷史上的春秋戰國時期，並使用比較歷史學的方法進行相互對照，試圖找出為甚麼中國的秦朝實現了統一，而歐洲始終四分五裂的根本原因。

關於這項研究，有不少學術成果，有人強調地理因素，有人強調文化因素，有人強調支配和制衡或進攻和防禦的平衡因素，但都沒有得出令人信服的結論。

美國聖母大學政治學系副教授許田波於 2008 年完成的《戰爭與國家形成：春秋戰國與近代早期歐洲之比較》一書，代表了歐美學術界在這個領域的學術前沿。該書基於如下基本假設：中國的春秋戰國時代和近現代歐洲在很多方面有相似性 —— 起源於一個由許多國家組成的封建社會，有着頻繁的戰爭，經歷了封建體制的垮台和官僚體制的形成，有一個弱肉強食的國際秩序等，因此可以運用比較歷史學，以國際關係理論和行為主體性（agency）為核心的理論方法進行對比研究。其研究結果是：之所以近代歐洲的歷史演進形成了一個多國平衡的局面，而中國卻走向了統一，是因為春秋戰國中的列國採取了「自強型改革」和「聰明的」軍事外交策略，

而歐洲國家卻都採取了「自弱型權宜措施」的對應和相對「笨拙的」外交策略，所以前者的國家力量越來越強大，最終迎來了秦國的統一，而後者則由於「實施『自強型改革』之晚和推行『自弱型權宜措施』之早，繼續使歐洲偏離強制型軌道」，而失去了武力統一的機會。

不能說該書中使用的「競爭性邏輯的動力學」理論模型不學術，長達 42 頁的中西文參考文獻令人肅然，書中也不乏精彩論述和深刻洞見，但由於「西方中心論」立場，作者將不具備對稱性的中國春秋戰國與近代早期西方兩者硬塞進比較歷史學的對稱性案例研究框架之中，於是不得不忽略大量的差異性，勉強求得一個簡化對比中的簡化結論；又由於「現代中心論」立場，作者實際上是在現實主義國際關係理論的框架下來分析春秋戰國的歷史發展，正如趙鼎新教授在針對該書的一篇書評中指出的：受到對稱性比較歷史學方法一些固有局限的限制，採取這一方法的學者一般重比較而輕歷史，或者說他們的歷史敘述往往缺乏很強的時間／空間感。

具體說，「西方中心論」就是「空間感」的錯亂，將分佈在世界各大洲的、多起源和多路徑的人類文明歷史，毫無根據地合攏到一條經過古希臘和古羅馬通往歐洲和北美的「世界歷史」的「主線」上，以表明只有西方才有真正的「世界歷史」；而「現代中心論」就是「時間感」的錯亂，將西方崛起之前的歷史，特別是非西方文明的歷史，毫無根據地虛無化、碎片化、黑暗化，以表明只有在西方所主導的現代才開啟了真正的歷史。只有排除掉這兩個錯亂之後，中華文明作為唯一延續至今的原生文明，唯一的天下型定居文明，才可能從世界歷史的大圖景中凸顯出來。

以上兩個例子都說明，如果不改變中國歷史研究中的基本出發點，無論是哪一種「新史學」，都是死胡同，得出的研究成果也都是誤人誤己。

何為基本的出發點？既然世人公認，只有中華文明是唯一從最初的原生文明延續發展至今沒有中斷的文明，那麼應該可以認為，只有中華文明最適合當作一種標準，用來對比其他文明，進行各種衡量，並描述出人類文明史的一般發展規律。在這個標準中，春秋戰國這一歷史時期的本質就是：它是天下型定居文明發展的一個必經階段。在這一獨特文明自身的發展邏輯中，夏商兩代是天下型定居文明的成型階段，周朝是封建制天下國家的發展階段，經過了春秋戰國時期的巨變，從秦朝開始是郡縣制天下國家的發展階段。

按唐代柳宗元的看法，在制度演進上，郡縣制取代封建制為勢所必然，也是「公之大」之後的自然結果：

> 彼封建者，更古聖王堯、舜、禹、湯、文、武而莫能去之。蓋非不欲去之也，勢不可也。勢之來，其生人之初乎？……
>
> 夫殷、周之不革者，是不得已也。……夫不得已，非公之大者也，私其力於己也，私其衛於子孫也。秦之所以革之者，其為制，公之大者也；……公天下之端自秦始。(《封建論》)

從「勢不可」到「勢之來」，從「私天下」到「公天下」，從周事「失在於制，不在於政」到秦事「失在於政，不在於制」，歸根結底，這是天下型定居文明自有的制度演進邏輯，只有中國人自己看得清楚。

從柳宗元到現在，中華的天下型定居文明又按照自身的邏輯發展演化了一千二百年，並成功匯入了全球化時代。立足於當下世界回看從「勢不可」到「勢之來」、從「私天下」到「公天下」的歷史發展大勢，難道不是來到了「世界之所以革之者，其為制，公之大者也」的新時代了嗎？

反觀西方文明，無論是真實的一千五百年，還是虛假的三千年，都沒有經歷過天下型定居文明的自發演進歷史，當然也就不可能在全球的「天下」時代為全人類指出共同的發展方向。

三、秦漢大一統

柳宗元寫《封建論》，說「公天下之端自秦始」，一句話就指出了秦的歷史意義。天下區別於一國，本質就在於天下是公，一國是私。《封建論》中對比周與秦，斷可見矣：

> 周之事跡，斷可見矣：列侯驕盈，黷貨事戎，大凡亂國多，理國寡，侯伯不得變其政，天子不得變其君。私土子人者，百不有一。失在於制，不在於政，周事然也。
>
> 秦之事跡，亦斷可見矣：有理人之制，而不委郡邑，是矣。有理人之臣，而不使守宰，是矣。郡邑不得正其制，守宰不得行其理。酷刑苦役，而萬人側目。失在於政，不在於制，秦事然也。

而秦朝廢封建置郡縣的制度，「非聖人之意也，勢也」，就是

「公之大者也」之勢出現了。天下型定居文明的天下，歸根結底是公天下，不是私天下。全取天下者必須要明白這個大勢，不因為別的甚麼，僅僅是因為天下的大，就必須為公而不是為私，就不能再像周那樣封土建國、私其土、子其人，而必須像秦這樣「裂都會而為之郡邑，廢侯衛而為之守宰，據天下之雄圖，都六合之上游，攝制四海，運於掌握之內」。這是一個被秦朝首次實踐之後又被多個朝代一再驗證過的道理，對於中國，應該是一個不言自明之理。

但是，自秦之後越兩千年，這個並不複雜的道理，卻並未因為有過很多懂道理也會講道理的人講過多次而變得不言自明。直到今天，關於秦朝，還有兩頂大帽子摘不下來，一曰「暴政」，二曰「專制」。以至於只要提到秦朝就一定要羅列秦始皇的是是非非。這個問題其實還是一個歷史尺度的問題。在小的歷史尺度之下，歷史人物會顯得很大，以至於人們往往把具體人物當成問題中心；但在大的歷史尺度之下，歷史人物就溶入到了歷史事件當中，成了其中的組成部分，這時，人們就必須放棄以人物為問題中心的立場，轉為以事件為問題中心。這個轉換，對於中國歷史尤其重要，因為中國歷史太漫長，每一個只有幾十年生命時間的人物，無論在世時做了多麼轟轟烈烈的事，在數千年的歷史長河中，都不足以構成問題中心。

偉大人物如秦始皇也不例外，他開創了秦朝，建立了秦制，但若放在上至戰國、下至兩漢的這一段大的歷史中，他也是歷史事件的組成部分。郡縣制是春秋時期開啟的，秦朝時推行到全國，漢初封建並非復辟，因為它不是周初那種開國殖民的封建，而是分割郡縣的封建，其間的歷史運動自成大勢，並不因帝王之不同而有所改

變。如辛棄疾所說「青山遮不住，畢竟東流去」，若把中華文明比作一條沖破青山層層遮擋、一路奔湧東流直到今天的長河，真正的問題總是存在於層層青山與東流江水之間，人物不是問題中心，人物頭頂上的帽子也不能作為歷史時期的標誌。

關注青山和江水，聚集於歷史運動的本來，至少回歸到柳宗元的論證上，道理其實清晰可見，並不複雜。

1. 秦朝的建立是一場反貴族專制的革命

對於偉大的秦朝，這個經過了春秋戰國三大歷史運動之後，終於在公元前 221 年完成了「六王畢，四海一」統一大業，並超前於世上所有國家進行了大一統建設的國家，近現代的中國學者並未給予很高評價。很多人仍然眾口一詞地套用「君主專制」這個概念來定義它；即使肯定其實現統一的進步意義，但仍會「一分為二」地強烈批判秦始皇的專制、獨裁和暴政，乃至認定他為此後兩千多年「君主專制主義」的始作俑者，要為中國歷史漫漫長夜般的黑暗乃至近代以來的衰弱落後負責。

公開打破這一定論的，反倒是日裔美國人弗朗西斯・福山，他在《政治秩序的起源》一書中寫道：

中國西部的秦孝公和謀臣商鞅，奠基了世界上第一個真正現代的國家。秦王征服所有對手，建立統一國家，並將秦首創的制度推向中國北方的大部，國家鞏固由此告成。

可以肯定地說，是中國發明了現代官僚機構。永久性的行政幹部全憑能力獲選，不靠親戚關係或家族人脈。

秦朝憑藉政治權力所建立的強大現代制度，不但活過了漢初的貴族復辟，而且在事實上定義了中國文明。儘管在後來中國王朝中，法家不再是欽准的意識形態，但在國家制度中仍可看到它留下的遺跡。[1]

福山的觀點顯然是有道理的，作為現代學者，他在比較了自遠古到今天世界上各種「政治秩序」之後，確定無疑地認為秦朝是世界歷史上第一個建立了現代政治制度的國家，是所有近現代國家的先驅。

那麼，「君主專制」和「現代政治制度國家」兩者之間又是甚麼關係呢？首先需要明確的一點是，將「君主專制」籠統地歸為一種壞制度，這個認識本身就是一個錯誤。事實上，作為一種政治制度，「君主專制」在世界歷史的大部分時間裡，不僅不是代表着黑暗和反動，反而是代表着光明和進步。

這是因為，在近代的民主共和制度出現之前，君主專制的對立面，一是貴族專制，二是神權專制。而無論是東方社會還是西方社會，無一不是在歷史發展的某個階段，靠着偉大和英勇的君主，經過長期而艱巨的鬥爭之後，最終衝出了貴族專制或神權專制的黑暗時代，過渡到了君主專制，然後才一步步走向了更加光明和進步的民主共和。

在歐洲，君主專制衝破神權專制這個決定性的進步，最早在 15 世紀的意大利城邦一點一點開始，而真正的君主專制大國，更

---

[1] 〔美〕弗朗西斯·福山著，毛俊傑譯：《政治秩序的起源》，廣西師範大學出版社，2014 年，第 95、107、120 頁。

遲至 17 世紀才在歐洲各地出現。在阿拉伯世界，由於「政教合一」傳統的頑強延續，完全意義上的君主專制直到今天也沒有出現。

這樣比較地看，有甚麼理由說早於世界上任何一個民族一千多年以上建立起來的秦朝君主專制制度是黑暗和落後的呢？憑甚麼一邊把 15 世紀西方的馬基雅維利、16 世紀的霍布斯等人奉為人類文明進步的先驅、「現代性」的鼻祖，另一邊卻對早於他們整整一千八百多年的秦國商鞅橫加鞭撻呢？秦國的規模上千倍於意大利城邦國家，秦國的崛起早於西方近代國家上千年，那麼商鞅不是應該比馬基雅維利和霍布斯更偉大嗎？其歷史地位不應該排在世界偉大思想者和改革者的前列嗎？

更不用說，秦朝的大一統，是在當時世界上最大的定居農耕文明從列國發展到天下的階段之後，在公天下的大勢已經強大到不可阻擋之後的應運而生；是一個遠遠走在其他文明社會之前，提早進入天下階段的文明的一次新的突破。

自周初即已初步成型的天下型定居文明，經歷了春秋戰國階段，到了秦國崛起的時期，整個定居農耕社會要解決的，早已不是君權如何戰勝神權的問題，而是圍繞着如何戰勝世卿貴族，如何變多君為一君、真正實現大一統而展開的。回顧秦帝國從崛起到完成統一的全過程，本質上正是消滅世卿貴族勢力、變多君為一君的過程。

在中華政治哲學中，除了神權當道之世以外，最壞的就是「多君為政之世」，屬於「三世說」中的「據亂世」。梁啟超曾將治天下者面臨的三種天下分為「多君為政之世」「一君為政之世」和「民為政之世」，分別對應「公羊三世說」中的據亂世、昇平世和太平

世。他在《論君政民政相嬗之理》中寫道：

> 凡多君之世，其民皆極苦，爭城爭地，糜爛以戰，無論矣。彼其為君者，又必窮奢極暴，賦斂之苛，徭役之苦，刑罰之刻，皆不可思議。觀於漢之諸侯王，及今之土司，猶可得其概矣。

> 孔子作《春秋》，將以救民也，故立為大一統、譏世卿二義，此二者，所以變多君而為一君也。變多君而為一君，謂之小康。

> 昔者秦、楚、吳、越，相仇相殺，流血者，不知幾千萬人也，問今有陝人與湘人爭強，蘇人與浙人構怨者乎？無有也。昔之相仇相殺者，皆兩君為之也，無有君，無有國，復歸於一，則與民休息，此大一統之效也。世卿之世，苟非貴冑，不得位卿狐，既譏世卿，乃立選舉，但使經明行修，雖蓬蓽之士，可以與聞天下事，如是則賢才眾多，而天下事有所賴，此譏世卿之效也。[①]

據統計，從周元王元年（前 475）至秦王政二十六年（前 221）共計二百五十五年的戰國時代，各諸侯間總共發生了大小戰爭二百三十次。從大一統的角度來看，這就是「多君為政之世」，所謂「秦、楚、吳、越，相仇相殺，流血者，不知幾千萬人也」。如果沒有一個偉大的君主出現，用武力手段強行實現統一，要讓一個社會自動完成從「據亂世」到「昇平世」和「太平世」的跨越，是絕無可能的。這一點，古今中外概莫能外。

無論是「公羊三世說」，還是梁啟超的三世說，這裡的「世」

---

① 梁啟超：《論君政民政相嬗之理》，見《飲冰室文集之二》，第 8 頁，《飲冰室合集》（第 1 冊），中華書局，1989 年。

都是指天下而不是一國。西方政治學起源於古代希臘城邦政治，發展於中古意大利小國政治，終結於近代歐洲列國政治，從來沒有來到過天下政治的階段，那些只把西方政治理論奉為圭臬的學人，當然不明白這種學說。

秦朝只持續了十五年，時間很短，但這十五年卻是人類歷史上第一次天下政治的全面實踐。各項重大改革舉措 —— 廢封建、設郡縣、墮城郭、通川防、車同軌、書同文，都是只屬於天下型定居文明的大一統建設，其程度之高，冠絕全球。即使不過多強調君主的個人行為，秦嬴政的歷史地位不是也應該排在世界偉大政治人物的前列嗎？

所以說，真正的專制制度，不僅體現在大一統的天下國家中，更體現在未實現大一統的那種眾多君主「爭城爭地，糜爛以戰」的「據亂世」中。因為君主們為了爭霸，其治下的「賦斂之苛，徭役之苦，刑罰之刻」，皆遠超人們的想像。後人罵秦始皇驅使人民修長城是暴政，難道他們忘了早在六國時齊國、燕國、趙國也一直在修長城？秦始皇修城是為了抵禦北方匈奴，是捍衛整個中原的定居農耕社會，而齊國的長城卻是為了抵禦魯國和楚國的入侵，是內戰割據。而只有大一統國家的出現，才能推翻「多君為政」的專制暴政，才能救民於水火，與民以生息。

人類歷史上第一次關於天下政治的政治會議，《史記‧秦始皇本紀》中記載的這一段，每每讀來都鮮活如昨：

> 丞相綰等言：「諸侯初破，燕、齊、荊地遠，不為置王，毋以填之。請立諸子，唯上幸許。」始皇下其議於群臣，群臣皆以為

便。廷尉李斯議曰：「周文武所封子弟同姓甚眾，然後屬疏遠，相攻擊如仇讎，諸侯更相誅伐，周天子弗能禁止。今海內賴陛下神靈一統，皆為郡縣，諸子功臣以公賦稅重賞賜之，甚足易制。天下無異意，則安寧之術也。置諸侯不便。」始皇曰：「天下共苦戰鬥不休，以有侯王。賴宗廟，天下初定，又復立國，是樹兵也，而求其寧息，豈不難哉！廷尉議是。」

這是公元前 221 年的事，其歷史意義和政治價值，無論怎樣評估都不過分。秦嬴政不僅摧毀了六國的君王和世卿勢力，而且為了避免歷史的循環，防止中國再回到「天下共苦戰鬥不休」的「多君為政之世」，不再立諸子、置侯王，而是分天下以為三十六郡，郡設守、尉、監。

「天下初定，又復立國，是樹兵也」，始皇帝的頭腦很清楚，立國樹兵與天下安定是對立不相容的，前者就是分封，就是為私，後者才是為公。

歷史見證，自秦以後，中國社會就進入了一個皇帝與百官共治天下的天下政治時代。弗朗西斯·福山寫道：

家族擁有地方權力、不受中央政府管轄的周朝封建主義，在中國後來歷史上定期回潮，尤其是在朝代交替的混亂時期。中央政府一旦站穩腳跟，又奪回了對這些政治體的控制。從來沒有一次，封王可以強大到可以逼迫帝王做出憲法上的妥協。[1]

---

[1] 〔美〕弗朗西斯·福山著，毛俊傑譯：《政治秩序的起源》，廣西師範大學出版社，2014 年，第 122 頁。

所以說，秦朝的建立，就是一場結束多君專制暴政的革命。對這場革命的評價，可以基於如下兩個基本事實：第一，對於天下人這一整體來說，秦朝的暴政，一定不會大於統一之前列國的暴政之總和。第二，對於天下人這一整體來說，秦朝的酷刑、徭役、田賦、征戰，列國一樣都不會少；但秦朝為中華民族鑄造的大一統家國基礎、為抗擊外敵構建的強國外殼、為中華文明之生發演進開拓出的天下國家這一巨大且獨特的發展空間，列國根本不可能做到。

　　更重要的是，秦朝所完成的大一統，將天下型定居文明推進到了真正的天下政治時代。中國自秦以後兩千多年的歷史，所謂「百代秦制」，正是天下政治的實踐與發展。自秦以後，兩漢是天下一統，隋唐是天下一統，明清也是天下一統，真正的盛世 —— 人民安康、物產豐盛、商業發達、藝術繁榮等等，必定出現在天下一統的朝代，而不是在四分五裂、戰亂頻仍的時期。

2. 漢朝的建立是下層社會的崛起

　　秦朝二世而亡。《大秦帝國》的作者孫皓暉先生堅持認為，個中原因絕不是「暴政亡秦」這麼簡單。他說：如果它果真是暴政，我絕不包庇它，說暴政而亡秦的人，不妨認真去下功夫研究秦法，如果你研究秦法能得出結論 —— 它是一部劣法、惡法，那麼你說秦亡於暴政還有基礎可支撐。否則你僅僅是拾人牙慧，是把暴秦當口號去唱。

　　他認為，有很多偶然因素導致了這個結果，而且還有一個重要的背景值得特別注意：秦統一中國的時候，滅六國算是六場大戰，

之後反擊匈奴一場，50萬大軍進攻嶺南又是一場。八次大戰完成以後，大軍還在邊疆駐紮，中原地區反而沒有用於維護內部安定的軍隊了。他認為秦始皇突然得了天下，尚不懂得統一政權後最重要的是甚麼，最可能產生的動盪是甚麼，沒有意識到統一後維護政治安定的重要性。他說：秦的農民起義能夠在數日之間天下響應，絕不是因為那個時候信息發達，而是在基本上沒有軍隊防守的情況下，當時整個內地的政府管理機構被搞得措手不及⋯⋯

他認為秦亡的本質可以總結為八個字：求治太速，善後無方。下面不妨沿着孫教授這個思路，考察一下秦亡漢興這段歷史背後的文明史含義是甚麼。

始皇二十八年、二十九年（前219、前218），東行郡縣，刻石頌秦德，行文中提到六王時，「戎臣奉詔，經時不久，滅六暴強」「武威旁暢，振動四極，禽滅六王」；而提到黔首時，「烹滅強暴，振救黔首，周定四極」「黔首改化，遠邇同度，臨古絕尤」。

如果秦始皇早有預感，事先知道數年後最終推翻秦朝並建立新朝代的勢力，不是六王的舊部，而是黔首的新軍，不知他刻石的時候還會不會如此這般地寫。

劉邦一介布衣，率領一眾白徒南征北戰，最後全取天下，這一個天翻地覆的歷史變局，讓階級問題第一次成為中華歷史中的一大主題。從漢朝建立的那一天，站在布衣階級的立場上回望此前的全部歷史，三皇五帝三王，周天子及八百諸侯，秦王與六王，無論他們之間如何你死我活地拚殺，其實都屬同一個階級，他們都是貴族，而漢朝卻是歷史上第一個平民王朝。

如果劉邦能洞察歷史大勢，他會看到：以他建立平民王朝這一

時刻為終點，既往的過去是一個長達數百年都在進行之中並直接通到他的腳下的連續歷史運動。周初建立了一個封建的天下，這是他的這個天下最初的基本盤；此後進入春秋戰國亂世，禮崩樂壞，廢井田開阡陌，各國新法迭出，獎勵戰殺，以首級定爵；只見貴族地位一再下降，下層社會快速崛起，同時隨着諸侯列強向四周蠻夷之地的擴展和總人口的增長，下層社會的規模不斷壯大，所覆蓋的版圖也不斷擴大；只見這個以下層社會崛起為主線的歷史運動在戰國時期進一步加速，最後的強國只剩下七國，貴族集團之間的火併日益白熱化，終於由虎狼之國的秦國滅掉了其他六國，一統天下；只見統一過程中，「秦每破諸侯，寫放其宮室，作之咸陽北阪上」，統一之後，又「收天下兵，聚之咸陽，銷以為鐘鐻，金人十二，重各千石，置廷宮中」，這一切都像是為下層社會的最後勝利提前鋪平了道路。

不知道沛公「暮登天子堂」之時會不會在內心感謝始皇帝，沒有秦始皇的「滅六暴強」「禽滅六王」，哪有他漢高祖的這個大一統天下？

正是秦始皇的滅六國，將壓在下層社會頭上的六個各自為政的貴族統治機構一掃而空，只留下一個至高無上的皇權，從此多君為政之世變成了一君為政之世。此舉的客觀結果，是將原本被分割為很多不同部分的下層社會合併成了一個整體，相當於在天子取得了整個天下的同時，下層社會也取得了整個天下。陳勝、吳廣大澤鄉起兵曰：「王侯將相寧有種乎！」項羽第一次見到秦始皇後立誓「彼可取而代也」，劉邦第一次見到秦始皇後感歎「大丈夫當如此也」。這些表達鴻鵠之志的豪言壯語，若不是下層社會擺脫了貴族

政治時代的層層壓制和多頭統治，若不是下層社會作為一個整體也鋪滿了整個天下，則根本是難以想像的。

除此之外，也正是秦始皇的大一統建設，墮壞城郭，決通川防，夷去險阻，以及車同軌、書同文，在大大方便了中央政府對各地實施統治的同時，也大大方便了下層社會的天下起兵、四方響應。

孫皓暉先生發覺到了反秦起義軍響應之快、進軍之快，他關於中原地區秦軍兵力空虛的推測應該是有道理的。《史記‧陳涉世家》記陳勝、吳廣起事之後，最初一段時期兵鋒所至，勢如破竹：

> 攻大澤鄉，收而攻蘄。蘄下，乃令符離人葛嬰將兵徇蘄以東。攻銍、酇、苦、柘、譙皆下之。行收兵。比至陳，車六七百乘，騎千餘，卒數萬人。攻陳，陳守令皆不在，獨守丞與戰譙門中。弗勝，守丞死，乃入據陳。數日，號令召三老、豪傑與皆來會計事。三老、豪傑皆曰：「將軍身被堅執銳，伐無道，誅暴秦，復立楚國之社稷，功宜為王。」陳涉乃立為王，號為張楚。

從陳涉起兵到劉邦與項羽鴻溝為界中分天下，不過短短五年時間，這種巨變，在此前兩千年的歷史上是不曾有過的，也是無法想像的。太史公讀秦楚之際，萬分感慨：

> 初作難，發於陳涉；虐戾滅秦，自項氏；撥亂誅暴，平定海內，卒踐帝祚，成於漢家。五年之間，號令三嬗，自生民以來，未始有受命若斯之亟也。

他看到的是：「昔虞、夏之興，積善累功數十年，德洽百姓，攝行政事，考之於天，然後在位。湯、武之王，乃由契、后稷修仁行義十餘世，不期而會孟津八百諸侯，猶以為未可，其後乃放弒。秦起襄公，章於文、繆、獻、孝之後，稍以蠶食六國，百有餘載，至始皇乃能並冠帶之倫。以德若彼，用力如此，蓋一統若斯之難也。」另外，他還看到：「秦既稱帝，患兵革不休，以有諸侯也，於是無尺土之封，墮壞名城，銷鋒鏑，鉏豪桀，維萬世之安。然王跡之興，起於閭巷，合從討伐，軼於三代，鄉秦之禁，適足以資賢者為驅除難耳。」但是，畢竟他是漢代的人，日後的一次次歷史重演，他都無法知道，所以，他只是感歎：「故憤發其所為天下雄，安在無土不王。此乃傳之所謂大聖乎？豈非天哉，豈非天哉！非大聖孰能當此受命而帝者乎！」（《史記‧秦楚之際月表》）

太史公未能完全看透的是：自秦以後，皇帝得了天下，人民也得了天下；隨着封建制的崩潰，政權歸了集權的皇帝和百官，土地使用權卻歸了自由的地主和農民；從此以後，的確不再需要封土才能稱王，只要順乎天應乎人，人人都可以直接當「大聖」。這的確就是天命，「豈非天哉，豈非天哉」的感歎沒有錯，下層社會打天下坐天下，已成為天下政治的一部分。

楚漢相爭，項羽相信實力，劉邦卻相信天命，所以項羽歸根結底還是列國政治時代的人，劉邦才是天下政治中的人。劉邦打仗打不過項羽，漢二年彭城之戰，五十六萬諸侯聯軍被項羽三萬輕騎兵突襲，一舉滅掉二十萬，劉邦僅率數十騎逃脫，撿了一條命；但劉邦「隆準而龍顏」，每每都能得到關鍵助力，逢凶化吉，背後的原因卻是得到了天下人心。

跟着劉邦打天下的核心軍事集團均是下層社會中人，蕭何原在衙門內當差，曹參亦是衙門內的獄官，陳平是一窮苦平民，周勃是出喪時吹簫的，韓信是要飯的，黥布是充軍的。一群人裡只有一個張良是貴族出身。但是，在劉邦每一次差一點誤入歧途喪失全取天下的機會時，恰恰都是這群兄弟把他拉了回來。

如果不是天下的觀念已經在當時的下層社會中深入人心，一群窮苦農民佔了咸陽城之後，新晉的「關中王」斷無理由聽從樊噲、張良的諫言，「封秦重寶財物府庫，還軍霸上」，並召諸縣父老豪傑「約法三章」。而正是這一次及時的迷途知返，奠定了日後劉邦大軍爭奪天下的勝局。短短三年後，劉邦垓下一戰逼死項羽，結束了楚漢之爭，登基稱帝。

從文明史的角度觀之，秦始皇是貴族社會建立天下一統的第一人，漢高祖是下層社會建立天下一統的第一人，未來還會出現戎狄社會建立天下一統的第一人；自秦以後兩千多年的中華歷史，不過就是這三種天下一統模式的交替和變奏。

柳宗元《封建論》說：

漢有天下，矯秦之枉，徇周之制，剖海內而立宗子，封功臣。數年之間，奔命扶傷之不暇。困平城，病流矢，陵遲不救者三代。後乃謀臣獻畫，而離削自守矣。然而封建之始，郡邑居半，時則有叛國而無叛郡。秦制之得，亦以明矣。繼漢而帝者，雖百代可知也。

天下政治的大勢已經形成，無論封建制如何強力回潮，都只是

回光返照。自漢朝之後，雖百代千秋，也必定是公天下和郡縣制，不可能還是別的甚麼。因為歸根結底，這是被廣土巨族和天下型定居文明所決定的必然結果。

第四章

文明的鍛造

一、郡縣與封建

封建制的瓦解，郡縣制的實行，始於春秋戰國時期，是霸政出現之後的必然結果。《左傳·昭公七年》的一段話反映了當時諸侯對自己領地的新理解：

天子經略，諸侯正封，古之制也。封略之內，何非君土？食土之毛，誰非君臣？

自春秋初年開始，列國諸侯已紛紛向本國的卿大夫頒賜土地和人民作為食邑，如晉昭侯封其叔父成師為曲沃伯，號曲沃桓叔；魯國分封世族「魯三桓」孟孫氏、叔孫氏、季孫氏。受封者往往「其富半公室，其家半三軍」（《國語·晉語八》）。

戰國時期，「七雄」都是「方千里」的大國，向下分封更甚，如燕昭王「封樂毅於昌國，號為昌國君」；楚國以黃歇為令尹，封春申君，食十二縣民戶之租稅；齊國孟嘗君「封萬戶於薛」；秦國「封（商）鞅為列侯，號商君」。終戰國之世，獲得封地的列侯數量超過百個。

管仲輔佐齊桓公之時告誡國君「毋予人以壤」，一旦「弟兄十人，分國為十；兄弟五人，分國為五」地分封下去，必致「伏屍滿衍，兵決而無止」（《管子·山至數》）。斯人已逝，東帝不再，事到如今，只能期待西帝秦國出來重建天下了。

1. 郡縣制的實行

郡縣的出現，在時間上與封建制的崩壞大約同時，也是春秋時期，最初是因為領土的擴張。魯莊公七至十二年（前 687—前 682），楚文王滅申、息以設縣，其後，楚每滅一國，多建縣制，它是直屬楚王的地方行政機構，不是卿大夫的封地。晉國設縣略晚於楚，也是因為擴張領土而設，縣長官稱「大夫」，如晉文公圍原，原降，以「趙衰為原大夫」；晉襄公敗狄於箕，獲白狄子，賜薦郤缺的胥臣以「先茅之縣」；趙簡子進攻鄭軍之前，誓曰「克敵者，上大夫受縣，下大夫受郡，士田十萬，庶人工商遂，人臣隸圉免」①。

錢穆先生在《國史大綱》中總結道：內廢公族，外務兼併，為封建制破壞、郡縣制推行之兩因。而無論是內廢公族，還是外務兼併，所反映的正是戰國時期列強爭奪天下的霸政之大勢，當時的秦國則是霸政大勢的頭號引領者。秦孝公十二年（前 350），商鞅變法，「併諸小鄉聚，集為大縣，縣一令，四十一縣」。

雖然郡縣制是天下政治的勢所必然，但正如柳宗元所言，它也需要有好的政治予以支撐，一旦像秦朝那樣「失在於政」，郡縣制也救不了，更何況郡縣制並非沒有弊病。

秦朝之後，封建制在歷史上又有過多次回潮，如秦楚之際項羽大分封、西漢初先封異姓王後封同姓王、西晉的眾建親戚、明太祖封子姪三十九人並授塞王以重兵等。從漢代到清代，士大夫們一直都在討論郡縣與封建兩者各自的利弊。

---

① 參見馮天瑜：《「封建」考論》，湖北人民出版社，2018 年，第 34 頁。

大體上，秦漢以後，以郡縣制為基礎的中央集權是一個逐步強化的趨勢。但每一個新朝代建立之初，出於「廣樹藩屏，崇固維城」的目的，仍對皇親國戚和功臣宿將封侯賜土。最後形成了一個折中的方案，就是明令王侯們「食祿而不治事」，即只在封地徵收財賦，而沒有政治治理權，行政管理由朝廷派遣的流官執行，如《續文獻通考‧封建考》所說：列爵而不臨民，分土而不任事。中唐以降，除了明初之外，多數情況下就是這種「封而不建」的狀態 ①。

明朝初期和清朝初期兩次打破慣例的「實封」，都為日後的藩王反叛埋下了禍根。明朝建文帝年間，燕王朱棣發動「靖難之役」，奪了侄兒的皇位，是為明成祖永樂帝；成祖的第二子、漢王朱高煦於宣德元年（1426）叛亂，事後被廢為庶人；正德年間又發生了寧王朱宸濠的叛亂。鑑於這些藩王作亂的歷史教訓，此後的朝代不得不在「封藩」之後又「削藩」。以藩王身份反對建文帝削藩的朱棣，登上皇位之後，第一件事就是實行削藩。清朝入主中原，實封明朝降將吳三桂等人為王，康熙實行削藩，引發「三藩之亂」，平定之後，用布政使制度取而代之。明、清兩代還實行「改土歸流」，在西南邊省地區廢除世襲土司，設置府、廳、州、縣，任命臨時的流官治理，將中原的郡縣制擴大到邊疆。

2. 兩種制度的利弊之辯

郡縣制區別於封建制之處，第一，地方官吏均由中央政府任

---

① 參見馮天瑜：《「封建」考論》，湖北人民出版社，2018 年，第 92 頁。

免，升降去留全憑朝廷政令，任賢不任親，脫離了血緣親族的羈絆。第二，郡縣制下兵、民分治，軍、政分職，如「兵符契合制」等，防範了諸侯割據，武人坐大。第三，朝廷設監察官，如秦代由御史大夫向各郡派「監御史」，明代用宦官為「監軍」，負責監察地方政府官員和掌軍將帥的行為，隨時向上報告。這是公天下的應有之義，其深層的歷史背景，就是天下型定居文明的不斷發展和擴大。柳宗元《封建論》中指出的「勢之趨」「公之大」這兩個關鍵點，非常正確，尤其是點破了天下政治中公與私的關係。以他的這個名篇為起點，後人的討論普遍上了一個台階。蘇東坡在《東坡志林‧秦廢封建》中稱：

宗元之論出，而諸子之論廢矣，雖聖人復起，不能易也。故吾取其說而附益之，曰：凡有血氣必爭，爭必以利，利莫大於封建。封建者，爭之端而亂之始也。……近世無復封建，則此禍幾絕。仁人君子，忍復開之歟？故吾以李斯、始皇之言，柳宗元之論，當為萬世法也。

王夫之在《讀通鑑論》卷一《秦始皇》中寫道：

郡縣之制，垂二千年而弗能改矣，合古今上下皆安之，勢之所趨，豈非理而能然哉！……秦以私天下之心而罷侯置守，而天假其私以行其大公，存乎神者之不測，有如是夫！

晚清時期的魏源在《默觚下‧治篇九》中寫道：

柳子非封建，三代私而後代公也；世族變為貢舉，與封建之變為郡縣何異？三代用人，世族之弊，貴以襲貴，賤以襲賤，與封建並起於上古，皆不公之大者。……而封建不變，則世族亦不能變。

郡縣制的弊病，是隨着大一統天下範圍的擴大而逐漸出現的。西漢自景帝、武帝直到東漢，封建再未回潮，尺土一民，皆統於中央，諸封王只是食邑而已。曹魏大體上承襲秦制，虛封而不實封，《三國志・魏書・武文世王公傳》稱：「魏氏王公，既徒有國土之名，而無社稷之實。」但曹冏卻撰《六代論》，批評朝廷「尊尊之法雖明，親親之道未備」，致使「宗室竄於閭閻，不聞邦國之政。權均匹夫，勢齊凡庶」，擔心「一旦疆場稱警，關門反拒，股肱不扶，胸心無衛」。他認為秦朝的郡縣制是「棄禮樂之教，任苛刻之政。子弟無尺寸之封，功臣無立錐之地，內無宗子以自毗輔，外無諸侯以為藩衛」。文章追述周以下六代的經驗教訓，稱周祚長，因有封建；秦速亡，由於廢封建；西漢封建，故諸呂不能成事。

西晉吸取曹魏因孤立無援而亡的教訓，重新實行封建。晉惠帝立後，諸王或鎮雄藩，或專朝政。陸機撰《五等論》，批評郡縣制「夫進取之情銳，而安民之譽遲，是故侵百姓以利己者，在位所不憚；損實事以養名者，官長所夙慕也。君無卒歲之圖，臣挾一時之志」。同時稱讚封建制「知國為己土，眾皆我民；民安，己受其利；國傷，家嬰其病。故前人欲以垂後，後嗣思其堂構，為上無苟且之心，群下知膠固之義」。

然而，即便有曹冏、陸機等人針對郡縣制看似雄辯的批評，但他們的意見卻沒有成為主流。

唐太宗貞觀十一年（637），令諸功臣世襲刺史，長孫無忌等十四人辭曰：「違時易務，曲樹私恩，謀及庶僚，義非僉允。方招史冊之誚，有紊聖代之綱。」（《舊唐書·長孫無忌傳》）此後所封諸王不出閣，聚居京師，有名號，無國邑，空樹官僚而無涖事，爵僅及身而止，僅衣稅食租。明朝中後期，仍是分封而不賜土，列爵而不臨民，食祿而不治事。

明代中期以後，中央集權的郡縣制已成為國家牢不可破的政體，恢復封建制再無可能，所以，全部政治弊端乃至政治危機就只能歸咎於當時的這一種政治制度。在這個背景下，封建制與郡縣制的利弊之辯再次興起。

顧炎武在《郡縣論》中認為明代守令無所作為，主要原因在於君主集權：「今之君人者，盡四海之內為我郡縣，猶不足也。人人而疑之，事事而制之。」繼承了東林黨人「冷風熱血，滌蕩乾坤」理想的黃宗羲，將矛頭直指君權獨攬，他在《明夷待訪錄·原君》中說：君主得天下則「敲剝天下之骨髓，離散天下之子女，以奉我一人之淫樂，視為當然，曰『此我產業之花息也』。然則為天下之大害者，君而已矣」。關於封建制的好處，黃宗羲繼承了曹冏和陸機的論點：「自三代以後，亂天下者無如夷狄矣，遂以為五德診眚之運。然以余觀之，則是廢封建之罪也。……若封建之時，兵民不分，君之視民猶子弟，民之視君猶父母，無事則耕，有事則戰。」兩種制度對比起來，「封建之弊，強弱吞併，天子之政教有所不加。郡縣之弊，疆場之害苦無已時」[1]。

---

[1] 參見馮天瑜：《「封建」考論》，湖北人民出版社，2018年，第68—69頁。

關於郡縣制，顧炎武認為：「方今郡縣之弊已極，而無聖人出焉，尚一一仍其故事，此民生之所以日貧，中國之所以日弱而益趨於亂也。」他指出，君主集權的弊端在於「盡天下一切之權，而收之在上」，而封建制的周天子遠沒有如此集權，所以「不敢肆於民上以自尊，……不敢厚取於民以自奉」。在比較「封建」與「郡縣」兩制之後，他提出了這一著名論斷：「封建之失，其專在下；郡縣之失，其專在上。」而明清時的主要問題是「其專在上」，因此他主張：

　　尊令長之秩，而予之以生財治人之權，罷監司之任，設世官之獎，行辟屬之法，所謂寓封建之意於郡縣之中，而二千年以來之敝，可以復振。[①]

　　在中國兩千多年的歷史中，文人士大夫們一直將郡縣和封建當作邏輯上的一個對偶概念而反覆爭辯，其中的原因很多，而且不同朝代和不同時期有不同的時代背景；但由於這一對概念還關聯着公與私、義與利、華夏與夷狄等傳統政治哲學中的對偶概念，所以週期性地開展一波熱議並不奇怪。楊聯陞先生在《國史探微》一書中寫道：

　　在傳統中國學者的心目中，這兩種制度是完全對立的。因此他們往往不考慮到任何定義問題而熱烈討論它們的利弊。事實上，我

---

① 〔清〕顧炎武：《郡縣論一》，見《顧亭林詩文集・亭林文集》卷一，中華書局，1983 年，第 12 頁。

們無需把這兩種制度看成是兩種互不相容的政府組織形式。從整個政治制度史來看，我們發現如果把這兩種傳統的政治形式當作是具有極為寬廣的光系的兩極的話，似乎更有意義。

他認為，中國的傳統王朝一直存在着兩種制度，漢代實行郡國並行制，魏晉時期郡縣與封建共存，而唐代的羈縻府州也是一種地方的分權組織，明代對宗室的分封更是成為整個國家的負擔。這裡貫穿的是一個問題：

從封建制度與郡縣制度的對立中可以明顯地看到中央集權的難題。當然要使一個社會的向心力與離心力達到一種完全令人滿意的平衡也是相當困難的。①

確切地說，對於廣土巨族的天下國家，對於天下型定居文明，任何單一的治理模式都會面臨類似的問題。楊聯陞先生所想像的中國政治制度「極為寬廣的光系」應該是存在的，郡縣制和封建制無非是這個寬廣光系中的兩個極端形式。兩千年來，隨着天下型定居文明的成長和發展，這兩種形式也在不斷地糅合、衝撞、搏成，並無一定之規。總的來看，可以理解為是天下型定居文明的一種自我鍛造。

---

① 楊聯陞：《國史探微》，遼寧教育出版社，1998 年，第 96 頁。

二、事業與商業

與郡縣制和封建制的複雜關係類似，中國歷史上還存在着事業與商業之間的這一對衝突。正因為中國是天下國家，政府與工商業之間，或官僚集團與商人集團之間，才出現了複雜難解的關係。

1. 問題從商周之變開始

很多人忽略了一個史實，今天漢語中的商人、商業、商品、商旅這些詞當中的「商」字，就來源於商朝[①]。也就是說，武王滅商之後，殷遺民作為一個氏族整體，在失去了貴族地位和王畿土地之後，與「行商坐賈」這個職業聯繫起來，成了專門從事商業的奴隸，於是發生了氏族名和職業名的重合。

在古代世界，一個氏族或部落集體從事某一個職業是普遍現象。印度種姓制度就起源於雅利安人入侵之後全社會的階級分層和職業分工[②]。但為甚麼殷商遺民會成為商業奴隸而不是其他職業的奴隸？這個問題要從兩方面看。

第一，在殷人方面，殷商貴族原本就是一種「自然狀態」的貴族，既從事軍事征伐，也從事長途貿易，與前現代的歐洲貴族很像，貿易與掠奪不分。開國時期，湯採用伊尹的策略，通過用自己部落的「文繡纂組」交換夏人的糧食，利用貿易戰削弱了夏的力量。商朝建立後，商貿很發達，曾出現過長期繁榮，城邑裡有常設

[①] 參見吳慧：《商業史話》，社會科學文獻出版社，2011 年，第 12 頁。
[②] 參見〔英〕伍德著，廖素珊譯：《印度的故事》，浙江大學出版社，2012 年，第 44—45 頁。

的「市」，市內有各種「肆」，貨幣也大量出現。甲骨文裡有很多從「貝」的字，並出現「易貝」「取貝」「得貝」「朋來」「喪貝」「朋亡」（十「貝」為一「朋」）等表示貨幣往來的用語。而與錢財和交換有關的漢字，很多都是「貝」字旁，如買、賣、貴、賤、贏、負、賺、賠、資、財、貨、賬等，即源於商代用海貝做貨幣的事實。後人所說的「殷人貴富」是有根據的，在《商書·伊尹朝獻》中，就記錄了當時來自遠方各地的珍貴物產。

第二，在周人方面，「小邦周」推翻了「大邑商」之後，並沒有簡單換代成為「大邑周」，而是非常進取甚至超前地建立起「天下宗周」大一統，一個範圍廣闊、「協和萬邦」的天下國家。這很偉大，因為建立和管理一個天下國家，不是一般的建國和治國，而是平天下，本質上就是在當時有限的地域內，越過諸侯層次的國家政治，而直接建立一種「世界性」的政治秩序[1]。

《尚書》中的三篇文誥反映了周朝統治者矢志於「德治天下」的開闊氣象。在《康誥》中，周公要求同姓諸侯們「弘於天，若德裕乃身，不廢在王命！」「汝惟小子，乃服惟弘王，應保殷民，亦惟助王宅天命，作新民。」這意味着甚麼呢？意味着新王朝的統治者們集體轉型成為了一種心懷天下的「事業型」貴族，格局升級，視野擴大，從此遠離俗事，不再直接涉足唯利是圖的商業。

武庚之亂被平定後，殷商遺民地位更低，被勸導「肇牽車牛，遠服賈用」（《尚書·酒誥》），淪為專門從事商業的職業奴隸。從此，由官府管理工商業的「工商食官」制度出現了。商業被列為「九

---

[1] 參見趙汀陽：《天下的當代性：世界秩序的實踐與想像》，中信出版社，2016年，第52頁。

職」之一，由商族奴隸具體從事，「凡民自七尺以上屬諸三官，農攻粟，工攻器，賈攻貨」，由官府設賈正、工正進行監督管理，按人戶編制，世代為奴，不准遷徙改業。周族貴族們與奴隸們嚴格分開，購買東西只能通過手下僕役去辦理，「士大夫不雜於工商」[1]。

中華天下國家獨特的政商關係自此濫觴：貴族官府從事着高尚的平天下事業，奴隸商賈從事着低賤的商業，從此上下兩隔，三千年不曾翻轉。「官工商」「官山海」「官鹽鐵」等政策相繼出現，意味着官府對於商業不容置疑且為所欲為的管制，商朝以前那種自然狀態的商業，從此被人為設計的天下國家制度永久框定在了一個固定的地位上。

2. 利弊總盤點

西方學者不解何為天下國家、何為天下型經濟體，自然也看不懂商周之變的本質與中華獨特的政商關係；即使是研究中國問題的大學者，也難免迷惑。費正清問道：

在中國歷史上，美國人迫切想得出答案的一個問題是，為甚麼中國的商人階級不能衝破對官場的依賴，以產生一股獨立的創業力量呢？[2]

問題本身已經包含了判斷：中國歷史上這種政府高高在上、商

---

[1] 參見吳慧：《商業史話》，社會科學文獻出版社，2011 年，第 14 頁。

[2] 〔美〕費正清著，張理京譯：《美國與中國》（第四版），世界知識出版社，2001 年，第 46 頁。

人低低在下的關係，完全是弊端。費爾南・布羅代爾也說：中國社會，政府的權力太大了，使富有的非統治者不能享有任何真正的安全。他們對任意徵收的恐懼始終揮之不去。

很多中國學者也持類似看法。中國歷史學者王亞南、傅衣凌早在 20 世紀 40 年代就提出：「秦漢以後的歷代中國商人都把鑽營附庸政治權力作為自己存身和發財的門徑。」王毅在《中國皇權制度研究》一書中寫道：「託庇於官僚政治之下，是制度環境對於中國商人生存出路的根本性規定。」①

即使是發現了「中國大歷史」規律的黃仁宇也不能免俗，他在與李約瑟合寫的《中國社會的特質 —— 一個技術層面的詮釋》一文中寫道：

中國從來就沒有嘗試過讓社會經濟群體作為「社會階層」進入政府。實際上，傳統中國的政府運作，跟詹姆士・哈林頓在《大洋國》裡所擬定的原則總是相反的。傳統中國正是通過將主要經濟群體逼向死角，以展示自己的力量。一旦私人團體能夠將它們的經濟實力轉化為政治權力，那麼這個政府離崩潰也不遠了。②

中國歷史上工商業發展備受壓制，商人不得不依附於官僚，從未成為獨立的力量，這一特殊現象就應該歸罪於統治者的狹隘和自私，而且也應被視為中國社會的一大弊病和近代以後落後於西方的

① 轉引自吳曉波：《浩蕩兩千年：中國企業公元前 7 世紀—1869 年》之「前言」部分，中信出版社，2012 年，第 16 頁。
② 〔美〕黃仁宇：《現代中國的歷程》，中華書局，2011 年，第 11 頁。

一大原因，在大多數中外學者當中，這幾乎成了一個定論。近年來關於「國進民退」的爭論，關於政府在市場中的作用的爭論，關於國家產業政策的爭論，也大都以此作為前提。

此定論表面上看似合乎道理，但實際上犯了一個基本的前提錯誤：中國不是普通國家，而是天下國家；不是列國型經濟體，而是天下型經濟體；中國政府不是守夜人政府，而是懷抱平天下理想的「官僚—士人聯合體」。

中國人對政治統一的那種永恆追求，對於研究中國問題的西方學者來說，是個難以理解的巨大難題。秦始皇吞併六國完成天下一統，漢高祖以一介白徒全取天下且漢承秦制，隋文帝在歷經四百年軍閥割據之後通過篡位成功恢復統一，滿族入主中原而完成了草原與中原的大一統。歷朝歷代的統治者無不對「大一統」持之以恆地「不忘初心」。基辛格《論中國》一書在提到孫中山將臨時大總統職位讓給袁世凱時寫道：

> 然而，冥冥中似乎有一條法則，注定帝國必須統一，孫中山只當了 3 個月的臨時大總統就讓位給了袁世凱 —— 一個掌握唯一一支能統一中國的軍隊的統帥。①

這其實就是天下國家和天下型經濟體獨特政商關係的另一面。經濟學家們不使用天下型經濟體這個概念，不把朝貢體系視為正常的國際貿易；但他們都會認為，中國自古以來的巨大統一市場為中

---

① 〔美〕基辛格著，胡利平等譯：《論中國》，中信出版社，2012 年，第 80 頁。

國的長期經濟繁榮和經常是世界第一的經濟總量提供了最大保障。

即使只看到巨大的統一市場這一面，也必須要問一問：這個得天獨厚的經濟發展條件，又是如何創造出來的呢？是天然具備的嗎？歷史上有過不少四分五裂和兵荒馬亂的時期——秦末亂世、五胡十六國、唐末五代十國，包括元初和元末的中央政權真空時期，有人會問這些時期是人民的好光景嗎？是經濟發展的好時期嗎？那些大崩潰性質的黑暗時期，到底是如何結束的？又是如何重建了統一、恢復了和平呢？

關於中國這個天下國家，首先應有一個基本的事實判斷：從週期性的四分五裂中一次又一次地重新統一，在分裂與統一的循環中一次又一次地擴大版圖和人口規模，這個持續數千年一以貫之的事業，正是由一以貫之地追求平天下理想的「官僚─士人聯合體」所主導的；而重要的是，統一大業在經濟上的客觀效果，正是內含統一市場的天下型經濟體的重建。

當然，事情的另一面就是事業的壟斷性和商業的依附性。事實是：天下型經濟體並不是商人們開創的，而是政府打造的；被天下國家的制度固定在一個低下地位上的商人集團，並不與事業型的「官僚─士人聯合體」共享同一個遠大抱負，也不屬於天下一統事業的主要力量，而是只專注於商業和企業。由於天下一統事業過於宏大，不容挑戰，事業與商業之間實際上存在不可跨越的鴻溝，所以在中國歷史上，商人集團儘管有過強盛的時期，卻從未成為國家事務中的獨立部分，從未主導國家事務。

20 世紀 20 年代曾經創造過「柯立芝繁榮」的美國總統卡爾文‧柯立芝曾經有一句廣為流傳的「名言」：「美國人民的事業就

是商業。」（After all, the chief business of the American people is business.）這句話很適合美國，也適合大部分歐洲國家，甚至適合當代世界上大多數國家。事實上，所謂的重商主義一直就是很多國家的發家之道。在一個信奉「事業就是商業」「商業之外無事業」理念的國家中，商人階級不要說作為一個獨立的創業力量，就是作為一個獨立的政治勢力甚至控制整個國家的特殊勢力也毫無障礙。

從這個角度上看，中國從古至今巨大的統一市場和人口規模，與西方國家「事業就是商業」的商業立國傳統，兩者之間其實是魚和熊掌不可兼得的關係。歐洲不是不希望統一，而是分裂的力量遠大於統一的願望。沒有強大的中央政府，就沒有大型國家，沒有統一紅利；而商業立國的政府，源於城邦文明的傳統，不能為大型國家的長期統一提供保障，只有在配合帝國主義海外殖民征服政策時才有可能建立基於殖民地的統一市場。這兩個基本的歷史事實不能被輕易忽視。

順便說一句，當年大英帝國所建立起來的那個巨大的海內外統一市場，也是英國政府通過戰爭打造出來的。

3. 幾種變異的情況

歷史上的中國並非總是天下國家，甚至在大部分時間裡，平天下也只停留在理想當中。在「禮崩樂壞」的時期、四分五裂的時期、休養生息的時期、夷狄環伺的時期、天下將亡的時期，平天下的理想和事業就只能暫時擱置了。

在這些「弱事業」時期，天下國家也會退化成普通國家，政商

關係就會出現各種變異。而即使是在大一統得以實現的時期，政商關係也會因不同的階段、不同的地域和不同的統治者而呈現出不同的模式。這就是中國歷史上雖然以集權和抑商為主線，但也會此起彼伏地出現商業的膨脹，甚至出現商業立國、商業戰爭局面的原因。

例如在「周道衰微」之後的春秋戰國時期，由於各諸侯紛紛稱王稱霸，整個社會處在「禮崩樂壞」的「據亂世」，客觀上形成了一種返回商朝的復辟。大商人的地位甚至超過了官吏，「如賈三倍，君子是識」（《詩經·大雅·瞻卬》）。當時的齊國在「管仲相齊」的四十年裡，出現了難得一見的「國家重商主義」，不僅靠「輕重」之道以商業強國，還通過發動商戰來爭奪中原霸權。這是商業憑其本來的「自然狀態」重新發育，各種形態紛紛出現的時期，除管仲的「輕重法」之外，范蠡的「待乏術」、李悝的「平糴法」、白圭的「棄取術」，都是當時工商業繁榮的體現。

到了漢朝初期，由於戰亂剛剛平復，又恢復了分封制，天下國家的宏大事業暫時被擱置，朝廷「無為而治」，天下休養生息。所以，雖然也實行「賤商」「抑商」政策，「高祖乃令賈人不得衣絲乘車，重租稅以困辱之」（《史記·平準書》），但還是採取了一系列自由放任政策，開關梁，弛山澤之禁，除田租稅之半，允許民間自行鑄錢。其結果是，商業的「自然狀態」重新發育，「富商大賈周流天下，交易之物莫不通」（《史記·貨殖列傳》），景帝時期的「有市籍不得宦」的法律成了一紙空文，大商人「因其富厚，交通王侯」，「千里遊敖，冠蓋相望」。歷經「文景之治」，終於在開國七十年後，迎來了國強民富的盛世，《史記·平準書》記載：

國家無事，非遇水旱之災，民則人給家足，都鄙廩庾皆滿，而府庫餘貨財。京師之錢累巨萬，貫朽而不可校。太倉之粟陳陳相因，充溢露積於外，至腐敗不可食。眾庶街巷有馬，阡陌之間成群，而乘字牝者儐而不得聚會。

戰國和漢初的商業繁榮，說明當天下型經濟體成型之後，古代中國的經濟增長常常是自動發生的。自古以來獨享的天下型定居文明，天然就蘊含優越的資源稟賦，天然就養育富於商業精神的人民，天然就創造天下型經濟體。定居文明中的人，與遊牧、遊商、遊盜民族大不一樣，大多數人都有勤勞致富的動機和本領，「富者，人之情性，所不學而俱欲者也」（《史記‧貨殖列傳》）。因此，只要「國家無事，非遇水旱之災」，一兩代人的光景，即可出現經濟繁榮。

但是，對於一個以平天下為永恆事業的天下國家，「國家無事」的時候不多。首先，天下國家的集權與抑商是同一個事業的兩面，因此對於商業的「自然狀態」發展總是有容忍限度的。社會兩極分化一旦到了「富者田連阡陌，貧者亡立錐之地」的地步，富人地位上升一旦到了「封君皆低首仰給」（《史記‧平準書》）的地步，政商關係一旦到了「貴人之家……攘公法，申私利，跨山澤，擅官市，……執國家之柄，以行海內」（《鹽鐵論‧刺權》）的地步，國家的干預就必然發生，「無為」必然要轉入「有為」。

再者，即使不是因為商人分權而引發國家出手抑商，天下國家也會因為別的事業直接或間接打擊工商業。漢武帝劉徹登基後，「外事四夷，內興功利，役費並興」，「兵連而不解，天下共其勞」，

為了解決中央財政「用度不足」的問題，開始推行一系列強硬的國家專營政策。首先是鹽鐵專賣，一舉數得，「令意總一鹽鐵，非獨為利入也，將以建本抑末，離朋黨，禁淫侈，絕併兼之路也」（《鹽鐵論・復古》）。而桑弘羊的「均輸」和「平準」兩項政策，前者是商品流通上的統購統銷，後者是商品市場上的物價管制，「萬物不得騰踊」，同樣成效顯著，中央財政收入大增，「民不益賦而天下用饒」。但是，與此同時，「商賈無所貿利」（《鹽鐵論・本議》）。最要命的是，一旦黷武與抑商同時成為國之大事，商人們的集體末日就到來了，隨着強硬的「算緡令」和後續的「告緡令」相繼推出，終於「商賈中家以上大率破」（《史記・平準書》）。

漢武帝對於自己的是非功過也有所反省，他曾對大將軍衛青說：「漢家庶事草創，加四夷侵陵中國，朕不變更制度，後世無法；不出師征伐，天下不安；為此者不得不勞民。若後世又如朕所為，是襲亡秦之跡也。」（《資治通鑑》卷二二，漢武帝徵和二年）這說明此一時彼一時，武帝「強事業」路線的正面效果，到宣帝時期充分體現出來，「漢秉威信，總率萬國，日月所照，皆為臣妾」（《後漢書・南匈奴列傳》）。此後越兩千年，中原定居文明在這個時期擁有的壓倒性強勢，再也沒有出現過。

當代學者們從商業發展的角度審視中國歷史，往往將商業興衰的原因簡單歸結為制度或文化的好壞對錯，而少有在天下國家、天下型經濟體以及文明史的尺度中綜合考察。漢武帝時期，民間工商業的確遭遇過毀滅性打擊，但此後相當長的時期中國都享有一個比之前規模更大的天下型經濟體。若拋開王朝循環的表象，僅關注秦漢以後兩千年來中華定居文明圈和統一市場的大小變化，就會發現

每一次大一統的重建，實際上也是天下型經濟體規模的擴大。隋唐和元明清的幾次大一統都是如此。

值得一提的是，在中華政商關係中，有一種最特殊的情況，就是政府的事業中包括了商業發展的內容，政商兩方面的目標在客觀上保持了一致，並有互相促進的效果。例如兩宋時期，由於當時宋朝所統一的天下是一個被壓縮了的「小天下」，北面是遼，西面是西夏和吐蕃諸部，西南是大理國，從「大天下」的角度看，相當於一個割據局面。所以會出現與春秋時期管仲改革類似的范仲淹改革和王安石變法，即以富國強兵而不以平天下為目標。王安石變法，貫徹「當今理財最為急務，養兵備邊，府庫不可不豐」的方針，「方田均稅」「青苗」「募役」「市易」「免行」「均輸」等政策都圍繞理財展開，前三條針對農業，後三條針對工商業。就是説，當國家本身相對弱小，而且處在強敵環伺的「環境」中時，事業的目標會大大降低，就可能會退到與商業目標重合的位置上。而事實上，宋代的經濟發展是中國歷史上的一個高峰，很多學者相信，當時中國的GDP 位列世界第一。

三、打天下與坐天下

唐朝的吳兢在《貞觀政要·君道》中記載：

貞觀十年，太宗謂侍臣曰：「帝王之業，草創與守成孰難？」尚書左僕射房玄齡對曰：「天地草昧，群雄競起，攻破乃降，戰勝

乃克。由此言之，草創為難。」魏徵對曰：「帝王之起，必承衰亂，覆彼昏狡，百姓樂推，四海歸命，天授人與，乃不為難。然既得之後，志趣驕逸，百姓欲靜而徭役不休，百姓凋殘而侈務不息，國之衰弊，恆由此起。以斯而言，守成則難。」太宗曰：「玄齡昔從我定天下，備嘗艱苦，出萬死而遇一生，所以見草創之難也。魏徵與我安天下，慮生驕逸之端，必踐危亡之地，所以見守成之難也。今草創之難既已往矣，守成之難者，當思與公等慎之。」

這是關於打天下與坐天下問題的經典對話。唐朝之後，再次面臨打天下和坐天下這個天下政治第一困局的是蒙古人。

1215 年，成吉思汗的蒙古大軍攻佔了金朝的中都，也就是今天的北京。此前，蒙古人已經接受了金朝的臣服和納貢，但最終他們還是在劫掠了所有的財物之後，徹底毀滅了這座城市。雖然成吉思汗的繼任者們逐步懂得了如何統治和管理中原的定居社會和城市，但在當時，蒙古人對於這些繁華的城市卻完全不知所措。同一年，蒙古大將木華黎用了短短一個秋天即在金國土地上「取城邑凡八百六十有二」（《元史·太祖本紀》），但最後或者屠城，或者丟棄。

蒙古人自己沒有城市，有時會仿照城市的模樣將氈帳圍成一個圓形。但是，他們在定居民族土地上攻城拔寨的速度奇快，每次進攻一個城市，蒙古人首先會清除四周所有的鄉村，一方面將這些成為俘虜的當地農民用作攻城的前鋒，一方面通過斷絕城市的供給線困死城中的居民。既然城市和周圍四域的農村對於蒙古人來說都是不可理解也是不需要的，那麼連同建築物和人口一起消失，變成平

地或牧場，對他們來說就是最好的結果。傑克·威澤弗德寫道：

> 於蒙古人而言，農田就是草地，就是花園，農民就像是放牧着的動物，而不是食肉的真正人類。蒙古人用指稱牛羊的相同詞彙，來指稱這些吃草的人。眾多的農民就如同是許多的牧群，而當士兵把他們圍捕起來或趕走他們的時候，士兵們也會使用圍捕氂牛一樣的詞彙與情感，來圍捕農民。[1]

1215 年的亞洲大陸，除蒙古人的成吉思汗帝國之外，中國北方是女真人建立的金朝，中國南方是中原漢人退守南方後以杭州為都城建立的南宋，西北部的甘肅和內蒙古西部等地是西夏國的領地，塔里木河西北居住着回鶻人，楚河一帶由喀喇契丹帝國統治，整個伊朗由花剌子模的蘇丹統治，塞爾柱蘇丹們則瓜分了亞洲剩下的地區。

雖然此時距離最早的定居社會出現已經過去一萬多年了，距離中華文明起源時期也已經過去數千年了，但由於在地理上遙遠的相互隔離，13 世紀的這幾個社會仍然各自保持在從文明初期就開始分岔的演化軌道上。

而蒙古大軍在中原大地上的出現，讓文明演化的問題再次複雜化了。這個時期的南宋，程朱理學正盛。二程說：「父子君臣，天下之定理，無所逃於天地之間。」（《二程集·河南程氏遺書》卷五）「大綱不正，萬目即紊。」「名分正則天下定。」朱熹說：「綱常千

---

[1] 〔美〕傑克·威澤弗德著，溫海清、姚建根譯：《成吉思汗與今日世界之形成》，重慶出版社，2017 年，第 178 頁。

萬年磨滅不得，只是盛衰消長之勢，自不可已，盛了又衰，衰了又盛，其勢如此。」（《朱子語類‧論語六‧為政篇下》）

　　二程和朱熹都沒看到南宋滅亡。但即使是北宋，在當時也是個收縮的、偏安的「小天下」。南宋更是退到了淮河，連華夏族發祥地中原都丟了，「登臨莫向高台望，煙樹中原正渺茫」（〔南宋〕柴望：《越王勾踐墓》），與秦漢和隋唐時期的「大天下」早已不可相提並論了。設身處地為當時的士大夫們想想，家國天下破碎如此，大綱名分紊亂如此，還在繼續堅持「天下之定理」「綱常千萬年」毫不動搖，真是不容易。這至少說明兩點：一、無論「大天下」還是「小天下」，只要定居農耕文明還在延續，中華政治中的正統觀念就不會動搖；二、只要是中華定居農耕文明中人，對於自身文明的信仰就永遠堅定。

　　甚麼是正統？歐陽修說，「王者，所以一民而臨天下」。意思是：天下是地緣概念，不是血緣概念，民是天下人的概念，不是某一族的概念。所以，王者是華夏人還是蠻夷戎狄，並不重要，王者是正還是篡，也不重要，唯一重要的，是能夠「合天下於一」。堯舜夏商周秦漢唐，屬於居天下之正，合天下於一，這固然好；可是，如晉、隋，王者不得其正，但在亂世裡奮力而起，有功有德，最終也合天下於一，所以也算是正統。

　　「大天下」時期，「合天下於一」是完成時，王者已成正統；「小天下」時期，「合天下於一」是進行時，王者還未真正產生。按中華正統政治觀念，統一天下就是功德，合天下於一者即是王者。

　　在當時的世界，這就意味着，即使中原定居農耕社會已經幾千年了，而蒙古部落不過是公元 9 世紀才從那個有幾條河流貫穿被

稱為「蒙古地方」的位置出現；即使堯都古城建於 4000 年前，良渚古城建於 5000 年前，而當時蒙古人連一個真正的城市也沒建設過；即使代表文明發達程度的各種東西如典章文物、禮器樂器、文學藝術、飲食服飾等，蒙古人都比中原落後不少；但是，當他們代表了從未在文明歷史中缺席的遊居社會的新一代，代表了有史以來最具有戰鬥力的騎馬民族，他們就當仁不讓地以更加強勢的介入回到了文明演化的主流中來了。

1233 年，蒙古大將速不台圍攻金朝的汴京數月之後，金朝守將崔立投降。按照蒙古的軍事傳統，凡出現頑強抵抗的，必以屠城相報。眼見 18 年前金朝中都毀滅的歷史就要重演，卻出現了里程碑式的轉折。此時的蒙古國大汗窩闊台（廟號太宗），聽從了中書令耶律楚材的勸告，下詔給速不台等前方將領「除完顏氏一族外，餘皆原免」（〔元〕蘇天爵：《元朝名臣事略‧中書耶律文正王》），城中百四十七萬戶得以生還。

打天下與坐天下這兩種思想觀念和兩種實際政策的碰撞再一次發生。

耶律楚材是接受過完整儒學文化教育的契丹貴族子弟，也是金朝的舊官僚尚書右丞。這個特殊身世背景使他在輔佐蒙古太祖和太宗兩朝君主的三十多年中，正好起到了將草原蠻族的打天下模式扭轉到中原文明的坐天下模式上來的歷史性作用。

一個先後服務過女真人和蒙古人的契丹人，來解讀中原漢人的儒學經典，反而比南宋的漢族士大夫們還要深刻一些。兩者的區別在於：後者思想中的「民」主要意味着「民生」，而前者思想中的「民」則更多地意味着「民力」；後者勸導君王實行仁政，主要是為

了「平天下」，前者勸導君王實行仁政，更多是為了「生賦稅」；後者將「天下大同」理解為以中原定居農耕的文化為中心，對四周蠻夷戎狄的同化，所謂「觀乎人文，以化成天下」，前者將「天下大同」理解為以草原騎馬民族的武力為依託，將所有民族納入帝國治理，所謂「威德洋洋震天下，大功不宰方為功」（《全元詩‧用前韻送王君玉西征二首（其一）》）。

中原民族敬老愛幼，因為這是有利於定居社會人口繁衍的道德；草原民族「貴少壯，賤老幼」，中原人認為不道德，但其實是有利於保持遊居社會整體機動性的道德。中原民族男女有別、非禮勿視，因為這是有利於定居社會穩定的道德；草原民族「妻後母，報寡嫂」，中原人認為不道德，但其實是有利於保持遊居社會人口規模的道德。其他方面，如崇文與尚武之別、好仁與重義之別等等，也都是對立的道德。

若不能看到這一點，程朱理學就走不出南宋，在境界和格局上，反倒不如被耶律楚材所改造的一種草原化的或者稱為帝國化的新儒學。

耶律楚材勸告窩闊台不要屠城汴京，理由是：「將士暴露數十年，所欲者土地人民耳。得地無民，將焉用之！」「奇巧之工，厚藏之家，皆萃於此，若盡殺之，將無所獲。」（《元史‧耶律楚材傳》）雖然這完全就是一種把土地人民當作貢賦來源的功利主義算計，與正統儒學宣揚的「仁政」思想相去甚遠，但是相較於整個城市和上百萬戶人民的毀滅，這個利益邏輯在道德上也是成立的。

不過，這也正說明了儒學強大的適應性。說忠孝、道中庸、與民言服從、與君言仁政，這一套既可以作為「道」來長久地支撐一

種天下學説，也可以作為「術」來方便地解決現實的國家治理問題。《元史‧耶律楚材傳》記載：

> 楚材又請遣人入城，求孔子後，得五十一代孫元措，奏襲封衍聖公，付以林廟地。命收太常禮樂生，及召名儒梁陟、王萬慶、趙著等，使直釋九經，進講東宮。又率大臣子孫，執經解義，俾知聖人之道。置編修所於燕京、經籍所於平陽，由是文治興焉。

蒙古人在其統治之下的中原地區重修孔廟，大興文治，而且在統治者集團內部宣講「聖人之道」，這在 13 世紀的世界，應該是絕無僅有的奇觀。因為這實際上意味着，中原定居農耕社會憑藉自身獨一無二的天下型經濟體規模，就將只懂得打天下的蒙古人扭轉到坐天下的統治模式上來了。換句話説，雖然草原蠻族是通過野蠻的方式進入中原定居文明的，但中原定居文明反過來又用創造和再生的方式融合了它。

除了中原天下型定居文明，歐亞大陸其他所有處在蒙古人攻擊範圍內的分散定居文明，絕無可能出現這種逆轉。城市被整個屠城、文明被徹底毀滅，是他們無法逃脱的命運。

歷史是這樣記錄當時的中亞和西亞的：1220 年 2 月，成吉思汗和幼子拖雷進攻布哈拉城，該城淪陷後，守城官兵無一人生還，那些企圖參加抵抗的居民也全部被處死。隨後，成吉思汗進入撒馬爾罕城，守軍和居民大部分被殺害，財寶也被搶劫一空。1221 年 4 月，術赤、察合台和窩闊台聯合通過引渡河水將花剌子模原都城玉龍傑赤全部淹沒。之後，哲別和速不台先後襲擊了尼沙普爾和圖

斯、達姆干、塞姆南、剌夷，並將大量男性居民屠殺，婦女兒童則擄為奴隸。同年在呼羅珊，成吉思汗派幼子拖雷進攻莫夫城，拖雷在莫夫城進行了一場大屠殺，除了 400 名工匠之外，剩下的居民被全部殺害，拖雷則坐在金椅上目睹了整個過程。主導尼沙普爾大屠殺的是脫合察的遺孀，他們將城中所有居民全部殺死，將他們的頭壘成金字塔，甚至城裡的貓狗等動物都沒能倖免。接着，拖雷又攻克了也里，除了開城門的百姓，其他人全部被屠殺。然後，成吉思汗、拖雷、察合台和窩闊台在塔里寒城會師，毀掉了塔里寒城。在圍攻巴米安的過程中，察合台之子木阿禿干戰死，巴米安被攻克後，就遭受到蒙古人瘋狂的報復，這裡的一切生物都遭受到野蠻的摧殘和屠殺……[1] 勒內・格魯塞繼續寫道：

　　東伊朗一直沒有從成吉思汗造成的破壞中恢復過來，即使過了幾百年，當地的一些城市也殘留着那個時代蒙古人的痕跡，經過 15 世紀的鐵穆耳文藝復興，這些痕跡也沒有被掩蓋。[2]

　　全真教第五代掌教丘處機來到撒馬爾罕覲見成吉思汗，完成「龍馬相會」，這是在 1222 年，沒能趕上用他「敬天愛民」的說教提前阻止成吉思汗的大屠殺。但這都是歷史中的偶然，東西兩個世界的兩種命運，究其根本，與其說是丘處機的道家思想和耶律楚材的儒家思想挽救了整個中原漢地，毋寧說是中原定居農耕社會的

---

[1] 參見〔法〕勒內・格魯塞著，劉霞譯：《草原帝國》，文化發展出版社，2018 年，第 126—128 頁。
[2] 同上，第 129 頁。

巨大規模挽救了自己。讓蒙古統治者看中的，還是中華這一世界上最大定居國、這一天下型經濟體無與倫比的生產能力和財富創造能力。

忽必烈於 1251 年在漠北開府金蓮川，先後羅致了海雲禪師（宋印簡）、劉秉忠、張文謙、張德輝、李冶、王鶚、趙璧等一批信佛崇儒的漢族士大夫，提出了「行漢法」的主張，欲「思大有為於天下」。這是在時隔 600 多年後向唐太宗守成坐天下的偉大業績致敬。受命主管漠南漢地後，實施招撫流亡、禁止妄殺、屯田積糧和整頓財政等政策。1260 年繼為蒙古大汗後，他進一步經略中原，「援唐宋之故典，參遼金之遺制」，「頒章服，舉朝儀，給俸祿，定官制」。1271 年，「蓋取《易經》『乾元』之義」，改「大蒙古」國號為「大元」，史稱元朝。

從打天下到坐天下跨度最大也最為艱難的一次轉化，至此完成。雖然算不上是隋唐的復活，但至少避免了五胡十六國的再現。

一個文明，圍繞着天下政治這個中心，展開了郡縣與封建、事業與商業、打天下與坐天下等多個方面的衝突與對抗，從自身的發展和演化角度看，是一種獨一無二的自我鍛造。

就像是冥冥之中有所安排，歷史留給中華文明足夠長的時間來進行自我鍛造，讓它可以憑藉其天下國家的偉力，應對終將會來臨的文明衝撞。

第五章

文明的衝撞

隋唐是秦漢的成功復活，在各主要文明的對比當中，這個復活的成功實際上是唯一的。西方的羅馬帝國和東正教的拜占庭帝國，都未能成功復活古希臘文化；而無論是神聖羅馬帝國還是自稱「第三羅馬」的俄羅斯帝國，也不是羅馬帝國的成功復活。

8 世紀的盛唐時期，中華定居農耕文明已經從四百年魏晉南北朝的民族大融合中完成了涅槃再生，看起來像是登上了這個文明歷史上一個新的高峰。《隋書‧食貨志》記載：

自魏、晉二十一帝，宋、齊十有五主，雖用度有眾寡，租賦有重輕，大抵不能傾人產業，道關政亂。隋文帝既平江表，天下大同，躬先儉約，以事府帑。開皇十七年，戶口滋盛，中外倉庫，無不盈積。所有贅給，不逾經費，京司帑屋既充，積於廊廡之下，高祖遂停此年正賦，以賜黎元。

經歷隋末的短暫動盪，初唐出現了貞觀大治。《唐會要‧雜錄》記載：

（貞觀）四年三月，諸蕃君長詣闕，請太宗為「天可汗」。乃下制，令後璽書賜西域北荒之君長，皆稱皇帝「天可汗」。諸蕃渠帥有死亡者，必下詔冊立其後嗣焉。統制四夷，自此始也。

中國加四夷，皇帝兼天可汗，大唐全盛時期的疆域超過了西漢。《新唐書‧地理志序》記載：太宗貞觀元年（627），併州郡為省，又因山川形便，分天下為十道：

一曰關內，二曰河南，三曰河東，四曰河北，五曰山南，六曰隴右，七曰淮南，八曰江南，九曰劍南，十曰嶺南。至十三年定簿，凡州府三百五十八，縣一千五百五十一。

李世民雄才偉略，平定了高昌之後，又增加了二州六縣；滅東突厥、俘虜了頡利可汗之後，疆域北逾陰山，西抵大漠。《新唐書‧地理志一》記載：

其地：東極海，西至焉耆，南盡林州南境，北接薛延陀界；東西九千五百一十一里，南北一萬六千九百一十八里。景雲二年，分天下郡縣，置二十四都督府以統之。

招降開置，聲教所暨，華夷如一：

突厥、回紇、党項、吐谷渾隸關內道者，為府二十九，州九十。突厥之別部及奚、契丹、靺鞨、降胡、高麗隸河北者，為府十四，州四十六。突厥、回紇、党項、吐谷渾之別部及龜茲、于闐、焉耆、疏勒、河西內屬諸胡、西域十六國隸隴右者，為府五十一，州百九十八。羌、蠻隸劍南者，為州二百六十一。蠻隸江南者，為州五十一，隸嶺南者，為州九十二。又有党項州二十四，不知其隸屬。大凡府州八百五十六，號為羈縻云。

到了 8 世紀的開元時期，烽燧不驚，華戎同軌，天下太平。《舊唐書‧玄宗本紀下》記載：

西蕃君長，越繩橋而競款玉關；北狄酋渠，捐蠡幕而爭趨雁塞。象郡、炎州之玩，雞林、鯷海之珍，莫不結轍於象胥，駢羅於典屬。膜拜丹墀之下，夷歌立仗之前，可謂冠帶百蠻，車書萬里。天子乃覽雲台之義，草泥金之札，然後封日觀，禪雲亭，訪道於穆清，怡神於玄牝，與民休息，比屋可封。於時垂髫之倪，皆知禮讓；戴白之老，不識兵戈。虜不敢乘月犯邊，士不敢彎弓報怨。「康哉」之頌，溢於八紘。所謂「世而後仁」，見於開元者矣。年逾三紀，可謂太平。

　　當時的北半球，沿北回歸線自東向西分別是唐朝中華、波羅王朝印度和囊括了波斯及北非的阿拉伯。這是三個帝國規模的大型定居農耕文明圈，並且分別與太平洋、印度洋和地中海相瀕臨。唐朝經歷了近三十年的「開元盛世」之後進入了中華文明的一個高峰期；印度次大陸自 8 世紀後期形成了波羅王朝、瞿折羅—普臘蒂哈臘王朝、羅濕陀羅拘陀王朝三足鼎立的局面，是伊斯蘭教傳入之前的一段黃金時期；8 世紀的阿拉伯帝國在先後經歷了倭馬亞王朝和阿拔斯王朝之後也進入了全盛時期。

　　由於中華大唐帝國和阿拉伯帝國都大大擴展了定居農耕文明的範圍，因此，定居農耕文明相對於遊牧文明在整體上的優勢已經形成。雖然幾個世紀後蒙古帝國的崛起證明歷史還有反覆，定居文明離取得最後的勝利還有一段漫長的道路要走，但是局面卻越來越明朗化。由於最終的決勝取決於哪一方率先將自己的力量擴展到海洋，相對於內亞草原的遊牧文明，南方定居文明對於海洋的駕馭無論在地緣上還是技術上都佔據很大優勢，更有可能發展成為海洋帝

國。根據歷史記載，宋代初期，朝廷就在廣州和杭州等多個沿海城市開設了市舶司，開展海外貿易。1987 年在廣東外海發現的「南海 I 號」沉船，就是宋代從中國前往東南亞或中東地區的遠洋貿易商船。北宋時期的呂昌明編制了實用的實測潮汐表《浙江潮候圖》，張君房發展了潮汐是月亮和太陽共同作用的結果這一潮汐成因理論[①]。

8 世紀的世界是一個光明的世界，沿北回歸線分佈的各個巨大的南方定居文明社會，處處是繁榮昌盛的景象，沒有任何理由用「黑暗的中世紀」來定義這個歷史階段。但是，今天如果問一般人對「中世紀」有何認識，因為受到西方世界歷史教科書的影響，他們一定會提到古怪的城堡、陰暗的修道院、身披甲胄的騎士、頂着圓錐形帽子的女人、貧窮骯髒的農夫……其實，這種回答就如同用今日非洲的形象來代替今日歐美的面貌一樣謬之千里。

彼得·弗蘭科潘在《絲綢之路：一部全新的世界史》一書中寫道：

在其巔峰期，巴格達是一座絢麗輝煌的城市。公園、市場、清真寺、公共浴室，還有學校、醫院和慈善機構，使這座城市成為「豪華鍍金裝飾的、懸掛着華麗掛毯和絲綢錦緞」的殿堂之都。客廳和迎賓室佈置得「輕盈雅趣。沙發精緻華麗，桌台昂貴無比，室內點綴着成色絕佳的中國花瓶和無數的金銀飾品」。底格里斯河順流而下，岸邊滿是宮殿、華亭和花園，都是貴族階層享受的場

---

① 參見白至德編著：《大動亂·中古時代·五代遼宋夏金（白壽彝學二十講）》，紅旗出版社，2017 年，第 193 頁。

所；「河面上有上千隻小船，個個插着小旗，躍動在河面上如陽光飛舞，將巴格達城內尋樂的人們從一個景點帶往另一個景點」。[1]

奢侈品潮水般地從國外湧來。中國陶瓷器的大批量進口，直接影響了當地同行業的設計及工藝風格：獨具特色的白釉唐碗成為當時的絕對潮流。……9世紀在印度尼西亞海岸沉沒的一艘海輪上竟運載着7萬多件瓷器，另有多種裝飾盒及銀器、金錠、鉛錠。這只是當時阿拔斯王朝大批進口瓷器、絲綢、熱帶硬木和奇異動物的冰山一角。此外，大量遭遺棄的貨物漂流到波斯灣各港口，政府必須雇用專人清理和運送從商船上掉落或被丟棄在港口的各種商品。[2]

當時，還沒有一個旅行家周遊過整個世界，當然也無法從整體上對比當時的文明社會與蠻族社會。但是，先後也有從中國出發和從阿拉伯出發的偉大旅行家或多或少地留下了他們的記錄。

唐朝人杜環，於玄宗天寶十載（751）在參加右羽林大將軍高仙芝的怛邏斯之戰後被大食軍俘虜。此後十多年，他一直遊歷於大食佔據的各地區，大體相當於今天的烏茲別克斯坦、哈薩克斯坦、吉爾吉斯斯坦、土庫曼斯坦、亞美尼亞、敍利亞、伊拉克、伊朗、埃及、摩洛哥等地。在他編寫的《經行記》中，記載了當時的阿拉伯大城市：

四方輻輳，萬貨豐賤，錦繡珠貝，滿於市肆，駝馬驢騾，

---

① 〔英〕彼得·弗蘭科潘著，邵旭東、孫芳譯，徐文堪審校：《絲綢之路：一部全新的世界史》，浙江大學出版社，2016年，第88頁。
② 同上，第82頁。

充於街巷，每至節日，將獻貴人，琉璃器皿，鍮石瓶鉢，蓋不可數算……

其士女環緯長大，衣裳鮮潔，容止閒麗，女子出門，必擁蔽其面，無問貴賤，一日五時禮天，食肉作齋，以殺生為功德；繫銀帶，佩銀刀，斷飲酒，禁音樂……①

更為著名的玄奘，於貞觀年間歷時十九年行走西域和印度，「親踐者一百一十國，傳聞者二十八國」②。在他回國後寫成的《大唐西域記》中，對於其他文明社會也多有讚美。如描寫烏鐸迦漢茶城「周二十餘里，南臨信度河。居人富樂，寶貨盈積，諸方珍異，多集於此」；屈支國「管弦伎樂，特善諸國」；瞿薩旦那國「國尚樂音，人好歌舞」；濫波國「國俗豐樂，人尚歌詠」。在描寫中印度地區時，書中寫道：

（語言文字）特為詳正，辭調和雅，與天同音，氣韻清亮，為人軌則。鄰境異國，習謬成訓，競趨澆俗，莫守淳風。③

古人大多質樸，基本不會因自我宣傳的需要而濫用虛浮矯飾之辭，這種描寫，反映的就是各文明社會之間的相互驚羨。

---

① 吳毅：《杜環〈經行記〉及其重要價值》，《西北大學學報（自然科學版）》2008 年 12 月，第 38 卷第 6 期，第 1030—1031 頁。
② 〔唐〕玄奘、辯機原著，季羨林等校注：《大唐西域記校注・序》，中華書局，2000 年，第 9 頁。
③ 〔唐〕玄奘、辯機原著，季羨林等校注：《大唐西域記校注》卷二《三國》，中華書局，2000 年，第 182 頁。

而對於文明社會之外的化外之地，玄奘通過佛教思想中「贍部洲」的「四主之地」做了區分和對比。在「南象主」「西寶主」「北馬主」和「東人主」中，「象主之國」「寶主之鄉」和「馬主之地」等都略顯野蠻：

> 故象主之國，躁烈篤學，特閑異術，服則橫巾右袒，首則中髻四垂，族類邑居，室宇重閣。寶主之鄉，無禮義，重財賄，短製左衽，斷髮長髭，有城郭之居，務殖貨之利。馬主之俗，天資獷暴，情忍殺戮，毳帳穹廬，鳥居逐牧。人主之地，風俗機惠，仁義昭明，冠帶右衽，車服有序，安土重遷，務資有類。[1]

各個國家的具體觀感，皆不出這個大的四分框架，如安呾羅縛國「人性獷暴，俗無綱紀，不知罪福，不尚習學」；尸棄尼國「風俗獷勇，忍於殺戮，務於盜竊，不知禮義，不識善惡」；屈浪拏國「俗無法度，人性鄙暴，多不營福」；商彌國「俗無禮義，智謀寡狹，伎能淺薄」；揭盤陁國「俗無禮義，人寡學藝」等等。[2]

中國自玄奘之後對西方的興趣，阿拉伯帝國以伊本·法德蘭使團和伊本·巴圖塔使團為代表的對東方的興趣，早晚會相遇，並發生全面的文明融合。事實上，文明的交流甚至藉助怛邏斯戰役而進行。在此戰中，被俘的幾千唐軍兵士中有許多工匠，他們中的一些

---

[1] 〔唐〕玄奘、辯機原著，季羨林等校注：《大唐西域記校注》卷一《三十四國》，中華書局，2000 年，第 43 頁。

[2] 〔唐〕玄奘、辯機原著，季羨林等校注：《大唐西域記校注》卷一二《二十二國》，中華書局，2000 年，第 961—983 頁。

造紙工匠隨後被帶到撒馬爾罕，建立了穆斯林世界的第一座造紙坊；不久，撒馬爾罕紙就以其精美適用的優點聞名於大食統治下的亞洲各地。這是一個超出戰爭目的的意外結果，包括紡織、造紙等在內的多種中國先進技術，由被俘士兵中的工匠傳到了中亞、西亞各國，並最終傳遍了整個西方世界。

文明之間的交流和融合就是這樣，只要發生了接觸，就有一個自動開始的後續進程。除非發生了最野蠻的種族滅絕，否則連戰爭都可能是交流進程的助推器。所以，不難設想，一旦繁榮富庶的南方定居文明發展出海洋事業，那麼新的近代世界歷史將會從阿拉伯人或中國人或印度人首先發現並移民美洲和澳洲大陸開始，美洲和澳洲的土著很可能是被融合同化，而不是被種族滅絕。這樣，世界很可能出現普遍的和平，而不是一再爆發世界大戰。

一、與西方文明相遇

然而，歷史沒有假設。在公元第二個千紀開始的時候，蟄伏在歐洲原羅馬帝國廢墟上的基督教社會通過野蠻血腥的「十字軍東征」進入了世界歷史，扭轉了原來的方向，扼殺了本來的可能性。

按照利奧波德・馮・蘭克的史觀，十字軍東征是西方文明誕生過程中承前啟後的「第二次深呼吸」，距離「第一次深呼吸」——入侵羅馬帝國，已有 500 年了；距離「第三次深呼吸」——大航海時代，還有 500 年時間。整整 1000 年間的三次「深呼吸」之後，南方定居農耕文明與北方草原遊牧文明的二元世界格局在 16 世紀

被打破，後起的西方社會通過大西洋上的「奴隸三角貿易」積累了巨量財富，並最終通過在現代科學領域捷足先登而成為整個新世界和地球海洋的霸主。

就像決堤的洪水一樣，西方社會的先鋒隊伍首先從伊比利亞半島衝出來，湧向海洋，湧向新大陸，湧向東方世界。關於這一巨大歷史運動的內在動力，阿諾德·湯因比用其「壓力—反應」理論給出了一種解釋。他認為，正是由於公元 8 世紀阿拉伯帝國的版圖擴張強加給西方社會以持續的壓力，引起了公元 732 年法蘭克人在圖爾戰役中對於阿拉伯人的成功抵抗。此後，西方對抗阿拉伯人壓力的反應日益增強，結果：

七八百年後，它的力量將西方基督教世界的兩個先鋒——葡萄牙人和卡斯提爾人推出伊比利亞半島，葡萄牙人遠航海外，繞過非洲到了果阿、馬六甲和澳門，卡斯提爾人橫渡大西洋到了墨西哥，並繼續前進，渡過太平洋到了馬尼拉。[①]

中華文明與這個新興的西方文明的第一次接觸，就是在這個時期的澳門和馬尼拉開始的。

用文明史的尺度看，8 世紀南方定居農耕文明的成功擴張，在東方體現為隋唐大一統強加給北方突厥、鮮卑、契丹、女真、党項、蒙古等草原—森林社會的持續壓力，最終導致了五代十國大亂局，並引發了遼、金、西夏、蒙古對中原的迭次反攻。而在西方，

---

① 〔英〕阿諾德·湯因比著，〔英〕D·C·薩默維爾編，郭小凌等譯：《歷史研究》（上），上海人民出版社，2010 年，第 123 頁。

則體現為倭馬亞王朝和阿拔斯王朝的成功擴張，但由於歐洲的蠻族社會相對弱小，並且其間也遭受到蒙古大軍的猛烈打擊，再加上黑死病的災難，所以直到七八百年之後，才引發了葡萄牙人和西班牙人從海洋方向的大反攻。

雖然隋唐大一統是秦漢大一統的成功復興，而且遠比其他文明歷史中的古典復興更為成功，但是，唐朝末年五代十國的局面卻也是東漢末年五胡十六國的重演。這是中國歷史上「定居文明興衰週期律」的再次顯現，就像六百年前的東晉一樣，中原定居文明在來自北方的壓迫之下先後退縮成為北宋和南宋，通過一個多中心的格局與不同的草原文明之間維持着脆弱的進退平衡，但最終在 13 世紀歸於蒙古草原帝國的統治。

然而，中華文明的獨特性在這種極端的局面下再次體現出來。如前所述，最早、最連續、最成熟的天下型定居文明畢竟不同於新興的、分散的、晚熟的定居文明，即使在整個中國完全被蒙古族統治的時期，「定居文明興衰週期律」仍然發揮着維持定居文明連續性的作用。隨着蒙古草原帝國的解體，明朝通過複製元朝、吸收草原文明，讓中華定居文明再一次以中原和南方為中心實現復興，重建了大一統。

對於明朝來說，天下始終是這個天下，九州也一直是這個九州。鄒衍當年說九州之外還有另外八十個九州，同代人認為荒誕不經，一千六七百年過去了，今天的人也還是不信。元朝自稱「北逾陰山，西極流沙，東盡遼左，南越海表。……東南所至不下漢、唐，而西北則過之，有難以里數限者矣」（《元史‧地理志序》）。但也不過如此，並沒有把另外那幾十個九州都帶給中國。所以，明

太祖朱元璋開國之後，心中的頭等大事還是朱姓王朝的天命，畢竟宋朝滅亡殷鑑不遠，元朝滅亡就在眼前，他心中念茲在茲的是：本朝國祚幾何？

所以，當第一批西洋人繞過印度洋和太平洋來到中國東南沿海時，中國人並不想費心去理解這一群新面孔所屬的社會和他們所居住的地方，當然也不可能像今天的歷史學家一樣，真正理解來自海洋的「海上民族」與來自草原的騎馬民族之間的關係，以及當下這個西洋與唐朝時的黑衣大食之間的關係。

《明史・外國七・拂菻》記載：元末有個西洋人捏古倫在中國做生意，因為元朝滅亡而無法回國。明太祖朱元璋於洪武四年（1371）八月召見了此人，寫了一封詔書託他帶給國王，詔書曰：

自有宋失馭，天絕其祀。元興沙漠，入主中國百有餘年，天厭其昏淫，亦用隕絕其命。中原擾亂十有八年，當群雄初起時，朕為淮右布衣，起義救民。荷天之靈，授以文武諸臣，東渡江左，練兵養士，十有四年。西平漢王陳友諒，東縛吳王張士誠，南平閩、粵，戡定巴蜀，北定幽燕，奠安方夏，復我中國之舊疆。朕為臣民推戴即皇帝位，定有天下之號曰大明，建元洪武，於今四年矣。

這就是明初的歷史觀和世界觀——天絕了宋祀，也絕了元命，天助我先後滅了陳友諒和張士誠，最終恢復了我中國之舊疆，現在是我做皇帝，已經四年了。這些事，我必須要讓你們這些四夷諸邦知道，「朕雖未及古先哲王，俾萬方懷德，然不可不使天下知

朕平定四海之意，故茲詔告」。

今天的中國人動輒批評古人，曰傲慢自大，曰愚昧無知，曰不知天外有天。考慮到幾百年後堂堂大中華被這些跨洋而來的四夷諸邦打得落花流水，這些批評當然不是沒有道理，但如果從歷史中走出來看看今天，看看重新崛起之後的中國仍然是世界上唯一的連續文明，是世界上唯一的廣土巨族，我們在批評的時候恐怕就要留些餘地了。畢竟，一個天下型定居文明幾千年來起起落落延續到今天，絕不是一個簡單的事情。

16 世紀以後，世界各地都開始與西方相遇，而相遇後的結果大不相同。南、北美洲的各大古文明由於演變過於緩慢，複雜社會沒有發展起來，在西方人帶來的鋼鐵、馬匹和病菌的組合衝擊之下徹底覆滅。印度文明在歷史上始終被動接受外來文明的衝擊，面對各方面都非常強勢的西方文明，只有淪為西方殖民地這一個命運。阿拉伯帝國的伊斯蘭文明與西方文明在地理上最為接近，社會也最為相似，但在坐擁現代科學優勢的西方文明的衝擊之下，逐漸陷入四分五裂，最終被西方文明各個擊破。總之，經過了大航海時代，西方文明通過海洋擴展到全世界，一個偏安一隅的小社會搖身一變而成為一個全球大社會。湯因比這樣寫道：

這些伊比利亞的先鋒們為西方基督教世界建立了不朽功勳。他們擴大了自身代表的社會的視野，從而潛在地擴大了其疆域，直至它囊括了一切有人居住的陸地和有人通航的海洋。正是由於這種伊比利亞活力樹立的榜樣，西方基督教世界才如同寓言中變成參天大樹的芥菜籽一樣，變為一個「大社會」；全世界的各個民族都在這

棵樹的枝幹上搭巢住下來。[1]

按湯因比的意思，「全世界各個民族」當然也包括中華民族。在最初的時候，情況似乎是這樣，明朝時期的中華與西方的相遇，沒有表現出明顯有別於其他文明的特別之處。葡萄牙人繞過非洲好望角來到澳門，西班牙人橫渡太平洋來到呂宋島，是在明中期的正德、嘉靖年間，從一開始，這個文明的相對優勢就在武器、工程、商業和學術等幾個方面同時表現出來。

《明史·外國六·佛郎機》記載了當時葡萄牙人的堅船利炮，正德十五年（1520）：

御史何鰲言：「佛郎機最兇狡，兵械較諸蕃獨精。前歲駕大舶突入廣東會城，炮聲殷地。留驛者違制交通，入都者桀驁爭長……」

三年之後的嘉靖二年（1523），發生了葡萄牙海盜侵入廣東新會西草灣的事件，明朝官軍生擒包括首領在內的葡人 42 人，斬首 35 人，繳獲船隻兩艘及大炮若干。《明史·外國六·佛郎機》記載：

官軍得其炮，即名為佛郎機，副使汪鋐進之朝。九年秋，鋐累官右都御史，上言：「今塞上墩台城堡未嘗不設，乃冠來輒遭蹂躪者，蓋墩台止瞭望，城堡又無制遠之具，故往往受困。當用臣所進

---

[1]〔英〕阿諾德·湯因比著，〔英〕D·C·薩默維爾編，郭小凌等譯：《歷史研究》（上），上海人民出版社，2010年，第123頁。

佛郎機，其小止二十斤以下，遠可六百步者，則用之墩台。每墩用
其一，以三人守之。其大至七十斤以上，遠可五六里者，則用之城
堡。每堡用其三，以十人守之。五里一墩，十里一堡，大小相依，
遠近相應，寇將無所容足，可坐收不戰之功。」帝悅，即從之。

這是中國使用西洋武器之始。

到了萬曆年間（1573—1620），葡萄牙人在中國東南沿海的勢
力越來越大，《明史·外國六·佛郎機》記載：

萬曆中，（佛郎機）破滅呂宋，盡擅閩、粵海上之利，勢益
熾。至三十四年，又於隔水青州建寺，高六七丈，閎敞奇閎，非中
國所有。知縣張大猷請毀其高墉，不果。明年，番禺舉人盧廷龍會
試入都，請盡逐澳中諸番，出居浪白外海，還我壕鏡故地，當事不
能用。番人既築城，聚海外雜番，廣通貿易，至萬餘人。

澳門的青洲在靠近今天珠海關閘的一側，與大陸之間只隔一條
百十米寬的濠江水道。一座高六七丈的教堂正對着中國大陸矗立在
那裡，「閎敞奇閎，非中國所有」，按說應該引起國人的極大注意。
從道理上講，如果覺得好，就該主動學習，從此中國也會有新哥
特、巴洛克之類的宏大建築；如果覺得不好，拿繳獲來的佛郎機大
炮轟了它，也是一個處理方法；不明白為甚麼最後是「不果」。

萬曆年間，西洋人橫行於中國外海，至少說明了兩方面的大變
化：其一，在哥倫布發現美洲之後的一個世紀裡，歐洲人作為新
的「暴發戶」開始稱霸海洋，並且利用得自於美洲和非洲的財富，

參與到全球的經濟活動當中。其二，明朝初期的開拓進取氣象，隨着永樂一朝的結束而消失殆盡；鄭和的艦隊當年在南海和印度洋攻城拔寨，所向披靡，一百多年後的子孫們竟然坐看西洋人「破滅呂宋，盡擅閩、粵海上之利，勢益熾」而無可奈何。

當然，明朝鄭和的宣威艦隊與西、葡等國的海盜艦隊是不同的性質，而且明朝也並不將西洋人在海上的蕃舶交通視為單純的邊患，所以尚不能簡單認為因為沒有了鄭和的艦隊而導致了蕃舶的猖獗。綜合當時的情勢來看，明朝與海上諸藩之間的商貿關係還處在一種剪不斷理還亂的調整狀態中。《明史·外國六·佛郎機》記載：

巡撫林富上言：「粵中公私諸費多資商稅，番舶不至，則公私皆窘。今許佛郎機互市有四利。祖宗時諸番常貢外，原有抽分之法，稍取其餘，足供御用，利一。兩粵比歲用兵，庫藏耗竭，藉以充軍餉，備不虞，利二。粵西素仰給粵東，小有徵發，即措辦不前，若番舶流通，則上下交濟，利三。小民以懋遷為生，持一錢之貨，即得展轉販易，衣食其中，利四。助國裕民，兩有所賴，此因民之利而利之，非開利孔為民梯禍也。」從之。自是佛郎機得入香山澳為市，而其徒又越境商於福建，往來不絕。

文中提到的四個理由，第一條是說貿易本身貢獻「抽分」，就是今天所說的關稅利益；第二條是說用兵的軍餉直接取自於邊貿，就是今天所說的國防經濟；第三條說番舶流通解決上下交濟，就是今天所說的區域經濟一體化；第四條說小民依靠販運交易解決衣食問題，就是今天所說的民營經濟開放搞活。每一條都符合現代經濟

原理，利國利民，思想非常先進。林富於嘉靖七年（1528）以兵部右侍郎兼右僉都御史的身份巡撫兩廣，這次上書是嘉靖九年的事，距離中英第一次鴉片戰爭還有足足三個世紀。

如果根據林富的上書就宣稱明朝中期中國人的經濟思想世界領先，遠比當時西方成熟得多，而且不僅有思想理論，還直接融入政策，這恐怕有點過分；今天那些奉西方主流經濟學為「聖經」的經濟學家們聽後一定要跳起來了。但歷史事實卻也不能無視，亞當·斯密等人是在林富等人二百多年之後才出現的。

借用貢德·弗蘭克關於近代早期全球經濟體系的比喻：「西方最初在亞洲經濟列車上買了一個三等廂座位，然後包租了整整一節車廂，直到 19 世紀才設法取代了亞洲的火車頭位置。」[1] 從歷史的這一面看過來，明朝中期出現在福建、廣東外海上的葡萄牙人和西班牙人，就是那個剛剛買到亞洲經濟列車三等廂座位的乘客，真正的大故事還沒開始。

1.「大分流」

當時的中國人沒有機會知道這位剛剛上車的乘客是從哪裡弄來的車票錢。弗蘭克寫道：

> 最重要的途徑是，歐洲人從他們在美洲發現的金銀礦那裡獲得了金錢。……他們在那個最佳的贏利行業中「製造」了更多的金錢，主要是開採白銀，更準確地說是強迫美洲當地人為他們開

---

[1] 〔德〕貢德·弗蘭克著，劉北成譯：《白銀資本：重視經濟全球化中的東方》，四川人民出版社，2017 年，第 39 頁。

採白銀。歐洲人也參與他們在美洲經營的或對美洲經營的其他各種贏利的商業活動,其中最重要的是巴西、加勒比海地區和北美南部的奴隸種植園;當然,他們也經營、維持和擴大這些種植園中的奴隸貿易。按照布勞特的統計,在這種有利可圖的生意中,歐洲人大概始終雇用和剝削着 100 萬名勞動力(1993a:195)。歐洲人通過向美洲的這些工人和其他階層的人銷售歐洲製造的產品而掙得更多的金錢。[①]

中國人見到的,是葡萄牙人和西班牙人手裡似乎永遠花不完的白銀;中國人見不到的,是來到中國的每一個銀錠背後的白骨和鮮血。自從歐洲人開闢了大西洋上連接歐洲、非洲和美洲的「三角貿易」航線,歐洲社會與新世界原住民社會的每一次接觸都是最野蠻的暴力。西非的黑人奴隸被當作牲口運往歐洲,一位見證者寫道:「再怎麼鐵石心腸的人,都無法忍受這樣撕心裂肺的場景!」[②]哥倫布的運氣更好,他發現新大陸的美洲人「非常溫柔,不知道甚麼叫罪惡」,「赤身裸體,沒有武器,也不會使用武器」。結果可想而知,隨着珍珠、白銀和黃金陸續被發現,原住民就只能在自己的土地上被清除了。一位見證者寫道:「我看到過……任何活人都不忍看到的情景。」[③]

相對於明朝所了解的「四海之內」,在大西洋上沿着「三角貿

---

① 〔德〕貢德·弗蘭克著,劉北成譯:《白銀資本:重視經濟全球化中的東方》,四川人民出版社,2017 年,第 284 頁。
② 〔英〕彼得·弗蘭科潘著,邵旭東、孫芳譯,徐文堪審校:《絲綢之路:一部全新的世界史》,浙江大學出版社,2016 年,第 177 頁。
③ 同上,第 181 頁。

易」航線進行的各種罪惡活動，則是在「四海」的背面所發生的事，完全無法得知。儘管明朝早在永樂年間就開展了大航海活動，鄭和「經事三朝，先後七奉使，所歷……凡三十餘國」（《明史·鄭和傳》），但還是未能接觸到那幾個僅僅數十年後就改變整個世界歷史的重要地區。近代世界歷史的所謂「大分流」，就在鄭和去世幾十年後，悄然開始。

耶穌會教士馬泰奧·里奇，漢名利瑪竇，是萬曆十年（1582）來華的，此時距離哥倫布發現美洲已近一個世紀。他給中國帶來了全新的世界地理知識。《明史·外國七·意大里亞》記載：

> 意大里亞，居大西洋中，自古不通中國。萬曆時，其國人利瑪竇至京師，為《萬國全圖》，言天下有五大洲。第一曰亞細亞洲，中凡百餘國，而中國居其一。第二曰歐羅巴洲，中凡七十餘國，而意大里亞居其一。第三曰利未亞洲，亦百餘國。第四曰亞墨利加洲，地更大，以境土相連，分為南北二洲。最後得墨瓦臘泥加洲為第五。而域中大地盡矣。其說荒渺莫考，然其國人充斥中土，則其地固有之，不可誣也。

雖然利瑪竇送給中國官員一冊世界地圖，還專門繪製了一本《大瀛全圖》，但利瑪竇等人的主要工作還是傳教。他們翻譯了《十誡》《天主經》《聖母贊歌》以及《教理問答書》，並撰寫了《天主實錄》，以中文解釋天主教教義。另外，他們還花費大量的時間攻讀「四書」等中國經典，並將其翻譯成拉丁文。

今天回顧地看，利瑪竇傳到中國的西洋知識，雖然有歐幾里得

的《幾何原本》，還有包含在天體儀、地球儀、地圖冊中的那些新的天文地理科學知識，但全加在一起仍不足以引起中國人思想和精神的震動。說到底，無論是鄭和下西洋所獲得的新知識，還是西洋傳教士帶來的新知識，對於那個時期中華的整個學術體系來說，都只是一些可加可減的無本之末。直到距利瑪竇來華整整三百年後的清末，面對當時已成洶湧澎湃之勢的西學大潮，中國士大夫們仍然不肯輕易放棄在中學和西學之間進行嚴格區分的努力，或曰中學為本、西學為末，或曰中學為政、西學為藝，或曰中學為體、西學為用，總之不可能全盤接受西洋的學術和知識，必須將其置於中華數千年不變且至高無上的「天地之學」的某個位置上。

1896 年，梁啟超開列了一個「西學書目表」，他在《後序》中寫道：

> 要之，捨西學而言中學者，其中學必為無用；捨中學而言西學者，其西學必為無本。無用無本，皆不足以治天下，雖庠序如林，逢掖如鯽，適以蠹國，無救危亡。[1]

意思是，即使中國正在經歷「西學東漸」和「西力東擊」的雙重打擊，對於西學可以挽救危亡的功用已經完全了解，但西學仍然不能是「本」，不能是「體」，甚至也不能是「政」，而只是有用。按康有為的區別，西學可以叫做「智學」，而中學則是「聖學」；「聖學」永遠不會錯，不會過時，而且最終仍是引導整個天下進入「太

---

① 梁啟超：《西學書目表後序》，見《飲冰室文集之一》，第 129 頁，《飲冰室合集》（第 1 冊），中華書局，1989 年。

平世」的大學問。但在當今的「據亂世」，「智學」不可不學，不學就要亡國滅種。

但是西方的這套「智學」畢竟很特殊，能有今天的厚重也是有其來龍去脈的。在閱讀了大量西學書籍並周遊了歐美列國之後，康有為這樣理解：

泰西當宋、元之時，大為教王所愚，屢為回國所破，貧弱甚矣。英人倍根當明永樂時創為新義，以為聰明鑿而愈出，事物踵而增華，主啟新不主仍舊，主宜今不主泥古，請於國家，立科鼓勵。其士人著有新書，發從古未創之說者，賞以清秩高第。其工人製有新器，發從古未有之巧者，予以厚幣功牌，皆許其專利，寬其歲年。其有尋得新地，為人跡所未闢，身任大工，為生民所利賴者，予以世爵。於是國人踴躍，各竭心思，爭求新法，以取富貴。各國從之，數十年間，科侖布尋得美洲萬里之地，闢金山以致富，每年得銀巨萬，而銀錢流入中國矣。墨領遍繞大地，知地如球，而荷蘭、葡萄牙大收南洋，據台灣而佔濠鏡矣。哥白尼發地之繞日，於是利瑪竇、熊三拔、艾儒略、南懷仁、湯若望挾技來遊，其入貢有渾天地球之儀，量天縮地之尺，而改中國曆憲矣。至近百年來新法益盛。[1]

然而，即便如此，也不過爾爾，對於「聖學」的天然優越和不可動搖的本體地位，康有為仍信仰如初：

---

[1] 康有為：《上清帝第四書》，見湯志鈞編：《康有為政論集》（上），中華書局，1981年，第150頁。

我輩圓顱方趾，不是天神，不是禽獸。無論為官為民，為士農工商，總而言之曰人。既在世界生而為人，即有人之道，即應知人之所以為人之道。……中國漢前諸教未入，所謂教者，非孔子而何也？孔子之教，不專言靈魂，而實兼身兼魂，無所不包，簡而言之，曰人道教而已。《中庸》曰：修道之謂教。中國於佛教未入之先，三代及後漢政化至盛，豈曰無教，蓋皆孔子之教，二千年來以迄於今矣。①

從認為中學是本、西學只是末，到承認中學是本而西學也有本，在當時算是一大思想突破。1875 年，郭嵩燾上奏稱：「竊謂西洋立國有本有末，其本在朝廷政教，其末在商賈，造船、製器，相輔以益其強，又末中之一節也。」②

關於晚清中國思想界各派的大爭論，論文和著作汗牛充棟，本書不再贅述。有意思的是，晚清中國人圍繞「體用説」「本末説」的大爭論，實際上一直都沒有真正結束，因為這個議題與西方學術界關於近代以來歐洲與亞洲之間發生的「大分流」在根本問題上是混合交織在一起的，都是針對東方在歷史上一直領先而在近代之後被西方趕超這個巨大的世界歷史現象的理論回應，直到今天還在熱烈地討論着。

圍繞「大分流」議題爭論的焦點是甚麼？其實也可以歸到「體

①　康有為：《開封演講辭》，見姜義華、張榮華編校：《康有為全集》（第十一集），中國人民大學出版社，2007 年，第 236 頁。

②　〔清〕郭嵩燾撰，梁小進主編：《郭嵩燾全集》史部之一《奏稿》，嶽麓書社，2012 年，第 783 頁。

用」「本末」的理論框架當中。這些觀點大體可以分為如下三類：

一類觀點認為，西方文明存在着發展資本主義的內生因素，歐洲完全靠自身的文化、宗教、制度、理性、創業精神、技術、地理……簡言之就是文明的「特殊性」，獨立積聚起了強大的經濟力量，實現了國家崛起，並主導了整個世界。這就是以馬克斯·韋伯等人為代表的歐洲例外論或西方中心論的觀點。

另一類觀點與此正好相反，認為歐洲在很長時間裡一直是真正的世界經濟整體的一個邊緣部分，歐洲能夠加入到由亞洲所支配的世界經濟中，所藉助的唯一有效手段就是從美洲獲得的金錢。利用這筆通過殖民掠奪獲得的金錢，歐洲「強行分沾了亞洲的生產、市場和貿易的好處 —— 簡言之，從亞洲在世界經濟中的支配地位中謀取好處。歐洲從亞洲的背上往上爬，然後暫時站到了亞洲的肩膀上」[1]。這就是以貢德·弗蘭克為代表的重新認識東方論的觀點。

第三類觀點處於上述兩種觀點的中間，例如所謂「加州學派」代表人物彭慕蘭（Kenneth Pomeranz）認為，在 18 世紀中葉以前，英格蘭和中國江南處於同一發展水平，從生活水準（卡路里的消費、日用家居和紡織品、儲藏和分發糧食以備饑荒的能力）到商業化的程度，以及農業與手工業勞動力的分工和人的壽命等方面都大致相當。東、西方之間拉開差距是因為兩個偶然因素：一是英格蘭的煤礦，二是美洲新大陸的開發。

相較於比較接近第二類觀點的彭慕蘭，芝加哥大學社會學系教授趙鼎新更靠近第一類觀點。他針對彭慕蘭《大分流》一書的觀點

---

① 〔德〕貢德·弗蘭克著，劉北成譯：《白銀資本：重視經濟全球化中的東方》，四川人民出版社，2017 年，第 6 頁。

提出了批評並反駁說,「中國在 19 世紀或此前或稍後的任何時候都沒有可能出現工業資本主義方面的根本性的突破」。即便明清時期中國的富庶地區有較高的生活水準,但存在一些制度性的因素,例如技術創新並沒有鼓勵性的回報,理論 / 形式理性極不發達;最重要的是,新儒家意識形態沒有面臨重大的挑戰,而商人無法利用他們的財富來獲取政治、軍事和意識形態方面的權力從而抗衡國家的權力。

總而言之,第一類觀點就是堅持認為西方文明有本有末,甚至只有西方文明有本,而其他文明都只有末,所以,西方中心論是無可置疑的。當西方文明主導了全球之後,就像湯因比所描述的,所有其他文明都寄生在西方文明這棵枝繁葉茂的大樹上。

第二類觀點正好相反,認為西方文明沒有本,只有末。真正的人類文明之本在東方,在亞洲;西方只是一個得了意外之財的暴發戶,暫時爬到了亞洲巨人的肩膀上。

第三類觀點,無論怎樣調和,也不過是這樣一個立場:既承認中國和亞洲在世界歷史上的主體位置,同時也承認「西洋立國有本有末」。國家就是文明的標誌,立國有本有末,說的就是文明有本有末;而既然文明有本有末,從這個文明中生長出來的各種事物,也就或多或少有了一定的內在性和必然性。

可見,清末中國士大夫們關於中西「本末」和「體用」的爭論,與西方學術界關於「大分流」根本原因的爭論,其實都可以化約為關於不同文明和文明歷史之間的對比。這也就回歸到了本書的主題上。如前幾章所述,所謂中學的本,指的就是中華文明的根本,歸根結底還是源於定居農耕生產生活方式這個基礎。既然天下型定居

文明未變，天下國家和天下型經濟體還在，中華文明的根本當然不會消失。

例如宗教這個本中之本，康有為比較了不同文明中的宗教之後說：

> 諸教只言天，只修魂，道教只修魄。基督教至仁，蓋專重天也。……基督與佛同言魂，蓋與佛之人天教同，故不嫁娶，獨尊天而寡及父母，言仁而寡言孝，尊魂而少言修身也。孔子則天與父母並重，故仁孝兼舉，魂與體魄交養，故性命雙修。[①]

前面論述過，仁孝廉舉，人立身以孝為本，官從政以廉為方，這是典型的定居農耕社會的道德標準；一旦出了定居農耕文明圈，進入遊牧、遊獵、遊商、遊盜社會，基本就不適用了。

所以，定居農耕文明有本有末，這本不是問題，但自家的本並不能代替別人家的本。契丹的遼尊孔，党項的夏尊孔，女真的金、蒙古的元都尊孔，不是因為別的，只是因為它們進入了中原定居農耕文明圈，也只是因為它們需要用尊孔來維持定居農耕社會的基本秩序。一旦明白了這一點，就不必非要像康有為那樣，把孔子和佛祖、基督放在一起品頭論足話一番短長了。真正需要做的，是將西方文明當作一個完全不同的異質文明，去認真研究它的本末。

郭嵩燾的「西洋立國有本有末」其實只是個猜測，憑當時中國人的世界歷史知識，對任何一個異域文明從本到末的完整研究都是

---

① 康有為：《開封演講辭》，見姜義華、張榮華編校：《康有為全集》（第十一集），中國人民大學出版社，2007年，第236—237頁。

難以做到的。例如,古希臘—古羅馬與近代以來的西方文明到底是一種甚麼樣的接續關係?這個問題直到郭嵩燾之後一個半世紀的今天,還在各種不同意見交織的話語迷霧當中。

2. 海上民族作為遊居社會的一種

中國史書上記載佛郎機的地理位置,曰「近滿剌加」,滿剌加就是後來叫做馬六甲的那個王國。明朝時已有葡萄牙人在那裡活動,所以,明朝官員想當然地認為佛朗機就在距離滿剌加很近的地方。

史書上記載利瑪竇的祖國,曰「意大里亞,居大西洋中」,其實也是想當然。中國人的地理知識長期以來都沒有包括地中海這個區域,這不能不說是一大缺陷,也是一大遺憾。

根據湯因比的研究,地中海這個區域所創造出的古代文明數量最多,人類文明史存在過的二十三個文明,在地中海地區先後出現過九個。這九個不同且先後相繼的文明,無論是興起還是覆滅,無不是地中海上長期激烈戰爭的結果。如果與中國的歷史對照,中國歷史上的列強爭霸,如春秋戰國時期、魏晉南北朝時期、五代十國時期、元末或明末時期,都是圍繞中原進行的,所謂逐鹿中原、問鼎中原是也。相比之下,在地中海地區,列強的爭霸都是圍繞地中海的海上霸權展開的。

這一點導致了很大的不同,所造成的影響一直持續到今天。

今天,這一波由西方主導的全球化,與當年由蒙古帝國主導的全球化相比,最根本的區別在於,後者是通過歐亞乾旱帶和大草原展開的,而前者卻是通過海洋這個通道展開的;實現地理擴張的工

具，後者使用的是馬匹，前者使用的是船隻。其共同之處在於，相對於定居農耕民族，馬背上的民族與艦船上的民族，都是遊居的，都是以武力的方式掠奪定居社會或者以佔據定居社會的土地為生存手段。

而 1492 年之後從伊比利亞半島衝殺出來的這一支「海上遊牧民族」，以及隨後開始的全球大航海時代，追根溯源是地中海數千年爭霸史的延伸。王賡武教授在他的《王賡武談世界史》一書中寫道：

　　那是一場真正的全球化進程，它從十八世紀中葉開始逐步將世界經濟整合了起來。這一擴張是海洋性的，而它的起源可以追溯到幾千年來地中海主要海軍力量之間的控制權之爭。一場場無情的爭霸孕育出一種進犯性的文化，這種文化產生了要把陸地和海洋全都掌控在自己手上的帝國。當鬥爭最終蔓延到大西洋時，其勢已銳不可當，很快就遠播四海，蔓延到印度洋和太平洋。那種跨洋性的擴展徹底改變了三大文明之間的相互關係。

　　美洲新大陸的意義在於，它直接成為了地中海爭霸戰延伸為全球海洋爭霸戰的一個「前進基地」。一方面，從美洲獲得的巨額財富，讓歐洲人擁有了足夠的戰爭經費和進入亞洲經濟體系的貿易經費。另一方面，藉助這個新大陸，歐洲人在大西洋沿岸的探險船隻，得以進入另外兩個大洋，葡萄牙人繞過非洲進入印度洋，西班牙人等則取道另一邊，繞過南美洲進入太平洋。短短幾十年間，全球就通過海洋通道連接在了一起。

這是在鄭和下西洋結束後一個世紀發生的事情，也是在明朝所理解的「四海」之外發生的事情。而全球海洋連接為海洋通道之後的故事，則已眾所周知，王賡武教授寫道：

十八世紀崛起的新興力量繼續為世界其他地區建立新的系統規範（systemic norms）。這些規範以飛速發展的科學技術為支撐，以工業革命和資本主義為後盾，以在民族國家（nation states）基礎上創造出新型財富和權力的富於凝聚力的民族帝國（nationalempires）為靠山。

在 18 世紀後的這段世界歷史中，今天的中國是親歷者。1840年，用大炮打開了中國南方口岸的那支英國艦隊是從海上來的，此後的一個多世紀裡，除俄國之外，入侵中國的西方列強，都是從海上來的。但是，在中國自身的主流歷史運動中，海洋從來不是一個主要部分，而是一個邊緣事務。

一方面，清朝建立之後，中國再一次完成了中原文明與草原文明的融合與共生，這是自黃帝至今長達四千多年的文明融合與共生歷史的最後一個階段，也是一個大結局。據歷史學家們考察，1759年清軍佔領了喀什和葉爾羌城之後，中國的版圖達到歷史上最大。但歷史的另一面，是中原文明與海洋文明的融合與共生，自鄭和下西洋活動中斷後，又從葡萄牙人和西班牙人分頭到達中國閩粵外海之時重新開始。

從此，中國人開始了一個新的歷史進程，開始像認識草原那樣去認識海洋，像駕馭戰馬那樣去駕馭戰船，像融合草原文明那樣去

融合海洋文明。但這個歷史進程畢竟時間還短，從 16 世紀初的澳門到今天的亞丁灣，不過才四百年，只是中原與草原互動歷史長度的十分之一而已。

對中國人來說，要真正理解人類的海洋文明，就要像理解人類的草原文明一樣，從起源之處開始。王賡武教授寫道：

自從五千年前文明的開端以來，那裡所發生的事情就與眾不同。腓尼基人和希臘的海上殖民地為偉大的陸—海帝國奠定了基礎，在此之上塑造出一個能夠多方位擴張的權力系統，並如此這般地向北、向東、向南施展了拳腳。大約 1500 年前，那裡發生了一場劇變，當時地中海周邊國家因對一神論的解讀存在激烈分歧而形成割據局面，地中海文明從此或多或少地一直處於分裂狀態。這與上一個千禧年的情形有很大不同 —— 想當年，地中海就如一個內湖，萬邦及帝國在湖上自由地競逐商機、爭享榮耀。

為了方便描述，我們不妨先做個假設：假如不是從直布羅陀沿地中海中間劃線分出歐洲與非洲，而是靠北沿比利牛斯山、阿爾卑斯山、南喀爾巴阡山和黑海劃一條線，再靠南沿撒哈拉沙漠北部與北回歸線平行劃一條線，將中間這一包括了地中海南北兩部分沿海地區的部分單獨命名為「地中海洲」，那麼這個假設的地理劃分，可能會提供一個更清楚的世界歷史圖景。

關於這個「地中海洲」的古代文明歷史，可以確認的基本事實有如下幾個方面：

第一，「地中海洲」的東部地區，或者稱「東地中海洲」，

是人類文明最重要的起源地之一。這一地區的青銅時代從公元前 3000 多年開始，持續了約兩千年，在相當於中國商朝時期的幾百年裡，曾經達到過很高的文明程度。考古和文獻證實，青銅時代晚期，這一地區興起了眾多王國，王國之間的貿易和人員往來頻繁，互派外交使節，發生過王室之間的聯姻，也有國際陰謀和戰爭衝突。1984 年發現的「烏魯布倫沉船」可以追溯到公元前 1300 年，船上物品包括玻璃生料、生錫、粗銅、大麥、樹脂、烏木、香料、象牙、河馬牙、葡萄酒、儲藏罐和大量銅錠，種類之多，令人驚歎。據分析，船上貨物至少來自七個不同的王國。這證明，在沿着東地中海海岸分佈的各城市之間，存在着一個發達的貿易網絡。

第二，這個曾經非常輝煌的文明在公元前 12 世紀前期突然迎來了一次末日降臨般的崩潰，所有王國都迅速瓦解，城市遭到徹底毀滅，文明發展戛然而止。文明覆滅的原因，至今仍是一個歷史之謎，專家們給出的解釋五花八門，包括氣候變化、地質災害、饑荒、社會暴動等等，也無法排除外來蠻族入侵的可能。考古報告發現，毀滅於公元前 1190 年前後的烏加里特城「整個城市都有毀壞和火災的證據」，還發現「散落在被毀或被棄的遺跡中數不勝數的箭頭」[1]。而同一時期的埃及廟宇牆壁銘文中曾多次提到來自「海上民族」野蠻敵人的入侵。法老拉美西斯三世的一段話描述了「海上民族」的可怕，「各國疆土在戰（火）中一同灰飛煙滅。在其武器面前，無一領土可得倖免」[2]。

---

① 〔美〕埃里克・H. 克萊因著，賈磊譯：《文明的崩塌：公元前 1177 年的地中海世界》，中信出版社，2018 年，第 160 頁。
② 同上，第 5 頁。

第三，相對於東地中海沿岸的文明世界，「海上民族」毫無疑問是屬於蠻族，而且與騎馬民族一樣，屬於遊居的蠻族，也就是歷史學家們所說的遊團。正如那些遊走在大陸上的遊團一樣，人們根本無從知道他們的行蹤。埃里克‧H. 克萊因寫道：

　　除了埃及人的文獻記載之外，我們對這些人知之甚少。對於海上民族的起源我們也無法確定：一說源自西西里島、撒丁島和意大利，一說來自愛琴海地區或安納托利亞（Anatolia，土耳其的古稱）西部，甚至塞浦路斯（Cyprus）或地中海東部地區。迄今發現的古代遺址中從未找到他們的發源地或出發點。我們推測，這些人一直在不停地遷移，所經之處，一個個國家和王城皆被征服。據埃及史料記載，他們先在敘利亞安營紮寨，然後沿迦南海岸（包括現代敘利亞的部分地區、黎巴嫩和猶太地）前進，最後進入埃及尼羅河三角洲地區。[①]

　　在埃及，雖然拉美西斯三世成功擊潰了「海上民族」的進攻，可是整個國家也被拖得精疲力竭，走向了衰弱和分裂。最終的結果不過是蠻族以某種「和平滲透」的方式，在此後兩百年的時間裡逐步建立了對埃及的統治。而在希臘地區，卻是「突然死亡」的方式，曾經毀滅了米諾斯社會的邁錫尼社會這一次遭遇了更為徹底的文明毀滅，「石工技術湮沒無聞，製燈行業無人問津，黃金銷聲匿跡，從米諾斯文明繼承下來的精美服裝式樣也已棄而不用。文化財

---

① 〔美〕埃里克‧H. 克萊因著，賈磊譯：《文明的崩塌：公元前 1177 年的地中海世界》，中信出版社，2018 年，第 3 頁。

富之源枯竭殆盡」①。甚至連古愛琴海文字也在這一時期完全失傳。文字在短時期內發生了失傳，新的文字突然取代舊的文字而出現，這在人類文明歷史上是一種非常罕見的現象，可以據此推斷舊文明毀滅時的慘烈程度。因為這種情況往往意味着定居區完全毀滅，而且發生了種族滅絕。

綜合以上基本情況，可以得出一個有重大意義的對比：若將「東地中海洲」也看成一個自成一體的「天下」，那麼，它與東亞大陸以中原為中心的「天下」有着相同之處：兩個「天下」都是定居農耕社會和遊居蠻族社會兩個相互對立世界的混合。但兩個「天下」之間又有很大的不同：第一，後者的定居農耕社會的區域以中原為中心、以同心圓或同心方形式向外擴展，前者的定居農耕社會的區域則沿地中海海岸呈半環形分佈；第二，後者的遊居蠻族社會主要是騎馬民族，前者的遊居蠻族社會主要是「海上民族」。

從這個對照中可以得出一個重要結論：如果説中華文明有本有末，而文明之本歸根結底基於中原的定居農耕生產生活方式，那麼，當人們説西方文明有本有末時，即可以認為西方文明之本歸根結底源自於地中海「海上民族」的軍事、貿易、探險等各類海上活動。

---

① 〔英〕阿諾德‧湯因比著，徐波等譯，馬小軍校：《人類與大地母親：一部敍事體世界歷史》，上海人民出版社，2016 年，第 116 頁。

二、兩種「天下」和兩種「霸政」

　　但是，與「騎馬民族」不同的是，「海上民族」作為蠻族遊團，作為文明的對立面，作為一個負面的、黑暗的形象，在歷史記錄中只存在了很短的一段時間。隨着地中海周邊強大國家的先後崛起，國家所主導的海洋活動和海上霸權是作為正面的、光明的或者說是文明的組成部分而載入歷史的。關於歷史上第一次大規模的海洋爭霸戰，即希臘與波斯之間的薩拉米斯海戰，詹姆斯·費爾格里夫寫道：

　　一個海上民族只能通過一個海上強國去征服。因此，波斯最後是使用其屬地的船隻，尤其是腓尼基人的戰艦，也有西利西亞人甚至埃及人的戰船，試圖征服大海另一邊的希臘。[①]

　　由波斯君主大流士之子薛西斯發動的這場大海戰，最終的結果是小小的海上城邦國家雅典背水一戰，摧毀了波斯的艦隊，使這個東方大帝國控制海洋的企圖徹底破滅。對此，費爾格里夫總結道：

　　我們現在要關注的乃是波斯君主的心態，薛西斯並不缺乏艦船，他缺乏的是對海洋的認識，這才是問題的關鍵。在這場戰役結束時，薛西斯手中能夠作戰的船隻仍多於希臘人，但由於薛西斯來

---

① 〔英〕詹姆斯·費爾格里夫著，胡堅譯：《地理與世界霸權》，浙江人民出版社，2016 年，第 53 頁。

自大陸，海洋在他的眼裡是一個陌生的事物，他不是一名水手，他信不過大海，於是選擇了撤退。如果他的艦隊被完全摧毀，撤退也許只意味着他經歷了一場不幸的失敗，他還可以捲土重來。但是，他在自己的戰艦數量仍佔優勢的情況下撤退，則意味着承認海洋已超出波斯帝國的統治範圍之外。①

正如同一時期中國的「春秋五霸」稱雄爭霸，中原大地上不可以一日而無霸，公元 5 世紀及其後的地中海，同樣也是不可以一日而無霸。所以說，波斯輸掉的不是一場海戰，而是它與希臘之間的海洋爭霸戰，因為當時的地中海，海上民族各自為戰的時期已經被海上強國稱雄爭霸所取代，地中海這塊海域成了「地中海洲」這個「天下」的中原，逐鹿中原的爭霸戰，在這裡成了制海權的爭奪戰。

中國的《孫子兵法》成書的時間大約在第一次希波戰爭期間，書中涉及到戰爭的方方面面：經之以五事，「一曰道，二曰天，三曰地，四曰將，五曰法」；用之以九地，「有散地，有輕地，有爭地，有交地，有衢地，有重地，有圮地，有圍地，有死地」；「善用兵者，屈人之兵而非戰也，拔人之城而非攻也，毀人之國而非久也，必以全爭於天下」，等等。但其實談的都是中原爭霸之法，無一字談到海洋和海戰。

薛西斯之所以在艦船數和兵員數遠遠超過希臘艦隊的情況下決定撤軍，無非是認為海洋並不是其帝國的基礎，即使沒有了制海權，其帝國的國本也不會動搖。而雅典人之所以寧肯放棄自己的城

---

① 〔英〕詹姆斯 · 費爾格里夫著，胡堅譯：《地理與世界霸權》，浙江人民出版社，2016 年，第 53—54 頁。

市，全部集結到海上與波斯人決戰，無非是意識到海洋才是雅典的「死生之地」，不可不當作天下來全力爭取。

可以認為，從此以後，人類文明史就有了兩種「天下」和兩種「霸政」：一種是圍繞陸地某個「天下」範圍爭霸的霸政，一種是圍繞海洋某個「天下」範圍爭霸的霸政；陸地的「天下」最典型者，就是中國以禹域九州為中心區，並逐漸擴展到整個東亞甚至中亞的這個同心圓形狀的大陸「天下」；而海洋的「天下」最典型者，就是以地中海為中心區，並逐漸擴展到大西洋和印度洋，最後通過美洲新大陸擴展到各個大洋的全球海洋「天下」。

所謂霸政，就是「天下」範圍內不能出現權力真空，不可一日而無霸，多個強權通過你死我活的戰爭爭奪霸主地位，各領風騷一個時期。在中國，春秋初期尚有百數十國，但霸政一旦開啟，則篡弒之禍迭出，攻伐之亂頻現，從此進入無歲無戰事、大國併小國、各國稱王稱霸、競相黷武陵天子的戰國局面；直到「六王畢、四海一」，強秦一統中國才宣告結束。

1. 海洋「天下」的歷史演化

秦統一中國，在地中海這個海洋「天下」所對應的事件，就是羅馬海軍擊敗迦太基海軍，成為地中海唯一的海上霸主，將地中海變成了羅馬帝國的內湖。

開始的時候，正如秦國最初並無逐鹿中原的實力一樣，羅馬也根本沒有稱霸海上的實力。公元前 264 年，第一次布匿戰爭爆發，一支羅馬軍隊從意大利本土離開，首次渡海開往墨西拿，但因為沒有強大的艦隊，羅馬向中西部的推進長期沒有進展。戰爭爆發後的

第五年，一支由 120 艘戰艦組成的羅馬艦隊終於建成，並在意大利沿海連續兩次取得勝利。但也像秦國艱難曲折的崛起之路一樣，此後，羅馬艦隊多次在海上遭遇風暴，其中一支艦隊還遭受了迦太基人的重創，剛剛奪下的制海權又被搶走了，並在很長一段時期內都沒有恢復過來。

公元前 242 年，主要依靠私人的捐助，由 200 艘五排槳戰艦組成了一支新的羅馬艦隊，並於第二年完全摧毀了迦太基艦隊。最後，迦太基人向羅馬求和，並接受了羅馬提出的苛刻條件 —— 迦太基放棄西西里島及附近的若干島嶼，在十年內向羅馬支付 3200 塔倫特的戰爭賠款。

布匿戰爭是海洋霸政的傑作，儘管迦太基英雄漢尼拔以劣勢兵力圍殲優勢之敵，給羅馬以沉重打擊，但羅馬海軍所創造的接舷戰，深刻影響了此後的海洋爭霸史。此後在「地中海洲」歷史上出現的一代又一代強權，通過在地中海上無數次羅馬模式的激烈海戰，磨礪出一種特殊的戰爭能力。就像騎馬民族通過經年累月的草原作戰培養出橫掃一切的鐵蹄政策一樣，海洋國家也通過持續的海戰獲得了從海洋上發起進攻的炮艦政策，並在大航海時代之後將這種政策強行施加在原本沒有持續性海戰傳統的所有地區。

如前所述，地中海就相當於是「地中海洲」這個西洋「天下」的中原，布匿戰爭讓羅馬控制了「海洋中原」，並打開了稱霸西洋「天下」的大門。贏得布匿戰爭的羅馬，又繼續向地中海東部擴張，接連征服了馬其頓王國和小亞細亞的西部和中部。到公元前 44 年之後的愷撒時期，羅馬殖民地已西至西班牙，北到瑞士和法國，東迄敘利亞，南至埃及。到公元 117 年，西洋「天下」的範圍

北到英國，東到波斯灣，以地中海為中心，包括了幾乎全部歐洲，以及非洲和亞洲的一部分。

關於羅馬贏得地中海霸主地位的這段歷史，J.H. 布雷斯特德寫道：

羅馬堅定地邁出了關鍵的一步，這一步決定了它未來的命運，讓它第一次擁有了本土以外的領地，成為了海上大國。但是這一步一旦邁出，就再也無法回頭了。為了獲得海外利益，羅馬就必然會與其他國家繼續發生衝突。這樣的利益衝突永無止境，只會帶來一場接一場的戰爭。①

歷史正是這樣走下去的。地中海上的爭霸戰爭始終未曾中斷，羅馬之後是拜占庭時代；拜占庭之後有一個時期是被稱為「撒拉遜人」的阿拉伯人，他們控制腓尼基和埃及的沿海城市之後，擁有了海上遠征軍，隨後甚至越過直布羅陀海峽征服了整個西班牙；同時還有阿爾及爾和摩洛哥的摩爾人，他們作為海盜和劫掠者在地中海上存在了幾百年。

阿拉伯人控制地中海的時代終結於 11 世紀之後的「十字軍東征」。這個時期的海上霸權是利用「十字軍東征」的機會而崛起的威尼斯和熱那亞。這兩股海上強權的相互鬥爭很像是羅馬與迦太基海上較量的重演，曾有句著名的流行語說「封鎖了馬六甲海峽，就扼住了熱那亞的咽喉」，由此可見其貿易網絡之大。

① 〔美〕J.H. 布雷斯特德著，馬麗娟譯：《地中海的衰落》，中國友誼出版公司，2015 年，第 450 頁。

還有一段時間出現過來自北歐和突厥的海上力量，他們也積極參與到地中海的爭霸戰中。自羅馬之後，圍繞地中海這個「海洋中原」的爭霸戰，持續了一千年，直到伊比利亞人從大西洋方向衝了出來，先後繞過諾恩角和好望角，打破了原來的小天下格局，進入了大天下的新時代。

　　此後，在歷史上就不再有兩個大洋而只有一個大洋，並且從那以後世界貿易就轉到了跨大洋的水手們手中，因為貨物經由海上運輸更節省能量。文明的又一個偉大進步就此得以實現。達·伽馬從印度回來後，不到五年時間，過去常常帶來香料的來自亞歷山大港和貝魯特的槳帆船，進入威尼斯港時就成了無貨可運的空船。在他回來後的 12 年內，葡萄牙完成了對東印度群島的征服，阿拉伯人在阿拉伯海和馬六甲海峽被擊敗，葡萄牙在印度沿岸建立了自己的勢力。①

　　海洋「天下」的歷史在近代之後的高潮是 18—19 世紀英國這個工業化「海洋行國」的崛起，就像 13 世紀以騎兵部隊為運動基礎的「草原行國」蒙古一樣，以遠洋艦隊為運動基礎的英國，也建立起一個龐大的世界帝國。帝國時期的英國本土就是現代「海洋行國」的一個典型，雖然人口大部分定居在城市和鄉村，但有很大的比例從事着與海軍活動有關的行業。正如皮爾·弗里斯（Peer Vries）所說：

---

① 〔英〕詹姆斯·費爾格里夫著，胡堅譯：《地理與世界霸權》，浙江人民出版社，2016 年，第 128 頁。

1780—1830 年是世界史上的重要時期，英國在陸軍和海軍方面的開支年均約 2000 萬英鎊。換算成等額的白銀，接近清政府總的常規稅收收入，而中國的人口是英國的 30 倍。……無須另外討論其他西歐國家的情況，這些國家都與英國類似：戰事費用十分巨大，且不斷上漲。[①]

2. 中原「天下」的歷史演化

與此同時，或者說與此平行，在世界的東方，自秦漢大一統之後，中原成了中國的腹地，就像地中海成了羅馬帝國的內湖，此後的歷史也就成了統一的中國與周邊各民族圍繞中原霸權不斷發生衝突的歷史。

首先，是中原王朝自身的內亂。東漢末年，宦官與外戚輪流「劫持」國家，他們的勢力一旦崩潰，也就是國家的崩潰；而國家一旦崩潰，結果就是天下起兵，群雄並起，九州皆反。《後漢書·朱儁傳》記載：

自黃巾賊後，復有黑山、黃龍、白波、左校、郭大賢、于氐根、青牛角、張白騎、劉石、左髭丈八、平漢、大計、司隸、掾哉、雷公、浮雲、飛燕、白雀、楊鳳、于毒、五鹿、李大目、白繞、畦固、苦哂之徒，並起山谷間，不可勝數。其大聲者稱雷公，騎白馬者為張白騎，輕便者言飛燕，多髭者號于氐根，大眼者為大目，如此稱號，各有所因。大者二三萬，小者六七千。

---

① 〔荷〕皮爾·弗里斯著，郭金興譯：《國家、經濟與大分流：17 世紀 80 年代到19 世紀 50 年代的英國和中國》，中信出版社，2018 年，第 175 頁。

這就是「據亂世」，逢此亂世，民皆極苦。董卓死後，李傕、郭汜自相攻伐，《晉書・食貨志》記載：「長安城中以為戰地。是時穀一斛五十萬，豆麥二十萬，人相食啖，白骨盈積，殘骸餘肉，臭穢道路。」及至天下一併於晉，安定了一段時間，天下無事，賦稅平均，人咸安其業而樂其事，但這只是內亂與外禍之間的片刻安定，華夏民族自崛起以來第一次徹底的大潰敗很快接踵而至，中原迎來了只有人命最不值錢的「亡天下」時代。《晉書・食貨志》寫道：

　　及惠帝之後，政教陵夷，至於永嘉，喪亂彌甚。雍州以東，人多飢乏，更相鬻賣，奔迸流移，不可勝數。幽、并、司、冀、秦、雍六州大蝗，草木及牛馬毛皆盡。又大疾疫，兼以饑饉。百姓又為寇賊所殺，流屍滿河，白骨蔽野。劉曜之逼，朝廷議欲遷都倉垣。人多相食，饑疫總至，百官流亡者十八九。

　　歷史上「永嘉之禍」和隨後而來的「五胡十六國」時代，被一些學者視為歷史分期的一個節點，例如雷海宗先生將公元 88 年漢和帝劉肇即位到公元 383 年淝水之戰東晉以少勝多擊退前秦這一段歷史命名為「帝國衰亡與古典文化沒落時代」，此後的中國則是北方各種胡族屢次入侵，印度的佛教深刻影響中國文化的時期，確切地說「中國已不是當初純華夏族的古典中國，而是胡漢混合、梵華同化的新中國，一個綜合的中國」[1]。

---

[1] 雷海宗：《斷代問題與中國歷史的分期》，見《雷海宗史論集》，天津人民出版社，2016 年，第 30 頁。

但由於隋唐之後又出現多次帝國衰亡和新的古典文化沒落，所以史學家們更多是用週期性循環的分期來描繪中國歷史。他們還發現週期性的治亂因循、週期性的內憂外患，都有其內在原因，歸根結底是由定居農耕文明的特性所決定的。定居內在地要求秩序，秩序內在地要求統一，統一內在地要求強制，「以天下為一家，以中國為一人」，都是內在邏輯。而秩序的強制就難免滑向暴政，暴政就會引發抵抗，抵抗多了，就是天下皆反。這也是內在邏輯，非人力所能敵。《後漢書·仲長統傳》中有仲長統引《倡言·理亂篇》：

秦政乘併兼之勢，放虎狼之心，屠裂天下，吞食生人，暴虐不已，以招楚漢用兵之苦，甚於戰國之時也。漢二百年而遭王莽之亂，計其殘夷滅亡之數，又復倍乎秦、項矣。以及今日，名都空而不居，百里絕而無民者，不可勝數。此則又甚於亡新之時也。悲夫！不及五百年，大難三起，中間之亂，尚不數焉。變而彌猜，下而加酷，推此以往，可及於盡矣。嗟乎！不知來世聖人救此之道，將何用也？又不知天若窮此之數，欲何至邪？

中原膏腴之地，本來就強鄰環伺。北狄西戎，在弱的時候表示畏服，在強的時候則成為邊患。如殷商武丁時備受鬼方侵擾，周文王時難敵昆夷、獫狁，漢高祖困於白登，孝文帝軍於霸上，正如寫過《徙戎論》的江統所言：「雖有賢聖之世，大德之君，咸未能以通化率導，而以恩德柔懷也。」（《晉書·江統傳》）簡單說，就是拿他們沒甚麼好辦法。

世界交通未開的古代，人們相互之間不了解。中國的「江統們」不知道羅馬帝國衰亡之後地中海上海盜蜂起的情況，也不清楚歐洲大陸日耳曼蠻族在羅馬帝國廢墟上鵲巢鳩佔的情況，更不明白定居社會與遊居社會、農耕文明與遊牧文明之間根本性的對立和歷史演化的過程。如果對這些都有所了解，中國人將會意識到：自己面對的「南夷與北狄交侵，中國不絕若線」的局面，其實是世界範圍內的普遍情況，並不新鮮；還會意識到：相較於世界其他地區定居文明在蠻族入侵浪潮衝擊之下徹底毀滅的情況，中國的情況其實並不是最壞，因為無論蠻族入侵的局面多麼嚴重，對於社會的創傷多麼嚴重，中國的天下型定居文明發展到秦漢，建立了大一統天下國家之後，就無論如何也不會覆滅了。王朝可以衰亡，社會可以崩潰，但天下型定居文明的根基不會動搖。

　　《晉書·載記序》記載：

　　大凡劉元海以惠帝永興元年據離石稱漢。後九年，石勒據襄國稱趙。張氏先據河西，是歲，自石勒後三十六年也，重華自稱涼王。後一年，冉閔據鄴稱魏。後一年，符健據長安稱秦。慕容氏先據遼東稱燕。是歲，自符健後一年也，儁始僣號。後三十一年，後燕慕容垂據鄴。後二年，西燕慕容沖據阿房。是歲也，乞伏國仁據枹罕稱秦。後一年，慕容永據上黨。是歲也，呂光據姑臧稱涼。後十二年，慕容德據滑台稱南燕。是歲也，禿髮烏孤據廉川稱南涼。段業據張掖稱北涼。後三年，李玄盛據敦煌稱西涼。後一年，沮渠蒙遜殺段業，自稱涼。後四年，譙縱據蜀稱成都王。後二年，赫連勃勃據朔方稱大夏。後二年，馮跋殺離班，據和龍稱北燕。提封天

下，十喪其八，莫不龍旌帝服，建社開祊。華夷咸暨，人物斯在。或篡通都之鄉，或擁數州之地，雄圖內卷，師旅外并，窮兵凶於勝負，盡人命於鋒鏑，其為戰國者一百三十六載。

由此可見，一方面是胡族的入侵和佔據，另一方面則是「稱趙」「稱秦」「稱魏」「稱燕」甚至「稱大夏」，自動歸順於定居農耕生產生活方式。

而他們一旦全部轉入定居農耕生產生活方式，前面所說的定居文明歷史運動內在邏輯——定居內在地要求秩序，秩序內在地要求統一，統一內在地要求強制，「以天下為一家，以中國為一人」，就會自動發揮作用，不以人的主觀意志為轉移。

在這片土地上，無論是甚麼民族，進入定居農耕社會與接受儒家學術兩者必定同步。《晉書·載記一·劉元海》記：胡族匈奴單于劉淵，「幼好學，師事上黨崔游，習《毛詩》《京氏易》《馬氏尚書》，尤好《春秋左氏傳》《孫吳兵法》，略皆誦之。《史》《漢》、諸子無不綜覽」。羯族人石勒，「雖在軍旅，常令儒生讀史書而聽之，每以其意論古帝王善惡，朝賢儒士聽者莫不歸美焉」(《晉書·載記五·石勒下》)。建立後趙之後，「增置宣文、宣教、崇儒、崇訓十餘小學於襄國四門，簡將佐豪右子弟百餘人以教之」(《晉書·載記四·石勒上》)。氐族人首領苻堅，「八歲，請師就家學。……博學多才藝，有經濟大志，要結英豪，以圖緯世之宜」(《晉書·載記十三·苻堅上》)。羌族人姚襄，「好學博通，雅善談論」(《晉書·載記十六·姚襄》)；姚興，「講論經籍，不以兵難廢業」(《晉書·載記十七·姚興上》)。

3. 秩序主義與運動主義

若按行國與居國劃分，成吉思汗時期的蒙古是個典型的行國，沒有固定的都城，「上馬則備戰鬥，下馬則屯聚牧養」（《元史·兵志一》）；而到了忽必烈定都元大都時的元朝，漠南漢地則完整保留為傳統的居國。

蒙古人從一個極端到另一個極端的大轉變，充分說明了行國和居國的形成不是由民族和人種決定的，而是由定居和遊居的生產生活方式決定的。經過數千年發展，已經擴大成天下國家和天下型經濟體的中原居國，可以將任何一個行國消化在自己的內部，這就是秩序原則的力量。一旦從遊居轉為定居，運動的原則就必須讓位於秩序的原則，定居社會一旦沒有了秩序就會崩潰，一如遊居社會一旦失去了運動就會崩潰一樣。

如前所述，中國的儒道釋傳統，就只是關於定居文明而不是關於遊居文明的。所以，無論是鮮卑人、契丹人、党項人還是蒙古人、女真人，在進入中原漢地之後，都會放棄本民族過去的傳統習俗，而開始尊孔崇儒，禮佛習道。

草原行國是這樣，海洋行國也是如此。在數千年地中海爭霸戰傳統中產生出來的一整套思想觀念、行為規範、學術傳統，歸根結底也是關於遊居文明、海洋國家和海上民族的，而不是關於定居文明、大陸國家和農耕民族的。

但是，與草原行國的情況有所不同的是，歷史上中國北方草原上此起彼伏的各大行國都先後被中原居國消化了，而遠在中國四海之外的海洋行國卻從來沒有被中原居國所消化。不僅如此，兩條文明路徑各自經過數千年的演化之後，秩序的原則和運動的原則也都

走向了各自的極端，分別發展成為不可動搖的秩序主義和不可遏制的運動主義。

在中華方面，從元朝到明朝和清朝，隨着有效控制疆域的擴大和有效管轄人口的增加，其秩序主義在曲折和起伏中日益加強。在西洋方面，從十字軍東征到大航海和地理大發現，隨着新世界的不斷擴大和新事物的不斷增加，其運動主義也是在曲折和起伏中日益加強。如果這兩個世界始終被千山萬水所隔阻，沒有相互接觸，而是互不相干地各自發展，原本也是沒有問題的。但是，15 世紀之後的大航海，打破了地理上的隔絕狀態。隨着歐洲人遠洋探索活動的不斷擴大，西方運動主義的前鋒終於衝撞到了中華秩序主義所控制的疆域。

衝撞的結果，在中國士大夫的頭腦中激發了「本末」和「體用」之爭。當人們終於承認西洋文明也有本有末時，其所指的「本」其實就是從遊居文明、海洋國家和海上民族中產生的某種不同於定居文明、大陸國家和農耕民族的「本」。

但西洋文明的「本」到底是甚麼呢？可謂是眾說紛紜，思想家們一直不知道應該如何將兩個不同的「本」進行對應解釋。1895年，嚴復發表《論世變之亟》，文中說：

中國最重三綱，而西人首明平等；中國親親，而西人尚賢；中國以孝治天下，而西人以公治天下；中國尊主，而西人隆民；中國貴一道而同風，而西人喜黨居而州處；中國多忌諱，而西人眾譏評。其於財用也，中國重節流，而西人重開源；中國追淳樸，而西人求歡虞。其接物也，中國美謙屈，而西人務發舒；中國尚節文，

而西人樂簡易。其於為學也，中國誇多識，而西人尊新知。其於禍災也，中國委天數，而西人恃人力。[①]

　　清末民初，應用這種「極端化的二分法」來解釋中西之間的差異和對立，是非常多見的。李大釗在 1918 年發表的《東西文明根本之異點》中寫道：

　　南道文明者，東洋文明也；北道文明者，西洋文明也。……一為自然的，一為人為的；一為安息的，一為戰爭的；一為消極的，一為積極的；一為依賴的，一為獨立的；一為苟安的，一為突進的；一為因襲的，一為創造的；一為保守的，一為進步的；一為直覺的，一為理智的；一為空想的，一為體驗的；一為藝術的，一為科學的；一為精神的，一為物質的；一為靈的，一為肉的；一為向天的，一為立地的；一為自然支配人間的，一為人間征服自然的。[②]

　　可以理解，隨着東西方文明之間衝撞的日益加劇，特別是出現了中華文明即將被西方文明從整體上顛覆的形勢，人們普遍產生了這種「極端化的二元論」認知。或者也可以理解為，這是一個提前進行的心理準備 —— 最終也許不得不面對西洋之本強於、高於、優於中華之本的問題，否則不足以解釋當時中國面臨的危局。

---

① 嚴復：《論世變之亟》，見王栻主編：《嚴復集》（第一冊），中華書局，1986 年，第 3 頁。
② 李大釗：《東西文明根本之異點》，見《李大釗全集（修訂本）》（第二卷），人民出版社，2013 年，第 308—309 頁。

1898 年，康有為在京師保國會上疾呼：

> 吾中國四萬萬人，無貴無賤，當今一日在覆屋之下，漏舟之中，薪火之上，如籠中之鳥，釜底之魚，牢中之囚，為奴隸，為牛馬，為犬羊，聽人驅使，聽人割宰，此四千年中二十朝未有之奇變。[①]

以今日立場觀之，當時的認知的確是極端化了。兩種文明都有本有末，這個認識是正確的，不過肯定不是絕對的誰高誰低、誰優誰劣的問題。當我們追溯到文明的根本問題上時即可看出，中西文明的衝撞無非是定居文明和遊居文明、大陸居國文明和海洋行國文明的差異造成的。抽象地看，也無非就是秩序主義和運動主義的對立和差異造成的。

也許正是鼓勵變革、擁抱顛覆的運動主義，特別是以海洋探索和新世界發現為時代背景的運動主義，最終促成了現代科學和現代工業的誕生。

此外，作為運動主義的一種極端形式 —— 戰爭，起到了特殊的作用。越來越多的歷史學家同意這樣的認識：戰爭和國家共同推動了資本主義和工業革命。弗朗西斯·福山說過：「戰爭最重要的影響可能不是誰贏誰輸，而是它們產生的更深遠的影響，這涉及戰爭對我們所生活的社會形態的長期影響。」查爾斯·蒂利在《強制與資本》一書中以及波特在《戰爭和大國崛起》中也都表達了類似

[①] 康有為：《京師保國會第一集演說》，見湯志鈞編：《康有為政論集》（上），中華書局，1981 年，第 237 頁。

的看法 ①。通過這個觀點理解十字軍東征和地理大發現的意外收穫，是完全適用的。

1898 年，當時的英國首相索爾茲伯里（Salisbury）爵士聲稱：「由於這樣或那樣的原因（出於政治需要或在博愛的名義下），有生命力的民族將逐漸侵佔行將消亡者的領地。」②

「有生命力的民族」指的當然就是被連續數百年的運動主義刺激出來的西方各民族，這句話無異於西方的運動主義在帝國主義全盛時期的勝利宣言。

三、科學發現與工業革命

現代科學率先在「地中海洲」和歐洲誕生，而沒有在歷史更悠久、文明更成熟的中國、印度等國誕生，這基本上是運動主義和秩序主義兩者之間對立和差別導致的結果。

11—13 世紀的「十字軍東征」，是典型的運動主義。來自阿爾卑斯山以北的文化上野蠻落後的基督教國家，並沒有多少秩序需要維護，無論是半真半假的宗教激情，還是無法遏制的劫掠慾望，都推動着一種面向遠方世界的、改變當前現狀的、摧毀並顛覆所遇到的一切的強烈運動主義精神的形成。

---

① 參見〔荷〕皮爾・弗里斯著，郭金興譯：《國家、經濟與大分流：17 世紀 80 年代到 19 世紀 50 年代的英國和中國》，中信出版社，2018 年，第 294 頁。
② 轉引自〔美〕沙培德著，高波譯：《戰爭與革命交織的近代中國（1895—1949）》，中國人民大學出版社，2016 年，第 52 頁。

在追隨「上帝的意願」（Deus lo volt）的口號下，原本就粗
陋簡單的野蠻社會，將能夠運動起來的一切都投入到十字軍東征
中──教皇的野心、流行的宗教觀念、當時的僧侶等級制度、貴
族的騎士傳統等等，如同洪水猛獸一般向撒拉遜國家猛撲過去。經
過艱苦的較量之後，於 1099 年佔領了耶路撒冷，撒拉遜人被成群
地殺害，聖城血流成河。「這是過去世界上從來沒有人敢發動的奇
特的行動」，西方史學家蘭克如是説。

確切地説，歐洲基督教國家最初的模樣，也就是在這時才初步
形成。蘭克寫道：

就這樣，一系列城市從十字軍東征開始並在歐洲貴族的影響之
下接受了僧侶等級制度。站在十字軍東征之首的教皇通過東征與以
下幾種力量結成了同盟：一、大領主封臣，二、整個貴族階層，
三、各個城市，四、所有的居民。這些人頭腦裡除了十字軍東征之
外幾乎別無他物。[1]

蘭克的史觀是典型的西方中心論，對於這場與歷史上無數次蠻
族入侵運動並無本質不同的十字軍東征，即使在他「唯西方論」的
美化和拔高的敍述中，也只能説成這樣：

十字軍東征不講究戰略戰術，沒有能夠達到他們的預期目標。

---

① 〔德〕利奧波德‧馮‧蘭克著，〔德〕斯特凡‧約爾丹、耶爾恩‧呂森編，楊培
英譯：《歷史上的各個時代：蘭克史學文選之一》，北京大學出版社，2010 年，
第 67 頁。

儘管如此，他們還是取得了一系列具有重要意義的成果。十字軍東征使人產生一種強烈的感覺，即西方國家是一致的、統一的。同時，十字軍東征也激發了人們到東方國家去的持續熱情。十字軍在東征的過程中建立了城市、騎士制度，並發展了交通，特別是大大提高了宗教領袖的地位。教皇們甚至願意看到進攻耶路撒冷的失敗，因為只有失敗才更有理由繼續促使歐洲不斷地為着自身的目標而採取行動。[1]

這種敍述，可以適用於描繪中國歷史上所有的蠻夷戎狄入侵 —— 進攻時看起來像是烏合之眾，各部落感覺是一個統一的整體，激發了進入中原的持續熱情，只有失敗才更有理由繼續採取行動……匈奴如此，鮮卑、突厥、契丹、蒙古莫不如此。

中國歷史上的「蠻夷戎狄」入侵，作為運動主義的一種形式，其積極因素主要體現在民族的融合、文化的同化、貿易的發展、定居文明範圍的擴大等方面，就像五胡十六國的混亂之後是隋唐大一統的重建，五代十國的混亂之後是兩宋大一統的重建，最終都是回歸傳統的秩序，秩序主義重新壓倒運動主義。

十字軍東征的情況卻大不相同。這場運動，一方面表現為阿爾卑斯山以北的基督教國家通過東征，在地中海以東阿拉伯帝國的土地上建立一些定居城市，並利用哈里發統治區之間的不和站住了腳，將新生的西方文明中的一些東西帶到了東方；另一方面表現為

---

[1] 〔德〕利奧波德·馮·蘭克著，〔德〕斯特凡·約爾丹、耶爾恩·呂森編，楊培英譯：《歷史上的各個時代：蘭克史學文選之一》，北京大學出版社，2010年，第68—69頁。

西方社會當中的一些有識之士，從被入侵的阿拉伯先進文明那裡獲得了一些非常有價值的知識和思想，成為了西方社會發展自身文明的跳板。

兩方面綜合起來的結果是：遭到軍事入侵的阿拉伯以及反過來受到文明入侵的西歐，都不會再出現傳統秩序重建的情況，都開始發生連續的變化；也就是運動主義繼續着新一輪的運動主義，連續的運動主義完全壓倒了秩序主義。

1. 十字軍東征使西方獲得了發展科學的起點

來自英格蘭巴斯的阿德拉德（Adelard of Bath）是將阿拉伯的先進文明傳回歐洲的先鋒人物，「他翻閱了安條克和大馬士革圖書館的資料，才將數字運算表格帶回了歐洲，奠定了基督教世界數學研究的基礎」[1]。他於 1126 年回國，從阿拉伯帶回了天文學、幾何學、氣象學、醫學、植物學和動物學等各學科的知識，這成了當時英國那個黑暗洞穴裡最初的幾縷先進文明之光。

在「地中海洲」的廣泛遊歷讓他大開眼界，以至於回到英格蘭後看甚麼都不順眼：

王子粗俗不堪，主教貪杯好飲，法官收取賄賂，主顧不可信賴，顧客趨炎附勢，承諾全是謊言，朋友相互嫉妒，幾乎所有人都野心勃勃。[2]

---

[1] 〔英〕彼得・弗蘭科潘著，邵旭東、孫芳譯，徐文堪審校：《絲綢之路：一部全新的世界史》，浙江大學出版社，2016 年，第 126 頁。
[2] 同上。

這種描寫，反映的是當時西歐社會一邊倒的「親阿」崇拜。12 世紀後半葉，莫雷的丹尼爾（Daniel of Morley）也是當時的「阿粉」，他發現法國巴黎盡是些裝模作樣、欺世盜名的知識分子，他們就「像雕塑一樣端坐在那裡，一言不發，假裝自己無所不知」。於是他輾轉來到穆斯林的托萊多城（Toledo），「以便盡快聆聽世上最聰明的哲人的教誨」[1]。

當時的阿拉伯社會給西方社會的啟蒙，這個重要的歷史事實顯然在後來「西方中心論」的世界歷史學術建構中被有意淡化了。但是無論怎樣淡化，想要把歷史痕跡塗抹乾淨是不可能的，一個很重要的證明是，英語裡很多涉及科學的詞彙都來自阿拉伯語。

例如化學（chemistry）、代數（algebra）、算法（algorithm）、密碼（cipher）、平均（average）、方位角（azimuth）、年鑑（almanac）、煉金術（alchemy）、銻（antimony）、酒精（alcohol）、軍火庫（arsenal）、克拉（carat）、口徑（caliber）、檢查（check）、萬靈藥（elixir），等等，都源於阿拉伯語。還有大量動植物的專有名詞、醫學的專有名詞、礦物學的專有名詞，也都源於阿拉伯語。

追蹤語言的演變也是一種復原歷史的方法，通過詞源學研究，可以發現文明真實傳遞的路徑。在食品方面，糖果（candy）、咖啡（coffee）、檸檬（lemon）、茉莉花（jasmine）都源於阿拉伯語，說明此前的「小歐洲」沒有這些東西。穿衣方面更是如此，棉花（cotton）、床墊（mattress）都是阿拉伯語。實際上，棉布（muslin）一詞就是源於摩蘇爾城（Mosul），錦緞（damask）就是源於大馬

---

[1] 〔英〕彼得·弗蘭科潘著，邵旭東、孫芳譯，徐文堪審校：《絲綢之路：一部全新的世界史》，浙江大學出版社，2016 年，第 126 頁。

士革（Damascus），而紗布（gauze）就是源於加沙（Gaza）。

今天的中國人都還記得稱火柴為「洋火」、稱鐵釘為「洋釘」、稱蠟燭為「洋蠟」的那個落後時期，做個換位想像，就能明白當時西方與阿拉伯之間的差距有多大。邁爾斯教授在他的《中世紀史》裡寫道：

> 巴格達哈里發政權的黃金時代從 8 世紀晚期到 9 世紀，大致在曼蘇爾（Al-Mansnr，754—775）和著名的哈倫·拉希德（Harun-al-Raschid/Harun al Raschid，786—809）統治期間。這一時期，阿拉伯學者孜孜不倦地促進科學、哲學和文學的發展，而哈里發的宮廷在文化和奢華方面都與西方基督教世界統治者粗魯、野蠻的宮廷形成了鮮明對比。[①]

如果沒有這一時期阿拉伯學者對於古希臘哲學和科學文稿的翻譯、研究和發展，西方社會可能只能在黑暗中繼續徘徊。最合乎邏輯的歷史是：西方社會首先通過「十字軍東征」接觸到了阿拉伯世界的「洋糖」「洋茶」「洋布」「洋緞」等各類奢侈品，然後整個社會掀起了「東方熱」，學習阿拉伯語成了流行時尚，上流社會處處模仿阿拉伯人的生活方式，宮廷裡都設有專門陳列阿拉伯「洋貨」的「安條克宮」。在持續長達兩三百年的「東方熱」「阿拉伯熱」的基礎上，以阿拉伯語為基礎的古代哲學和科學開始進入西方社會的知識界，為後來的文明發展奠定了基礎。斯圖亞特·戈登寫道：

---

① 〔美〕菲利普·范·內斯·邁爾斯著，王小忠譯：《邁爾斯教授講世界歷史·中世紀史》，天地出版社，2019 年，第 75 頁。

伊本・西拿的一生與著作，呈現了從西班牙到中亞的穆斯林精英在學術奉獻上的深度。羅馬衰亡之後，學術世界便轉移到了亞洲世界，古希臘的知識在那兒得到翻譯、評論、發展，最終也被人超越。[1]

這裡提到的伊本・西拿（980—1037），出生在今天的阿富汗，是一位西方哲學史和科學史中無論怎樣都繞不過去的學術巨人。此人在歐洲被叫做阿維森納（Avicenna），名氣甚至比在阿拉伯地區還大，因為他的醫學百科全書《醫典》成為歐洲大陸的醫學課本長達四百多年，他的哲學和神學著作影響了托馬斯・阿奎那（1225—1274）、大阿爾伯特（1200—1280）、羅傑・培根（1214—1294）等那個時期最主要的幾位西方思想家。這位新柏拉圖主義最主要的代表人物被認為有可能寫了超過一百本書，從醫學、哲學、神學、邏輯學、倫理學、幾何學到軍隊管理，無所不包。他在自傳中說，自己在少年時就解決了歐幾里得《幾何原本》的全部問題，亞里士多德的《形而上學》他讀了四十多遍，最後都能背誦下來。

概言之，單純從科學發展史上看，中古時代的阿拉伯人先於歐洲人產生了對於科學的現實需要，並取得了初步的科學成就，繼古希臘時期之後，再一次來到了進入現代科學大門的最後一級台階上。而就在這個關鍵時期，發生了「十字軍東征」。持續長達兩百年的「十字軍東征」導致了一個歷史轉折：一方面，阿拉伯的科學發展事業被打斷，喪失了率先進入現代科學大門的機會；另一方

---

[1] 〔美〕斯圖亞特・戈登著，馮奕達譯：《極簡亞洲千年史》，湖南文藝出版社，2017年，第56頁。

面，歐洲人從阿拉伯人手裡接過了科學發展的「半成品」，為衝入現代科學的大門做好了最後的準備。對於科學發展這個歷時兩千年的接力路徑，邁爾斯教授寫道：

（阿拉伯學者）從希臘人和印度人那裡獲得了天文學、幾何、算術、代數、醫學、植物學和其他科學的啟迪。亞里士多德（Aristotle）、歐幾里得（Euclid）和蓋倫（Galen）的科學著作，以及印度教關於天文學和代數的論述，分別從希臘文和梵文翻譯成阿拉伯語，進而形成了阿拉伯研究和調查的基礎。幾乎所有他們所能觸及的科學都被其加以改進和充實，然後再傳播給歐洲學者。他們首次把醫藥變成了真正的科學。從他們那裡得知其設計了阿拉伯記數法或十進制記數法，並將這一所有科學研究都不可或缺的數學計算工具傳到歐洲。[①]

2. 地理大發現讓西方率先進入了現代科學領域

今天的世界，每當提到現代科學，幾乎所有人都承認這是西方的一個獨佔優勢，各個現代科學領域的開創者都是西方人，最重要的科學定理和定律都是西方人發現並命名的，這是一個不容爭辯的事實。其他所有的非西方文明，無論有過多麼悠久的科學技術發展史，取得過多少科學技術成就，也無論曾經領先西方多少年，面對現代科學時，都必須虛心地向西方學習，並承認西方這一獨佔的優勢。只要西方在現代科學各領域繼續前進，其他國家就只能在西方

---

① 〔美〕菲利普·范·內斯·邁爾斯著，王小忠譯：《邁爾斯教授講世界歷史·中世紀史》，天地出版社，2019 年，第 78—79 頁。

已經走過的道路上埋頭追趕，並盡可能縮小差距。

在現代科學之前的古代時期，各大主要文明基本都是獨立發展的，沒有很多交流。而一旦發生了交流，總會有取長補短、互通有無的情況；不大會出現單獨一個社會獨自佔有了大量新的發現和發明，並且在一段時間內遙遙領先，最後還迫使其他社會不得不追隨其後這種奇特的現象。

就好像一群人本來在各條道路上各自前行，然後突然有一些人在一條道路開始快跑，由於快跑的人獲得了一種超常的新能力，迫使其他人也不得不轉向這條路並從頭開始學習快跑，巨大的差距就此產生。

於是所有人，包括西方人自己，都開始問這個問題：為甚麼偏偏是西方率先衝進了現代科學的新天地？

長期以來，世界上流行一個關於這個問題的「標準答案」：西方之所以能夠率先進入現代科學領域並迅速取得絕對的領先優勢，是因為西方從古希臘開始就出現了最早的科學萌芽，在當時就已經領先於全世界。雖然後來出現了黑暗的「中世紀」，但經過「文藝復興」，西方又「重新發現」了古希臘的文明成就，於是這個兩千年的「西方科學發展史」就連接起來了，所以西方就遙遙領先了。阿拉伯、波斯、印度和中國，雖然歷史上也有很高的科學技術成就，但沒有古希臘這個起點，所以只能承認自己自古以來在科學上一直落後。

在中國，由於已經將「中國的科學在歷史上一直落後於西方」當成了鐵案，後面的討論就只能沿着「為甚麼會落後」的方向找原因，於是衍生出「因為儒家思想」「因為專制制度」「因為人口眾多」

「因為民族性格」等各種否定自身文明、虛無自身歷史的論點。

真實的歷史是，古希臘的文明成就與近代以來西方社會的現代科學發展，並不在一個連續的文明演變路徑上。前者的光明並不能遮掩後者的黑暗。

關於前科學時代的歐洲，英國約克大學歷史學教授戴維‧伍頓（David Wootton）寫道：

讓我們暫時回到 1600 年，選取一個典型的受過良好教育的歐洲人。雖說我們將從英國選取某個人，但其實從別的任何一個歐洲國家選取，也沒多大差別。這是因為，在 1600 年，他們擁有的知識文化完全一樣。這個人相信巫術，可能讀過蘇格蘭王詹姆斯六世（James VI，未來的英國國王詹姆斯一世）的《魔鬼學》（Daemonologie，1597）。就魔鬼的代理人施加的威脅，《魔鬼學》描繪了一幅令人驚恐、容易讓人相信的圖畫。這個人相信巫婆能夠掀起風暴，使海上的船隻沉沒。詹姆斯差點兒就在這樣一場風暴中喪命。這個人相信有狼人。儘管英國碰巧沒有狼人，但他知道它們將在比利時被發現。他相信喀耳刻真的把奧德修斯的船員變成了豬，相信老鼠是在乾草堆裡自然產生的。他相信同時代的魔法師，聽說過約翰‧迪伊（John Dee）。他可能還聽說過尼特西姆的阿格里帕（Agrippa of Nettesheim，1486—1535）。阿格里帕的黑狗「先生」被認為是一個偽裝的魔鬼。如果他生活在倫敦，那麼他也許認識那些曾向西門‧福曼（Simon Forman）諮詢的人。福曼是執業醫師和占星家，曾利用魔法幫助他們找回了被偷的物品。他曾經看見獨角獸的角，但沒有見過獨角獸。

他相信，如果謀殺者在場，被謀殺的人的屍體會流血。他相信，如果把一種油膏抹在造成傷口的匕首上，傷口會癒合。他相信，就植物的藥性來說，植物的形狀、顏色和口感可以提供線索，因為上帝之所以設計自然，就是為了讓男人解釋。他相信能夠把常見金屬轉化成黃金，不過他懷疑是否有人知道怎麼做。他相信自然厭惡真空。他相信彩虹是來自上帝的徵兆，彗星預示着罪惡。他相信，如果我們知道如何釋夢，那麼夢就能預言未來。他當然相信「地」靜止不動，太陽和星星每 24 小時繞着「地」轉一圈兒。他聽別人提起過哥白尼，但他不敢想像他會把哥白尼以太陽為中心的宇宙模式當真。他相信占星術，但由於他不知道他出生的準確時間，於是他認為，即使是最專業的占星家，也幾乎講不出多少他在書籍中找不到的東西。他相信亞里士多德（Aristotle，公元前 4 世紀）是有史以來最偉大的哲學家，普林尼（Pliny，公元 1 世紀）、蓋倫（Galen）和托勒密（Ptolemy）分別是自然歷史、醫學和天文學的最佳權威。他知道這個國家有耶穌會士，據說他們正在表演奇跡，但他懷疑他們是騙子。他擁有 20 多本書。[①]

如果當時有一位周遊世界的人，他應該能做出比較，1600 年的「小歐洲」與同時期的中國、印度、波斯和「地中海洲」任何一個地方都無法相比，其文明程度相差數百年甚至上千年。在那個前科學時代，按古代學術的標準衡量，「一個典型的受過良好教育的歐洲人」在文化上都非常落後，更不用說大多數普通人了。

---

① 〔英〕戴維·伍頓著，劉國偉譯：《科學的誕生：科學革命新史》（上冊），中信出版社，2018 年，第 6—7 頁。

至於古希臘的科學發展，單純從學術上看，泰勒斯的宇宙本原學説、希波克拉底的醫學文稿、德謨克利特的原子論等早就實現了對神學的排除，亞里士多德、畢達哥拉斯、歐幾里得、阿基米德等人的物理學和數學成就則提前發展出科學的方法，可以説，這個天才群體當時就已經來到了現代科學的入口處，進入新天地只需最後一步。然而，直到 1620 年弗朗西斯・培根才發現應該用歸納法代替亞里士多德的演繹法來作為科學探索的新工具，也是到了這個時期，伽利略才發現應該用「關於地球運動的假設」來代替亞里士多德確立的地球恆定不動的宇宙模型。那麼問題來了，如果科學僅靠學術圈內部的理論思辨即可自行取得進展，何至於要等到整整兩千年之後才邁出最後那一步呢？古羅馬時代一千年，基督教時代一千年，聰明人一代又一代，為甚麼連一步都邁不出去呢？

　　直到今天，仍有中國的科學家用唐初李淳風等人的《九章算術注》甚至比漢朝劉徽的《九章算術注》更不科學這一觀點，來説明中國古代科學不僅沒有進步反而在退步，並得出中國在科學方面一直就落後這個結論。那麼我們要反問：這是否意味着「西方科學」自古希臘之後一直都在自行進步呢？若將 6 世紀波伊提烏斯的幾何學與畢達哥拉斯的幾何學相比，或將 13 世紀托馬斯・阿奎那的哲學與亞里士多德的哲學相比，會得出甚麼結論呢？到底進步了還是退步了？亞里士多德體系被伽利略推翻並被牛頓體系所取代是在整整兩千年之後，如此長的一段時間，歐幾里得《幾何原本》的新版本在哪裡呢？如果在兩千年的大部分時間裡，世界上各大文明的科學發展相較於古希臘時期都是退步的，相較於自身古典時代的文化繁榮時期也是退步的，至少是停滯的，那麼何來誰先進誰

落後之說呢？

明白了古希臘科學成就與近代西方的現代科學突破兩者之間不是線性繼承的關係之後，下一個問題便是：通過「十字軍東征」從阿拉伯世界獲得了知識準備的西方，又是如何率先進入現代科學之新天地的呢？要回答這個問題，首先要弄清楚古代科學與現代科學最根本的不同在哪裡。

愛因斯坦有一個著名的比喻：人類的科學發現，就好像是一個從未見過鐘錶的人對着一塊手錶，開始時對錶盤上的時針分針運動驚訝不已，然後開始想像錶盤背後那個決定錶針運動的東西是甚麼，由此產生關於神靈的各種想像，同時也產生了一些非神靈的解釋。而排除關於神靈的想像，只要能解釋一部分，哪怕是一點點，就都屬於科學探索。

這個比喻非常恰當，可以解釋很多問題。甚麼是神學？就是將錶針運動歸因於神靈撥動的所有學說。甚麼是唯心主義哲學？就是將錶針運動歸因於人的心在動的所有學說。甚麼是古代科學？就是將錶針運動歸因於某種客觀規律並想像出一些理論解釋的所有學說。甚麼是現代科學？就是（1）科學精神：想到並敢於打開手錶的後蓋觀察內部；（2）科學思維：提出各種關於內部機械原理的理論假設；（3）科學方法：觀察內部機械裝置，精確測量機械運動，與頭腦中的理論假設進行對照；（4）科學進步：推翻以前的理論並提出新的假設，通過重複（3）和（4），使理論與實際之間不斷逼近一致。

由此可見，現代科學不是一個簡單的事情，它必須從反常思路和超常勇氣開始。18 世紀的康德提出人類要「敢於知道」（Sapere

Aude）（Dare to Know），今天的人們會覺得很平常，但在當時卻是石破天驚的口號。因為此前的人類社會，無論哪個部分，都沒有形成一個以揭開整個宇宙秘密為目標的思想運動。

今天還有很多人在爭論古代科學到底算不算是科學的問題，如果借用上述比喻，就可以明白：古代科學在試圖解釋錶盤背後的運動原理這個意義上當然算是科學，在這個領域，中國、印度、波斯和阿拉伯等社會，都有不小的成就。但是，它們都沒有走到執意要打開手錶的後蓋這第 1 步，當然也就沒有後面的 2、3、4 步了。中國古代的數學很了不起，天文學很了不起，中醫中藥很了不起，四大發明很了不起，但無論哪個領域都沒有超出古代科學階段，即面對錶盤猜測其背後這個階段。

這是甚麼原因呢？仍借用愛因斯坦的手錶比喻：為甚麼人類會如此長時間地相信錶盤的錶針運動為神意、為心相，或者滿足於簡單而又模糊的理論，不去毅然翻過錶盤正面、打開手錶後蓋、睜大雙眼觀察和研究裡面的機械裝置呢？這顯然不僅僅是一個智力的問題。現代人動輒嘲笑古人的愚蠢，其實只是暴露出自己既無知又無明。

眾所周知，科學精神從一開始就受到來自各方面的遏制。但是並不能簡單將這種遏制歸為愚蠢，而應該意識到這些如影隨形的遏制也自有其道理。在文明的早期，神靈信仰在人類社會中不可或缺，統治者需要藉助神靈來維護基本的秩序，普通人需要藉助神靈來安頓自己的心靈，任何挑戰神靈的人，無論出於甚麼理由，都是整個社會的顛覆者。從一種演化主義的觀點看，所有生存至今並不斷發展的社會，一定是在其文明歷史上自始至終都有某種機制能夠

成功遏制顛覆思想和活動的社會，否則它早就崩潰了。柏拉圖是天才的科學哲學先驅之一，他在《蒂邁歐篇》中深入討論了「世界生成過程中的必然性」：

> 我們必須認識火、水、氣、土的真實性質。諸如：它們是存在於天體產生之先的，在那個先前狀態中它們有甚麼特性，目前還沒有人解釋過它們的生成。但我們假定人類知道甚麼是火及所有這些事物。我們稱它們是本原，是宇宙的音節……①

但是他同時也奉勸人們千萬不要去懷疑神的存在，因為無論世界的本原、宇宙的音節究竟是甚麼，它們統統都是由造物主創造出來的。也就是說，柏拉圖看到了錶盤運動所表現出來的完美、理智、變化和秩序，但他堅信這背後是造物主的意志，人作為宇宙的一部分，不可以去挑戰整體。

其實，這幾乎是所有古代哲學家一致的、共同的觀念。中國人甚至更進了一步，因為中國古代哲學很早就完成了從信仰某個人格神到信仰「天」的跨越，而相較於人格神，「天」所表現出的完美、理智、運動和秩序更為顯著，更加不容挑戰。

所以，真正決定現代科學能否發展起來、對科學探索的遏制能否被克服，或借用手錶的比喻，決定人們敢不敢去打開手錶的後蓋、放任人類的理性去顛覆神定的秩序，這背後仍是秩序主義與運動主義兩者誰壓倒誰的問題。而西方社會中的科學探索活動，在地

---

① 苗力田主編：《古希臘哲學》，中國人民大學出版社，1989 年，第 386 頁。

理大發現時代終於衝破了社會精英長期以來對於科學的遏制，終於開啟了「敢於知道」的前進道路，也正是因為西方社會自十字軍東征之後運動主義並未消退，反而因為大航海和地理大發現而持續高漲、長盛不衰。

做個假設：西方社會自十字軍東征之後，與東方的阿拉伯社會合併成為一個以地中海為中心的新的天下；而這個新的天下又由於定居農耕生產生活方式的發展，出現了一種近似於「周禮」的整體秩序；新的統治者通過「德治天下」「協和萬邦」等策略進一步鞏固這種秩序；經過一段時間後，大一統局面終於形成，全天下迎來了太平盛世。

既然在人類文明史上出現過這種情況，這樣一種歷史可能性就不能完全被排除。要點在於，假如真的出現這種情況，那麼在相當於中國明朝的某個時期，西方社會也將會是秩序主義壓倒運動主義，對天下和諧和安定的追求壓倒對人類知識和技能的追求。

通過這個歷史假設，人們可以清楚地看出，西方社會自十字軍東征之後持久高漲的運動主義，以及運動主義對於秩序主義的壓制，正是現代科學得以誕生的最主要原因。

1492 年之後的地理大發現，讓西方社會的運動主義達到了一個新的高潮，更多的新土地、新民族、新物種，都毫無保留地展現在原本就被十字軍東征刺激得興奮不已的西方人面前。正是因為這一波運動主義高潮，讓西方社會一鼓作氣而終於突破了古代科學的徘徊狀態，借着與地理大發現一樣的模式，推開了現代科學的那道從來未被踏足的大門，又在巨量財富和過剩能量的推動下，全面展開了科學的探索事業。

大規模開疆擴土對於整個社會在精神和思想上的刺激和震蕩，中國歷史上的春秋戰國時期也出現過。在中原大地，諸子百家短時間內湧現出來，這與現代科學在歐洲的集中出現有相似之處，都與新世界出現後帶來的精神不安定有關。傅斯年在解釋「春秋戰國之際為甚麼諸家並興」這個問題時，有一段精到的論述：

　　春秋之世，保持傳統文化的中原國家大亂特亂，四邊幾個得勢的國家卻能大啟土宇。齊盡東海，晉滅諸狄，燕有遼東，以魯之不強也還在那裡開淮泗；至於秦楚吳越之本是外國，不過受了中國文化，更不必說了。這個大開拓、大兼併的結果：第一，增加了全民的富力，蕃殖了全民的生產。第二，社會中的情形無論在經濟上或文化上都出來了好些新方面，更使得各國自新其新，各人自是其是。第三，春秋時代部落之獨立，經過這樣大的擴充及大兼併不能保持了，漸由一切互謂蠻夷互謂戎狄的，混合成一個難得分別「此疆爾界」的文化，絕富於前代者。這自然是出產各種思想的肥土田。[①]

　　不難看出，傅斯年總結出來的這三點，套用在大航海時代的歐洲，完全適合。正如他所說：「思想本是由於精神的不安定而生，『天下惡乎定，曰，定於一』；思想惡乎生，曰，生於不一。」[②]在探討近代歐洲人的精神解放時，很多人會將其歸因到個性解放和衝

---

① 傅斯年：《春秋策：先秦諸子與史記評述》，中國華僑出版社，2013 年，第14 頁。
② 同上。

破宗教束縛等次生因素上，但其實應該看到，新世界的發現才是更為根本的那個震源。

正是因為這個震源引發的大震蕩，人類面前的那塊手錶，在被人類從正面觀察、猜測了數千年之後，終於被一群不受文明規則束縛的野蠻人翻了過來，並打開了後蓋。從此以後，就有了一種從手錶內部機械裝置反過來認識整個手錶包括觀察錶盤的人類自身的全新的世界觀。

令人震驚的現代科學，是在 16 世紀後期至 18 世紀初期這兩百年時間裡被創造出來的。根據英國約克大學歷史學教授戴維・伍頓的精確劃分，這個時期以 1572 年第谷・布拉赫（Tycho Brahe）觀測到一顆新星為開始的標誌，以 1704 年牛頓出版《光學》（*Opticks*）一書為結束的標誌。[1]

實際上，即使在這個時期，對於科學的遏制仍然存在。哥白尼是最早的顛覆者之一，他在 1543 年出版《天體運行論》時，不得不在「導言」中解釋說，他的這個日心說模型只是一種計算用的工具、一種數學方法，「這些假設不必是真的，甚至不必有可能是真的」，以此求得與羅馬教會的妥協。而伽利略在進一步解決日心說遺留的問題並解釋了潮汐的原理之後，最終在 1633 年不得不接受教會的判罪：軟禁，在三年內每週背誦一次《聖經》中的悔罪詩，《對話》一書永遠被封禁。

讓科學能夠衝破秩序主義束縛的運動主義能量，與來自地理大發現帶來的大刺激和大解放密不可分。弗朗西斯・培根的《新工

---

[1] 參見〔英〕戴維・伍頓著，劉國偉譯：《科學的誕生：科學革命新史》（上冊），中信出版社，2018 年，第 1 頁。

具》一書是科學革命的奠基之作，這本書的封面是一艘航船正在通過「赫拉克勒斯之柱」豎立之地的海峽，這個神話中的石柱代表了大力神赫拉克勒斯去往「極西」時所到達的最遠地方，其寓意是古代世界的最外緣，也代表了古代世界知識的極限。人類的航船向西穿過「赫拉克勒斯之柱」，既代表了「極西」之外那個地理的新世界，也代表了知識的新世界。

　　當年，哥白尼在對《天文學大成》中的托勒密體系表示懷疑時曾經說：只有眯着眼看，而且必須使勁眯着眼看，托勒密的軌道才是圓形的。這句話其實代表了古代科學的基本態度：不能太過認真，不能太相信人類自己的理性，要做到「難得糊塗」，才是好的人生。但是，當時的西方社會根本沒有這種「精緻文明」，他們已經開始在地理上的新世界顛覆所遇到的一切，現在又發現了知識上的新世界，當然也沒有甚麼不能顛覆的。

　　歷史上第一次，人類打開了手錶的後蓋，培根的《新工具》就是揭開後蓋那一刻的第一縷燭光。培根在《新工具》一書中解釋他的新研究方法時寫道：

　　真正的經驗的方法……是首先點起蠟燭，然後借蠟燭為手段來照明道路；這就是說，它首先從適當地整列過和類編過的經驗出發，而不是從隨心硬湊的經驗或者漫無定向的經驗出發，由此抽獲原理，然後再由業經確立原理進至新的實驗。[1]

---

① 〔英〕培根著，許寶騤譯：《新工具》（第一卷），商務印書館，1984 年，第 60 頁。

這就是顛覆了亞里士多德「演繹推理」的「歸納推理」：不再顧及權威和慣例，大膽地運用人的理性，緊緊盯住基本事實，對大量新經驗進行組織和歸納，從中推導出公理，無論這些公理是甚麼，都要勇敢地接受，哪怕明天洪水滔天、天崩地裂！

與地理大發現時第一次踏上新大陸的情形一樣，一切都是新鮮的，一切都可以重新開始。短短半個多世紀之後，牛頓發表了《自然哲學的數學原理》一書，他在書中首次提出了研究解釋未知現象的四條方法論原則：

第一規律：求自然事物之原因時，除了真的及解釋現象上必不可少的以外，不當再增加其他。

第二規律：所以在可能的狀況下，對於同類的結果，必須給以相同的原因。

第三規律：物體之屬性，倘不能減少亦不能使之增強者，而且為一切物體所共有，則必須視之為一切物體所共有之屬性。

第四規律：在實驗物理學內，由現象經歸納而推得的定理，倘非有相反的假設存在，則必須視之為精確的或近於真的，如是，在沒有發現其他現象，將其修正或容許例外之前，恆當如此視之。

這套原則已不再是照亮後蓋內部的燭光，而是關於如何觀察和理解手錶內部整套機械裝置的具體方法了。

整個西方社會都已經興奮起來，來自地理新世界的巨量財富和來自科學新世界的全新知識，讓西方人終於成了名副其實的「高貴的野蠻人」。如果那個時候有一位能夠在衛星上觀察整個地球的

人，他一定會驚訝不已，因為在歐洲這塊土地上發生的變化實在太快了。曾幾何時還是最落後、最貧困、最無知的一群人，短短幾十年裡就搖身一變，成了最先進、最富裕、最博學的一群人。

從此以後，西方人成了一種特殊的民族，正如羅素所說，科學知識讓西方人民獲得了一種像神一樣的地位，可以對所有不科學的民族為所欲為。依仗先進武器的暴力，是絕對優勢；依仗先進知識的話語，也是絕對優勢。

1902 年梁啟超發表《論自由》一文，其中對於歐洲歷史上的十字軍東征與大航海之於西方文明有一個簡短的論述。當時的他也能清醒地認識到，十字軍東征「前後凡七役，亘二百年，—— 卒無成功。乃其所獲者不在此而在彼」。他寫道：

> 以此役之故，而歐人得與他種民族相接近，傳習其學藝，增長其智識，蓋數學、天文學、理化學、動物學、醫學、地理學等，皆至是而始成立焉；而拉丁文學、宗教裁判等，亦因之而起。此其遠因也。中世末葉，羅馬教皇之權日盛，哲學區域，為安士林 Anselm（羅馬教之神甫也）派所壟斷，及十字軍罷役以後，西歐與希臘、亞剌伯諸邦，來往日便，乃大從事於希臘語言文字之學，不用翻譯，而能讀亞里士多德諸賢之書，思想大開，一時學者不復為宗教迷信所束縛，卒有路得新教之起，全歐精神，為之一變。此其近因也。其間因求得印書之法，而文明普遍之途開；求得航海之法，而世界環遊之業成。①

---

① 梁啟超：《論學術之勢力左右世界》，見《飲冰室文集之六》，第 111 頁，《飲冰室合集》（第 1 冊），中華書局，1989 年。

概言之，持續不斷的運動主義以及運動主義對於秩序主義的持續勝利，是西方社會率先發明了現代科學並因此而獲得巨大競爭優勢的根本原因，同時也是中國沒能在現代科學上領先並因此失去競爭優勢的最根本原因。但是，重要的是，秩序主義與運動主義並無對錯之分。從本源上講，人類從關於整個宇宙的全部感覺經驗中歸納出的最重要的兩種認知，就是秩序和運動。天體是運動的，但也是有秩序的；生物是運動的，但也是有秩序的。萬物莫不如此。因此，秩序感的產生和運動感的產生，都是自然發生的，沒有應該不應該的問題。然而，其差別在於，人類文明一旦區分為定居文明和遊居文明兩大類型，定居文明對於宇宙中無處不在的秩序會解讀得更多一些，而遊居文明對於宇宙中無處不在的運動會解讀得更多一些，因此分離出重秩序、輕運動、拒絕顛覆的秩序主義和重運動、輕秩序、熱衷顛覆的運動主義。

　　近一千年來，西方社會與中華社會分別成為運動主義和秩序主義的兩個典型，因而導致了從現代科學誕生開始的文明演化路徑的巨大分岔。

3. 運動主義在中國的醞釀

　　在巨大分岔發生之前，中國與歐洲分別處在何種狀態？中國是否自行陷入了停滯和靜止？關於這個問題，學者們一直爭論不休。一些學者如貢德·弗蘭克，還有編寫《技術史》一書的查爾斯·辛格（Charles Singer）等人承認並且強調：

從公元 500 年到 1500 年，「在技術方面，西方幾乎沒有傳給

東方任何東西。技術的流向是相反的」（1957:vol. 2, 756）。書中複製了李約瑟（Joseph Needham）的一張圖表（1954），上面列出了中國的幾十項創造發明與歐洲最初採用它們之間的時間差。大多數時間差都長達 10—15 個世紀（鐵鏵犁則相差 25 個世紀）；少數的時間差為 3—6 個世紀；火炮和金屬活字印刷術的時間差最短，也有一個世紀。「基本上是模仿，有時對技術和原型加以改造，由此……西方的產品最終達到了完美。」（Singer et al. 1957:vol. 2, 756）[1]

同時，辛格等人也斷言：「但是可以肯定」，到 1500 年局勢已經發生了變化，「由於歐洲擁有巨大的海陸軍事優勢，歐洲對遠東的控制幾乎是不可避免的結局」。另外，書中還宣稱：「可以認定，在 17 世紀，歐洲總體上擁有比世界其他地區更高的技術效能」；其原因可以歸結為歐洲尤其是英國的「（更）自由的社會制度」「宗教的凝聚力」以及其他的「文明」特徵[2]。

另一派學者如克龍比（A. C. Crombie），在回顧 13—17 世紀的中世紀和近代早期科學時，甚至根本不涉及西歐以外的任何科學。編寫《科學史》（1969）的貝爾納等人，在論述科學如何從中世紀破土而出時，給了中國一些讚譽，對西亞也有所肯定。但是從 1440 年開始就再也不提及歐洲之外的科學了。他甚至引用李約瑟的成果來論證：「中國的這種早期的技術進展以及印度和伊斯

---

[1] 〔德〕貢德·弗蘭克著，劉北成譯：《白銀資本：重視經濟全球化中的東方》，四川人民出版社，2017 年，第 190—191 頁。
[2] 同上，第 191 頁。

蘭國家幅度較小的進展，本來有一個很好的開端，但是到 15 世紀以前卻止步不前了，結果⋯⋯停留在一個較高的卻靜止的技術水平上。」[①]

大多數研究世界體系問題的學者，並不使用秩序主義與運動主義的對立這一分析工具，因此，即使弗蘭克等人雄辯地批判了資本主義起源的「歐洲內生論」，強調作為一個整體的世界經濟體系的存在，但仍然不能很好地解釋在這個早已存在的世界經濟體系中為甚麼歐洲能夠後來居上，從亞洲的後背爬到肩膀上，並最終在 19 世紀成為全球經濟的中心。換言之，即使承認是美洲的金銀讓歐洲得到了足夠車費，購買到一個亞洲經濟列車的三等廂座位，但隨後能夠包下一節車廂並最終取代亞洲成為經濟列車的火車頭，這個強大的動力從何而來的問題，一直未能得到充分的理論解釋。

為了看清這個問題，我們不妨再做一個歷史對比：

埃爾南·科爾特斯（Hernán Cortés）在 16 世紀 20 年代率領一支不到 1000 人的軍隊征服了中美洲的阿茲特克帝國，並毀滅了古代尤坦卡文明。首都特諾奇蒂特蘭被屠城，目擊者寫道「鮮血像水，像黏稠的水一樣流淌。空氣中瀰漫着血腥味」。但這些十足的罪行並不妨礙「科爾特斯的軍隊」一語在此後的幾百年裡成為引領西方社會前進的一面旗幟。

與科爾特斯軍隊在中美洲的行軍同一時期，麥哲倫的船隊成功通過麥哲倫海峽，首次進入太平洋。這一時期，整個西方社會都在運動主義新的高潮中發生着躁動。1525 年，西班牙國王查理五世

---

① 〔德〕貢德·弗蘭克著，劉北成譯：《白銀資本：重視經濟全球化中的東方》，四川人民出版社，2017 年，第 192 頁。

因為科爾特斯在征服墨西哥方面取得的驚人成就而授予他代表最高榮譽的徽章。國王在文告中說：「我們，對於您如上所述的這些大量工作、眾多危難和冒險經歷……表達尊重。」

對比地看，當時中國的明朝皇帝，其實也面臨自己的人民向海外發展、在海外建立殖民地的類似形勢。自鄭和下西洋打開了海上貿易通道之後，當時的浙江、福建、廣東沿海民眾，大量前往日本、琉球、暹羅、滿剌加（即馬六甲）等地發展；而朝廷並不了解總體的情況，也沒有相應的政策，都是民間的自發活動。直到這些已經在海外扎根的人或者他們的後代以外人的身份重新回來，官方才知道事情其來有自。史載，明仁宗洪熙年間倭寇侵犯樂清，而為之嚮導的，其實是早年移居日本的黃岩人周來保、龍岩人鍾普福等。明憲宗成化四年（1468），日本貢使中的三名通事，自稱本是寧波人。成化五年，琉球貢使蔡璟，自稱祖父本福建南安人，現為琉球通事。成化十四年，禮部奏言，「琉球所遣使多閩中逋逃罪人，專賣中國之貨，以擅外番之利」[1]。

這樣的情況不在少數，趙翼提到的還有：暹羅國貢使謝文彬本是閩人，滿剌加貢使通事亞劉本是江西人蕭明舉，日本使臣宋素卿本是鄞縣朱縞，琉球王的左長史朱輔本是江西饒州人，佛郎機貢使內有火者亞三也自稱本是華人……[2]

另據《廿二史劄記》載：

---

① 〔清〕趙翼著，王樹民校證：《廿二史劄記校證（訂補本）》卷三四《海外諸番多內地人為通事》，中華書局，1984 年，第 787 頁。
② 同上，第 787—788 頁。

萬曆中，有漳州人王姓者，為淳呢國那督，華言尊官也。……
三佛齊國為爪哇所佔，改名舊港，閩、粵人多據之，至數千家，有
廣東人陳祖義為頭目，群奉之。又嘉靖末，廣東大盜張璉，為官軍
所逐，後商人至舊港，見璉為市舶長，漳、泉人多附之，猶中國市
舶官云。又呂宋地近閩，閩人商販其國者至數萬人，往往久居不
返，至長子孫。[①]

　　出現這種情況其實很正常，鄭和時期明朝的航海事業是世界第
一，即使是官方主導，對於民間海洋活動的牽引和推動力量也是巨
大的，漢族中遠離北方政權並靠近海洋的閩粵系因此而興起，並掀
起了大規模向海外發展的浪潮。

　　然而，與西方社會海外殖民事業最大的不同是，明朝官方的相
關態度不是鼓勵和嘉獎，而是抑制和懲罰。據史書記載，外國貢使
中那些被發現原本是中國人的「假外番」，除非能說明自己是被外
國人劫掠去的，否則大都以負罪外逃之名而被誅殺。像科爾特斯那
樣，因為驚人的海外征服行動而受到國王嘉許、授予徽章的事情，
在當時的明朝是不可能發生的。彭慕蘭的研究也得出了類似的結論：

　　早在 1600 年時，馬尼拉的中國城，規模就和日後 1770 年代時
紐約或費城的中國城一樣大，且附近有許多未開墾的農地，但鄉間
卻未形成大型的華人聚落，原因何在？
　　有個簡單但重要的因素，那就是中國政府不支持這類冒險事

---

① 〔清〕趙翼著，王樹民校證：《廿二史箚記校證（訂補本）》卷三四《海外諸番
　 多內地人為通事》，中華書局，1984 年，第 788 頁。

業。中國政府知道商業有助於維持華南的繁榮,但不信任那些離開中國這上國之邦而久久不歸的人民。折中之道就是禁止人民待在海外超過一年,對貿易商而言,這只是些許不便(貿易商有時在待了兩個貿易季後得動用賄賂才能返鄉),但對農民則是很有力的嚇阻,因為農民得在國外待上更久的時間,才能賺回遠道而來所花的旅費,抱着大把錢衣錦還鄉(離鄉背井討生活者大多希望如此)。

還有一個同樣重要的因素,那就是中國政府無意對外殖民,致使海外僑民幾乎得不到祖國的安全保障。[1]

這正是運動主義與秩序主義的巨大差別。運動主義的最主要特點就是:運動本身具有重大意義,最初的目的並不重要,後續的結果往往大大超出先前的設想,如梁任公所説,「其所獲者不在此而在彼」。十字軍東征在兩百年裡共進行了七次,無論是單次還是總體,都談不上成功,甚至完全就是盲動。但是,其意料之外的結果卻是讓西方社會的文明發展跨上了一個台階。哥倫布原本是為了尋找通往印度的新航線,這個初始目的並沒有達到,但意料之外的結果,卻是讓歐洲人率先發現了美洲大陸,獲得了巨量的金銀,由此而極大地改變了世界歷史的方向。

科爾特斯的軍隊本質上是文明的毀滅者,古老的阿茲特克帝國因為這支軍隊的野蠻暴行而徹底覆滅,但是「科爾特斯的軍隊」一

---

[1] 〔美〕彭慕蘭、〔美〕史蒂文·托皮克著,黃中憲、吳莉葦譯:《貿易打造的世界——1400年至今的社會、文化與世界經濟》,上海人民出版社,2018年,第31頁。

語卻意外成為了運動主義的一面旗幟，激勵了 17—18 世紀西方社會在各個領域的發展。在尤坦卡浩劫一個半世紀之後，時任英國皇家學會秘書的羅伯特·胡克在為學會制定路線方針時說：從古至今，很多人都試圖探尋「萬物的性質和原因」，然而他們的努力只是單打獨鬥，幾乎沒有被藝術結合、改善、管控，結果只取得了一些無足輕重、幾乎不值一提的產物。但是，儘管人類已經為此思考了 6000 年（其實應該是 60 萬年還多），仍然是原地踏步，完全不適合、沒有能力克服自然知識的困難。但是，這個新被發現的世界必須被一支「科爾特斯的軍隊」征服。這支軍隊訓練有素、管理完善，但人數卻很少。

胡秘書的意思是，英國皇家學會將是這支人數雖然很少但訓練有素、管理完善的「科爾特斯的軍隊」。後來的事情也的確按照胡秘書的設計向前發展了，事實上，他本人就是歐洲歷史上第一個領薪水的全職「科學家」。從此以後，科學活動在西方社會就意味着一個研究項目、一個專家團體、一筆贊助款或風險投資、一種收集新證據的方法和一系列旨在顛覆既有定論的目標，就像「科爾特斯的軍隊」在新世界的行軍一樣。

培根聲稱：所有新的發現都是從很小的運動開始，一步一步進入一個廣大的領域，假如不首先發明羅盤，也就不會發現美洲。

這就是當時西方社會的運動主義精神，也正是在那個時期，「advancement」（進展）、「proficiency」（早先的含義是「向前移動」）、「improvement」（改善）、「progress」（進步）等詞開始大量使用，一種向前看的、行進中的、不停運動甚至不斷發生顛覆的運動主義世界觀，取代了過去數千年不變的、停滯的或循環的秩

序主義世界觀。

尤瓦爾・赫拉利在《人類簡史》一書中總結了現代科學區別於古代知識體系的三大獨特性：（1）願意承認自己的無知；（2）以觀察和數學為中心；（3）取得新能力。很顯然，這三條都是人的思想觀念的顛覆性改變，在秩序主義主導的社會裡很難出現，只在被持續數百年的運動主義浪潮所衝擊滌盪的社會中，才最有可能發生。

如果同時期的明朝更多一些運動主義，更少一些秩序主義；或者退一步，僅僅在海洋方向上多一些運動主義，少一些秩序主義；或者再退一步，僅僅在閩粵系人民的海外發展方面多一些運動主義，少一些秩序主義，中國近代以來的歷史走向很可能會大不一樣。因為海洋和海外土地本身就意味着新世界，新世界會強迫性地顛覆人們原有的知識體系，迫使人們承認自己完全無知，然後重新積累新的知識，獲取新的能力。

關於科學發現為甚麼首先在歐洲發生，而沒有在中國發生；工業革命為甚麼首先在英國發生，而沒有在中國發生，這些問題都已經有了太多的研究，也已經有了太多的結論。但是，大多數學者都沒有從定居文明—秩序主義與遊居文明—運動主義這個對立區別當中尋找原因。

明朝後期的朱載堉（1536—1610），很符合歐洲近代早期科學大師或藝術大師的人物形象。他是明宗室鄭恭王朱厚烷的嫡子，明仁宗第二子鄭靖王朱瞻埈之後，明太祖朱元璋的九世孫。他的多才多藝即使在世界範圍內也屈指可數，他是樂律學家、音樂家、數學家、舞學家、樂器製造家、物理學家、天文學家、散曲作家，其

著作包括《樂律全書》《律呂正論》《律呂質疑辨惑》《嘉量算經》《律呂精義》《律曆融通》《算學新說》《瑟譜》等，被西方人稱讚為「東方藝術百科全書式的人物」。他在科學方面的突出成就是，首創了著名的十二平均律，在世界上最先計算出 2 開 12 次方等於 1.059463094359295264561825，有效數字達 25 位數；此外，他還研究出數列等式，並解決了不同進位制的小數換算等問題。

程大位是嘉靖—萬曆年間人，祖籍安徽休寧，公元 1592 年他六十歲時著應用數學書《算法統宗》十七卷，將先人的數學著作如劉仕隆的《九章通明算法》（1424）和吳敬的《九章算法比類大全》（1450）等書中的數學問題摘取出來，合成 595 個，就此完成了中國古代應用數學從籌算到珠算的轉變，被推崇為中國「珠算鼻祖」。清康熙五十五年（1716），程家的後代子孫在《算法統宗》新刻本的序言中寫道：自《算法統宗》一書於明萬曆壬辰問世以後，「風行宇內，近今蓋已百有數十餘年。海內握算持籌之士，莫不家藏一編，若業制舉者之於四子書、五經義，翕然奉以為宗」。

宋應星（1587—約 1666）也是那個時代的傳奇人物，因科舉五試不第，感於士子埋首「四書五經」，飽食終日卻不知糧米如何而來；身着絲衣，卻不解蠶絲如何飼育織造，遂不再應試，而遍遊大江南北，實地考察，注重實學，最終將他調查研究的農業和手工業方面的技術整理成書，於崇禎十年（1637）出版，此書即《天工開物》。全書分為上中下三篇，共十八卷，並附有 123 幅插圖，描繪了 130 多項生產技術和工具的名稱、形狀、工序。清代官修並頒行全國各省的《古今圖書集成》中的《考工》《食貨》等典，大量轉引《天工開物》各章的內容和插圖；乾隆初年，大學士張廷玉奉

敕編寫大型農書《授時通考》，也多次引用《天工開物》。《天工開物》實際上是世界上第一部關於農業和手工業生產的綜合性著作，書中記述的許多生產技術，一直沿用到近代。

研究中國科學技術史的學者們，無不觀察到了這些非常靠近現代科學門檻的思想觀念轉變和科學技術進步，也意識到了這些進步就其本質而言，就是向傳統的告別甚至是反叛。但是，這種告別和反叛的力量太微弱了，中國社會中的秩序主義還是太強大了，若要發生類似於歐洲的那種現代科學突破和接踵而至的工業革命，中國社會中的運動主義明顯還是能量不足、動量不夠。

明清鼎革，朝氣蓬勃的清政權入主中原後的當務之急當然是秩序，而不是運動。在順治皇帝統治期間，平定天下的任務過於繁重，令他內外交困——清廷控制南方的計劃遭到明室遺臣的頑強抵抗，表面歸順的江南士紳對朝廷始終陽奉陰違；「國姓爺」鄭成功割據福建及東南沿海，在 1659 年幾乎佔領南京。與此同時，他還面臨朝廷內部滿洲諸親貴的壓力，認為皇帝過於遷就漢人精英，反漢情緒日益滋生。美國漢學家魏斐德寫道：

　　然而，貴族們的反應只是促使順治更傾向於漢人的治國方式。以前，他一直相信遵循儒家觀念的滿漢共治，如今卻完全向明朝的權力模式傾斜。順治廢除皇太極設立的內三院後，恢復了由進士組成的翰林院。此外，他像前朝一樣，也選擇臭名昭著的宦官擔任皇帝內侍，棄內務府的包衣奴才不用。各部院的大臣和諸臣工對必須通過這些不可靠的閹人，才能知曉皇帝意旨的情況非常不滿。那些崇尚武威的滿洲勳貴也深感尊嚴受辱。他們中少數膽大的人上疏勸

諫，但大多數人還是選擇了緘默不語，靜待時機。[①]

　　所謂「明朝的權力模式」，包括設立翰林院和使用宦官，其實不過是天下國家和天下型經濟體的內在要求。既然滿洲人已經離開了原來的「森林行國」，成為中國這個「中原居國」的主人，這個從運動主義向秩序主義的轉變也或早或晚必須完成。

　　旗地政策，從漢人的觀點看，當然是自己的田產房宅被滿洲人強行侵佔，是十足的強盜行徑；但若從民族融合和文明互通的角度看，則正是騎馬民族轉變為農耕民族、遊居文明轉變為定居文明的最有力的措施。如果中華文明最終必定是中原定居文明與草原遊居文明及海洋遊居文明之大融合，那麼，旗人進入中原落戶旗地，實屬歷史必然。俞正燮《癸巳存稿》記載：

　　順治元年十月，戶部奉諭：「凡近京各州縣民人無主荒田，及明朝皇親駙馬公侯伯太監等凡歿於寇亂者無主田地甚多。爾部概行清查。若本主尚存，或子弟存者，量口給予。其餘田地盡行分與東來諸王勳臣兵丁人等。」三年三月，議定此項錢糧，照數永免。[②]

　　相對於歷史上蠻族遊居社會入侵定居社會的大多數情況，滿洲入主中原後的行為算得上是相當克制了。畢竟這是一個以中華正統

---

① 〔美〕魏斐德著，梅靜譯：《中華帝國的衰落》，民主與建設出版社，2017 年，第 85 頁。
② 〔清〕俞正燮：《癸巳存稿》卷九《旗地》，《叢書集成初編》（第 80 冊），中華書局，2011 年，第 279 頁。

自居的政權，而且還希望自己做得比腐朽的明朝更好一些。蔣良騏《東華錄》記載：

（順治二年二月）御史傅景星奏：「民房應給旗下者，當寬以限期，候其搬移，始令旗下管業。至於勸懲，乃馭世大柄，毋許奸宄告訐，致開誣謗之端，用刑繫民命攸關，宜復秋後之條，以圖尚德之治。若夫官方宜清而雜流未盡澄汰，關市有稅，而諸務日見騰縮，一切制度，尚宜斟酌盡善。」下所司速議。給事中向玉軒言：「民間墳墓有在滿洲圈佔地內者，許其子孫歲時祭掃。」從之。①
（順治八年二月）丙午，諭戶部：「朕聞各處圈佔民地以備畋獵，原為講習武事。古人必於農隙，今乃奪其耕耨之區，斷其衣食之路，朕心大不忍。爾部將前圈出土地，盡數退還，令乘時耕種。」②

在這種「以圖尚德之治」的仁政之下，中華秩序主義在有清一代繼續大踏步前進，明朝後期出現的運動主義潛流也隨之變得更加細小，更加看不到洶湧奔騰的前景。也正因為如此，在清朝前期相當長的一段時間裡，即使西學越來越多地傳入中國，但本土的科學技術卻沒有任何大的發展。

然而，若完全以這個時期西方社會愈演愈烈的運動主義為標

---

① 〔清〕蔣良騏撰，林樹惠、傅貴九校點：《東華錄》卷五，中華書局，1980年，第75頁。
② 〔清〕蔣良騏撰，林樹惠、傅貴九校點：《東華錄》卷六，中華書局，1980年，第103頁。

準，以歐洲科學技術的飛速發展為標準，將清政府的各項政策批判為愚昧落後、封閉保守甚至開歷史倒車，其實是有失公允的。尤其是立於今日中國的地位，以中華文明史的角度觀之，更不可輕易否定清朝這一段重要的歷史時期。

順治之後的康雍乾三朝，是清朝「太平一統之盛」的高峰時期。聖祖康熙帝頒詔，自康熙五十年（1711）以後「滋生人丁，永不加賦」。此前丁徭多寡不等，大都沿襲明代舊制，有分三等九則者，有一條鞭徵者，有丁隨地派者，有丁隨丁派者，頗為混亂。雍正元年（1723），新皇自稱「勤求民瘼，事無巨細，必延訪體察，務期利民，而於徵收錢糧尤為留意，惟恐閭閻滋擾，此念時切於懷」（《清實錄·世宗實錄》卷九），開始普遍推行「攤丁入畝」，把固定下來的丁稅平均攤入田賦中，徵收統一的地丁銀，不再以人為對象徵收丁稅。

太平一統，配合以「永不加賦」和「攤丁入畝」等重大舉措，加之從美洲輸入的新品種農作物，多種因素共同導致了中國人口的劇增。《清朝文獻通考·戶口考一》曰：

> 加以列聖重光，休養生息，戶口之版，日增月益，自書契以來，未有如今日之蕃衍者，益以徵太平一統之盛超軼曩古也。

根據海外學者的各種研究分析，對中國人口的估計是：1500年為 1.25 億（保守估計為 1 億），1750 年為 2.7 億（保守估計為2.07 億），1800 年為 3.45 億（保守估計為 3.15 億）。根據中國方面的相關資料，明末清初因戰亂、饑饉、瘟疫等因素，中國人口有

一次急速下降，有學者估計當時人口的跌幅達 40%，從崇禎元年
（1628）以來平均每年下降 19%，至順治末年達到谷底。康雍乾三
朝人口迅速增加，學者們估算，在康熙十九年（1680）到二十四
年（1685）間超過了 1 億，到乾隆時期突破 2 億，到乾隆五十七年
（1792）突破了 3 億，再到道光十四年（1834）突破 4 億，佔世界
人口的百分之四十多。貢德·弗蘭克寫道：

> 在這三個世紀裡，中國人口翻了三番，遠遠高於歐洲的人口
> 增長速度。在 17 世紀初的明代晚期出現了一些大城市（雖然五百
> 年前的宋代已經如此），如南京的人口達到 100 萬，北京的人口
> 超過 60 萬。到 1800 年，廣州與鄰近的佛山加起來有 150 萬居民
> （Marks 1997a），其數量幾乎相當於整個歐洲城市人口的總和。
>
> 中國的生產和人口增長得益於西屬美洲和日本白銀的進口。當
> 然，這種增長首先得益於引進早熟水稻並因此而有一年兩季的收
> 成，其次得益於引進美洲的玉米和紅薯，從而使可耕地面積與糧食
> 收成都有所增長。①

可以說，這段時期正是今日廣土巨族現代中國人口規模的最後
一段奠定基礎的時期。

與人口規模劇增同時的，是清朝實際控制疆域的劇增。清朝初
期，沿用明制承宣布政使司，僅改北直隸為直隸，南直隸為江南承
宣布政使司，即廢除了南京為留都的地位。康熙初，改布政使司為

---

① 〔德〕貢德·弗蘭克著，劉北成譯：《白銀資本：重視經濟全球化中的東方》，
四川人民出版社，2017 年，第 109 頁。

省，並分湖廣省為湖南、湖北兩省，分江南省為江蘇、安徽兩省，分陝西省為陝西、甘肅兩省，十五省被分拆為十八省。

十八省面積大約 400 萬平方公里，這也就意味着康熙初年清朝中央政府實際控制的疆域，其實還不足清朝疆域極盛時期的三分之一，因為當時的南方還處在「三藩」治下的半割據狀態。

以十八省和入關前與蒙古的聯盟政策為依託，康雍乾三朝連續運用政治、軍事和外交的組合手段，將實際控制的疆域擴展到了極大。康熙二十年（1681）平「三藩」，1683 年克鄭氏，1689 年退沙俄，1690 至 1697 年三征噶爾丹，1720 年駐軍西藏；雍正二年（1724）平青海，1728 年清軍入藏；乾隆二十四年（1759）平定準噶爾，1762 年平定大小和卓，1776 年平定大小金川。關於這一系列擴張行動的意義，北京大學韓茂莉教授寫道：

> 必須承認，中國人幾乎很少意識到清初康、雍、乾三世對西北軍事行動的重大政治地理意義，又是一位西方學者 —— 法國人儒勒·格魯塞（編者按：應為勒內·格魯塞）在他的名著《草原帝國》中清楚地指出了這一切對於中國疆土意味着甚麼：「乾隆皇帝對伊犁河流域和喀什葛爾的吞併，標誌着實現了中國自班超時代以來的十八個世紀中實行的亞洲政策所追隨的目標，即定居民族對遊牧民族，農耕地區對草原的還擊。」[1]

她認為，清朝面對的疆域形勢不僅與以往的中原王朝完全不

---

[1] 韓茂莉：《中國歷史地理十五講》之第三講《地理視角下的歷代疆域變化》，北京大學出版社，2015 年，第 51 頁。

同，也區別於元帝國。滿洲人本來只擁有東北，整個內地及其他各邊均不在控制之內，所以清人首先在北邊採取了聯蒙政策，至 17 世紀末，內、外蒙古全部歸於清朝版圖之內。這就使得清朝在將農牧交錯帶融於境土腹心的同時，也將疆域向北延伸至貝加爾湖南岸、向西抵達西域。韓教授寫道：

> 中國歷代王朝不乏將境土擴展到中國北方農牧交錯帶以西以北的事例，其中漢唐兩代拓土西域尤其為歷代稱頌；但必須說明的一個事實是，所有清王朝以前的歷史，對於年降雨量 400 毫米等降雨量線以西以北地區都沒有持續而穩定的獲取，王朝國力強盛時期拓土西北，國力衰微即固守農牧交錯帶。只有清朝的軍事行動不僅突破了這條農耕民族守疆固土的底線，將疆土延伸至中亞草原，而且穩定、持續地擁有了這片土地，並在光緒年間設立新疆巡撫，將其置於與內地等同的管理系統之下。[①]

　　清朝前期在版圖擴張方面建立的偉業，令所有人感到震驚，以至於海外研究中國問題的學者每每都要特別強調，清朝時的中國與此前的中國不可同日而語。他們認為，清朝是一個「組合而成」的真正帝國，區別於此前歷史上那些僅僅因為有個皇帝而被方便地稱為「帝國」的大一統國家。皮爾・弗里斯寫道：

> 除了內地十八省以外，清朝的疆域從一開始就包括了蒙古的

---

① 韓茂莉：《中國歷史地理十五講》之第三講《地理視角下的歷代疆域變化》，北京大學出版社，2015 年，第 50—51 頁。

部分地區以及更為重要的東北「滿洲」，這兩個地區地位都很特殊。……在 19 世紀 50 年代清朝將「滿洲」很大一部分土地割讓給了俄國之前，這塊土地的面積超過 120 萬平方公里。現在，曾是「滿洲」中心地區的三個所謂的「東北省份」面積約為 80 萬平方公里。再次，面積約為 3.6 萬平方公里的台灣於 17 世紀 80 年代被收復，併入清朝的版圖。

……

清朝於 1644 年入關時就已經征服了內蒙古。我們現在討論的地區幅員遼闊。現在的內蒙古約 120 萬平方公里。現在的蒙古國幾乎就處在之前外蒙的位置，面積超過 150 萬平方公里。現在稱為青海的地方在 18 世紀也成了大清帝國的一部分。青海現在面積達 72 萬平方公里。新疆在 18 世紀曾是巨大的「新邊疆」，現在邊疆有些變化，面積有 160 萬平方公里。同樣在 18 世紀，清朝對西藏的影響和勢力明顯增強了，西藏現在超過 120 萬平方公里。隨着時間流逝，大清帝國「組合而成的」特點變得越來越明顯，清朝統治或管理的各個地區有着不同的行政體系，生活着不同的族群，這些族群的社會地位和法律地位也不盡相同。如果我們考慮帝國各個朝貢國的地位，情況甚至更為複雜。[1]

今日中國人的歷史觀，總帶有一種「1840 年情結」—— 近代歷史從晚清開始，序幕就是列強入侵、割地賠款、瓜分豆剖……一位網友在某部清朝歷史書的評論區留言說：讀清史或者清朝的一些

---

① 〔荷〕皮爾·弗里斯著，郭金興譯：《國家、經濟與大分流：17 世紀 80 年代到 19 世紀 50 年代的英國和中國》，中信出版社，2018 年，第 50—51 頁。

人物書籍，免不了有股悲涼和憤怒的情緒縈繞內心，也許因為這是中國歷史上的最後一個朝代，而且晚清將中國拖入了無盡的痛苦和恥辱的深淵中……

但正如韓茂莉教授所指出的，1689 年清廷與沙俄簽訂的《中俄尼布楚條約》是中國歷史上與外國訂立的第一個邊界條約，劃定了自沙賓達巴哈至額爾古納河上游清朝北部與俄國邊界的走向。1727 年，再次簽訂了《中俄不連斯奇條約》，劃定了清朝與沙俄在北方蒙古地區的邊界。這兩個條約的簽訂，結束了中國有域無疆的歷史[①]。若從中華文明五千年的歷史尺度上看，邊界線的確立和條約的簽訂，是廣土巨族發展的最新階段，對於最終建立起這個以廣土巨族為基礎的中華人民共和國具有重大意義。從廣土巨族最終形成的角度看，晚清中國國土的喪失，當然令人痛心疾首，然而這畢竟是廣土巨族經過清朝中期的大規模擴張之後、在結束了有域無疆的歷史之後、在通過邊界線實際控制了穩定的疆域之後發生的。

世人公認，當代中國所具有的廣土巨族的現實，讓中國佔有了極大的競爭優勢。正如 2018 年 12 月彭博社網站上一篇評論文章的作者所言：

> 由於中國人口是美國的 4 倍，中國的增長空間要比美國大得多。中國已經擁有了全球規模最大的製造業，而且中國也已經是全球最大的出口國。換句話說，即便中國現在還不是全球最大經濟

---

① 參見韓茂莉：《中國歷史地理十五講》之第三講《地理視角下的歷代疆域變化》，北京大學出版社，2015 年，第 53 頁。

體，那麼很快也將是了。這件事情意味着甚麼呢？……中國將享受到其主要競爭對手曾經享受到的諸多好處。

　　但人們卻不能輕易將廣土巨族的現實當作想當然。對比地看，同一時期的西方，運動主義高歌猛進，科學技術快速發展，而中國這邊似乎仍然是秩序主義壓倒一切，甚至讓文人士大夫產生了「萬馬齊喑」之感。但如果考慮到中國自晚清以來歷經 19 世紀的帝國主義狂潮、20 世紀的兩次世界大戰，最終沒有亡國，沒有成為鄂圖曼帝國第二，沒有分裂成幾十個中小國家；而是憑藉清朝留下的歷史上最大規模的廣土巨族國力基礎，用了短短 70 年時間便重新崛起，那麼，是不是應該對於康雍乾那一段在人口和疆域方面高歌猛進、快速發展的時期有個重新評價呢？

　　以西方社會的科技和工業發展為核心的全球資本主義擴張是運動主義的結果，以中原定居社會的整體秩序為核心的同心圓疆域擴張則是秩序主義的結果。就前者而言，本土的科技和工業發展一旦停滯，全球資本主義也將難以為繼；就後者而言，中原及南方定居社會的整體秩序一旦崩潰，同心圓疆域的擴張也將隨之終結。歸根結底，這是基於運動主義的西方帝國與基於秩序主義的大清帝國的兩種擴張邏輯。

　　以文明論觀之，在運動主義的成果方面，西方文明勝了中華文明；而在秩序主義的成果方面，中華文明勝了西方文明。近代以來發生的這一輪文明衝撞，其結局不過如此。

　　但歷史仍在繼續，運動主義與秩序主義迎頭相撞之後，兩者也發生了相互融合，變得你中有我，我中有你。運動主義吸收了秩序

主義以穩固國家與社會，秩序主義吸收了運動主義以促動內部的變革。於是，歷史見證了古老中華大地上波瀾壯闊的自強運動，一場偉大的舊邦維新。

第六章

文明的維新

按照梁啟超對中國歷史的分期，從乾隆末年開始，中國歷史進入了第三個時期「近世史」——世界的中國，「即中國民族合同全亞洲之民族，與西人交涉競爭之時代也」。為甚麼特別強調與西人交涉競爭？因為「蓋以過去現在之間，能推行文明之力以左右世界者，實惟泰西民族，而他族莫能與爭也」。

　　在梁氏於 1901 年提出的這個三分法中，自秦統一直至乾隆末年是中國史的第二個時期，在這個「亞洲之中國」的「中世史」中，中國歷經了與亞洲的匈奴、吐蕃、蒙古和通古斯各族等亞洲不同種族之間兩千餘年激烈的「交涉繁賾競爭」，在遭遇到亞洲以外的不同種族之刺激之前已逐步「漸向於合一之勢」。以此推測，在目前這個第三個時期，無論來自西方的刺激和競爭有多大，只要中華文明還在繼續成長和發展，經過一段時間的交涉競爭之後，最終也還會與之「漸向於合一之勢」[①]。

　　「漸向於合一之勢」其實就是中華文明廣土巨族的內在邏輯。考慮到明清大一統為中華文明進入到與西方競爭的「近世史」之前奠定了一個更大的、更堅實的廣土巨族基礎，那麼，中華文明的繼續成長和發展可以說是不容置疑的。

　　事實也正是如此。歷史見證，偉大的中華文明，在近現代歷史中經歷了西方運動主義的強大衝擊之後，發生了一次驚人的自我維新，通過一系列的革命，包括政治革命、社會革命和工業革命等，生發出一種特有的運動主義，從此成為了一個既有深厚的秩序主義傳統、又有新生的運動主義精神的新型文明。

---

① 梁啟超：《中國史敘論》，《飲冰室合集》，中華書局，2015 年，第 471 頁。

一、「偉大的中國革命」

　　著名的美國歷史學家費正清在用「偉大的中國革命」作為他關於 1800 年到 1985 年這段中國歷史研究所得的書名時，對於這場革命所發生的這塊土地和居住其上的人民，是有一個頗為透徹的理解的。他在該書的第一章裡寫道：

　　　把一張中國地圖覆蓋在美國地圖上面，可以看出這兩個國家大小差不多。但是……中國更多的地方是乾涸的沙漠和荒山禿嶺，可耕地大約只有我們的一半，而人口卻是美國的 4 倍。

　　　中國 4000 年所有的歷史居址都緊靠在一起。對於我們來說，那就好比使徒摩西在華盛頓山上接過了經牌，希臘的帕特農神廟建築在波士頓附近的崩刻爾山上，漢尼拔跨過了阿勒格尼河，愷撒征服了俄亥俄，查理曼大帝於公元 800 年在芝加哥行加冕禮，梵蒂岡俯視着紐約的中央公園一般。①

　　這差不多就是關於中國廣土巨族和連續歷史的他本人的特別敍述方式。在他看來，近代以來的「偉大的中國革命」就發生在這樣一個特殊環境之下。費正清同樣也發現了中華秩序主義與西方運動主義相遇後帶來的問題，當然也是用他本人的敍述方式：

---

① 〔美〕費正清著，劉尊棋譯：《偉大的中國革命》，世界知識出版社，1999 年，第 3 頁。

（中國人）不得不在他們自己的文化傳統中去實行現代化，而這種傳統是抗拒變革的。新的運輸、工業和交通技術，在西方是在當地生長起來的，而在中國卻存在從外國引進的問題。[1]

在近代以來的中國革命開始發生的時候，情況的確就是如此，抗拒變革的傳統力量看起來堅不可摧。然而，一場不愧於「偉大的中國革命」這一稱呼的大革命就這樣真真切切地發生了。這是因為，以文明史的觀點來看，無論是中華秩序主義還是西方運動主義，其實都不是絕對的，而是相對的。在中華秩序主義當中一直都包含着運動主義的因素，在西方運動主義當中也一直包含着秩序主義的因素。接下來人們會看到，在一定的條件下，兩者甚至還會發生相互轉換。正如恩格斯在《自然辯證法》中所說的：「一切差異都在中間階段融合，一切對立都經過中間環節而相互過渡……除了非此即彼，又在適當的地方承認亦此亦彼，並且使對立互為中介」。

西方運動主義在近代以來的這一次高潮，追根溯源，會發現其中明顯包含着中國思想和文化的助力。畢竟，運動主義加速前進所需要的重要技術，如火藥、羅盤、造紙術和印刷術等，都是中國人發明之後經由蒙古人和阿拉伯人傳到了西方。弗朗西斯·培根曾認為，整個歐洲近代史都是以這幾項得自於中國的重大發明為基礎的。甚至包括運動主義所需要的重要思想，也少不了中國的貢獻。事實上，啟蒙運動重要思想家如孟德斯鳩、伏爾泰、萊布尼茨、魁奈、杜閣等人，都曾深受中國哲學和政治、經濟思想的影響。

---

[1] 〔美〕費正清著，劉尊棋譯：《偉大的中國革命》，世界知識出版社，1999年，第4頁。

德國哲學家克林士伯爵寫道：「中國創造了迄今為止最高層次的世界文明。……這片國土上的偉人代表着一種比我們更高級的文化形態。」①

從中國這方面來看，這也就意味着，即使在明清大一統這一中華秩序主義的高潮時期，中華文明當中原本就蘊藏着的運動主義能量源泉也不曾枯竭。成就了西方運動主義的那些科技發明和思想觀念要素，還都屬於中國的天然稟賦。

1840 年開始的鴉片戰爭，被史學家們認定為中國近現代歷史的開端。那個時期的英國，得到工業革命大力推動的運動主義正處在高潮，一個國家就生產了全世界鐵和煤的一半以上，佔了歐洲工業產量增長的 2/3，佔有全世界商業的 1/5，製成品貿易的 2/5，全世界 1/3 以上的商船飄揚着英國國旗。②

鴉片戰爭中，英國首批裝甲艦投入了戰鬥，這意味着這個龐大的「海上行國」不僅已稱霸公海，而且能夠進入珠江、長江等河道侵入到中國大陸腹地。這正式標誌着西方運動主義與中華秩序主義迎頭相撞的開始。

早在明朝中期當西洋的「海洋行國」剛剛出現在中國海疆時，它們在中國的眼中，是與北方的蒙古、東北的滿洲、東海的日本等同屬一類的周邊夷狄，或早或晚都將被納入以中華為中心的天下秩序；但到了三百年後的晚清，它們已反過來變成了壓倒中華天下秩

---

① 〔美〕維爾‧杜倫著，李一平等譯，周寧校：《東方的文明》（下冊），青海人民出版社，1998 年，第 766 頁。

② 參見〔英〕保羅‧肯尼迪著，王保存、王章輝、余昌楷譯：《大國的興衰：1500—2000 年的經濟變革與軍事衝突》（上），中信出版社，2013 年，第 156 頁。

序的西洋天下秩序。

因為除了橫行海洋和大陸內河的鐵甲無敵艦隊，同時進入中國的還有思想上的「無敵艦隊」，例如被嚴復翻譯成「天演論」的進化論學說。由於人類歷史被貌似科學地解釋成為一個進化的階梯，於是就有了「先進文明」和「落後文明」之分，也有了「高等民族」和「低等民族」之分。而在當時的中西實力對比當中，中國可以拿出來證明自己並不落後、並不低等的東西少之又少，西方可以拿出來證明自己絕對先進、絕對高等的東西多之又多，於是在進化論的理論框架中，就得出了中華文明或整個東方文明都屬於落後和低等文明的悲慘結論。

這就是「四千年中二十朝未有之奇變」的本質。

1. 救國運動

秩序主義者們最後的堅守，頑強且壯烈。半個多世紀裡，傳統士大夫們先後建立過「中學為政西學為藝」「中學為本西學為末」「中學為體西學為用」三道防線，但最終卻都沒能守住；當「新文化運動」喊出了「打倒孔家店！」等極端口號，也就等於宣佈了自鴉片戰爭以來這一段以堅守中華天下秩序為目的、自上而下尋求解決方案的歷史階段走向終結。

梁啟超是最早發現西學和西力中包含運動主義精神的思想者。1902 年流亡日本的他先後寫了《論進步》和《釋革》等文，向國人傳播進步和革命等觀念。他寫道：

> 中國人動言郅治之世在古昔，而近世則為澆末，為叔季，此其

義與泰西哲學家進化之論最相反。雖然，非讕言也，中國之現狀實然也。試觀戰國時代，學術蜂起，或明哲理，或闡技術，而後此則無有也。兩漢時代，治具粲然，宰相有責任，地方有鄉官，而後此則無有也。自余百端，類此者不可枚舉。夫進化者天地之公例也，譬之流水，性必就下，譬之拋物，勢必向心，苟非有他人焉從而搏之，有他物焉從而吸之，則未有易其故常者。然則吾中國之反於彼進化之大例，而演出此凝滯之現象者，殆必有故，求得其故而討論焉，發明焉，則知病而藥於是乎在矣。①

這是用西方的運動主義動員中國社會的開始。半年後，他又發表了《釋革》一文，區分改革與變革之不同：

中國數年以前，仁人志士之所奔走所呼號，則曰改革而已。比年外患日益劇，內腐日益甚，民智程度亦漸增進，浸潤於達哲之理想，逼迫於世界之大勢，於是咸知非變革不足以救中國。其所謂變革云者，即英語 Revolution 之義也。②

改革是主體不變，是自上而下，是漸進，歸根結底還是秩序主義的；而革命則是更換主體，是自下而上，是突變，所以是徹底的運動主義。因此，梁啟超從「進步」和「革命」的觀念中直接推導

① 梁啟超：《新民說》第十一節《論進步》（一名《論中國群治不進之原因》），見《飲冰室專集之四》，第 55—56 頁，《飲冰室合集》（第 6 冊），中華書局，1989 年。
② 梁啟超：《釋革》，見《飲冰室文集之九》，第 41 頁，《飲冰室合集》（第 2 冊），中華書局，1989 年。

出了「破壞主義」思想。

然則救危亡求進步之道將奈何？曰：必取數千年橫暴混濁之政體，破碎而齏粉之……，必取數千年腐敗柔媚之學說，廓清而辭辟之……，然後能一新耳目以行進步之實也。而其所以達此目的之方法有二：一曰無血之破壞，二曰有血之破壞。無血之破壞者，如日本之類是也；有血之破壞者，如法國之類是也。[①]

這可以說是「達爾文主義普遍理論與中國具體變法實踐相結合」，但是梁啟超在這種結合中看不到出路：

中國如能為無血之破壞乎？吾馨香而祝之。中國如不得不為有血之破壞乎？吾衰経而哀之。雖然，哀則哀矣，然欲使吾於此二者之外，而別求一可以救國之途，吾苦無以為對也。[②]

而且在他心目中，無論怎樣破壞、怎樣革命，孔教卻絕對不能倒，而且還要保，因為這是中國之所以成為中國的根本。他說：

吾不敢怨孔教，而不得不深惡痛絕夫緣飾孔教、利用孔教、誣罔孔教者之自賊而賊國民也。[③]

---

① 梁啟超：《新民說》第十一節《論進步》（一名《論中國群治不進之原因》），見《飲冰室專集之四》，第 64—65 頁，《飲冰室合集》（第 6 冊），中華書局，1989 年。
② 同上，第 65 頁。
③ 同上，第 59—60 頁。

就是説，梁啟超看到了革命的必然（進化），也看到了革命的對象（國賊），但是他卻看不到革命的主體。在他看來，這個主體必須是進化論的接受者，但又不能淪為西方的附庸；必須是中華傳統的捍衛者，但又不能繼續被孔教所困。

歸根結底，梁啟超代表了最接近運動主義的那部分秩序主義者，而且也代表了這部分人最後的那一絲猶豫和彷徨。

打個比方，當時的中國，就像是一個從來沒有游過泳的人突然來到了一個水塘旁邊。如果開始游泳，面臨四大難題：一是不知道能不能學會游泳，二是即使學會也難免成為落後者，三是一旦開始游就説明他以前只走路不游泳是錯的，四是不知道今後只游泳不走路會發生甚麼。

但如果拒絕游泳，非要保住他曾經健步如飛的本事和榮耀，那當然只會面臨一個難題：他很可能溺水而亡，因為大水已經淹沒了前方所有道路。

秩序主義就好比是走路，運動主義就好比是游泳，對於當時的志士仁人來説，那個最大的白日夢就是：中國一舉放下所有包袱，擺脫所有束縛，縱身躍入水中並迅速成為游泳能手！

但殘酷的現實卻是：當時那個內外交困、積貧積弱的中國，黑夜沉沉一眼望不到頭，連一點曙光都看不到。天下國家的四分五裂、中華秩序的徹底崩潰，這個既亡國又亡天下的前景，卻越來越清晰可見。

1884—1885 年的柏林會議，西方列強確立了針對非洲的瓜分規則，到一戰前夕，除了埃塞俄比亞等少數幾個地區，整個非洲大陸都被分成了分屬不同列強的殖民地。按原計劃，「非洲第二」或

「大陸級殖民地 2.0」不是別處，正是當時搖搖欲墜的大清帝國。1900 年「八國聯軍」攻破北京之後，列強駐大清國的公使都陸續換成了原駐非洲富有瓜分殖民地經驗的「非洲通」；因為原來的「中國通」沒用了，「我瓜分你與你本人無關」的強者邏輯要發生作用了。

平心而論，在這樣一個迎頭相撞的形勢下，以不變應萬變的頑固捍衛並非完全沒有合理性，至少避免了一觸即潰的最壞局面。而在捍衛秩序主義、堅持要將西方運動主義消解在天下一統的中華偉大秩序之內這一條戰線上，以猶豫彷徨的梁啟超為一端，以固守最後底線的慈禧太后為另一端，各方都有所盡力。

慈禧太后死於 1908 年年底。如果將 1914 年爆發的第一次世界大戰視為中國最終得以保全的喘息之機，讓中國暫時逃脫了「非洲第二」或「鄂圖曼第二」的命運。那麼，從一種以事件為問題中心的觀點看，「老佛爺」這位歷史人物，也可以被認為用她的生命時間將頑固捍衛的立場堅持到了最接近於迎來喘息之機的時刻。換句話說，她的大權獨攬客觀上為中國的保全贏得了時間。

《清史稿·宣統皇帝本紀》記載，1912 年 12 月清帝愛新覺羅·溥儀頒佈退位詔書，隆裕太后懿旨曰：

> ……當茲新舊代謝之際，宜為南北統一之方，即由袁世凱以全權組織臨時共和政府，與民軍協商統一辦法，總期人民安堵，海宇乂安，仍合滿、蒙、漢、回、藏五族完全領土為一大中華民國……

以文明論觀之，這是廣土巨族成長的又一重大時刻，頑固派和

保守派的所有努力，在這一紙退位詔書上，像百川入海一樣匯聚成了一個意義重大的結果：大清帝國的完全領土，完整地轉移給了中華民國。從中華大一統數千年歷史上看，這個「合滿、漢、蒙、回、藏五族完全領土」是它的極盛期；廣土 —— 一千多萬平方公里持續有效管轄的超大疆域，巨族 —— 數百個可識別的民族、4億多人口的超大國族。

清帝國的歷史任務完成了。後面的歷史，猶如是秦漢之交，新的大一統還要重新建立。

從今天的中國回顧地看 1912 年之後的這一百多年，中華秩序主義到底是如何從已經被衝垮、幾乎被消滅的絕境中又實現了一次鳳凰涅槃、浴火重生？

借用那句套話：十月革命一聲炮響，給中國帶來了馬克思列寧主義。

如果要在這一百多年的歷史中劃出一條沒有間斷的連線，那麼，這根線條就是馬克思主義。正是藉助了這個特別的思想體系，中華秩序主義與西方運動主義實現了一個成功的對接。

從康有為、梁啟超等人的社會達爾文主義的普遍原理與中國具體的變法實踐相結合，到毛澤東等共產黨人的馬克思列寧主義的普遍原理與中國具體的革命實踐相結合，偉大的中國革命終於全面發動了起來。

2. 中國的現代性

今天的中國，整體上已經是一個現代國家了，與百年前的中國相比，已經具有了典型的前現代和現代之間的巨大差異。這種巨大

差異的出現，以及出現的深層根源，在西方學術傳統中，通常使用「現代性」這個概念來説明。

在西方社會，現代性被認為與聖經信仰有關，根據列奧·施特勞斯（Leo Strauss）的定義：「現代性乃是世俗化了的聖經信仰；彼岸的聖經信仰已經從根本上此岸化了。最簡單的表述就是：不再希冀天國的生活，而是要通過純粹屬人的手段，在塵世上建立天國。」[1]

意思是説，之所以在前現代社會人們無所事事、聽天由命、一切順其自然，是因為人們都在希冀着救世主降臨人世，給人們帶來美好的天國生活。而之所以現代社會人們都風風火火、只爭朝夕、努力戰天鬥地，是因為人們放棄了對救世主的等待，決心依靠人類自己的力量，在塵世上建立天國。

這一個從指望彼岸永生到專注此岸幸福的大轉變，就是現代性的本質。

顯然，這説的主要是具有兩千多年聖經信仰傳統的西方社會。那麼，在中國這個並沒有聖經信仰傳統的東方社會，這個非常類似的大轉變 —— 從無所事事、聽天由命、一切順其自然，到風風火火、只爭朝夕、努力戰天鬥地，又是如何發生的呢？換句話説，中國的現代性又是如何形成的？

首先有一點很明確，依靠人類自己的力量，在塵世上建立天國，這不是別的，恰恰就是馬克思主義的主張。也就是説，當馬克思主義進入中國之後，無論歷史上的中國社會是一個怎樣的社會，

---

[1] 〔美〕列奧·施特勞斯：《現代性的三次浪潮》，賀照田主編：《西方現代性的曲折與展開：學術思想評論》（第六輯），吉林人民出版社，2002年，第86頁。

有着怎樣的信仰體系，總之，馬克思主義帶給了中國社會一個與其他社會同樣的遠大理想和奮鬥目標 —— 依靠自己的力量建立一個理想社會，即人間天國。

當然，馬克思主義的這個精神指向，在西方的現代性理論中，就被當作是西方社會自 15—16 世紀開始的「現代性浪潮」的最後一波浪潮的一部分，與馬基雅維利、霍布斯、盧梭、尼采等人同在一個被稱為「現代性謀劃」的思想脈絡當中。

但是，與其他謀劃者大不相同的一點是，對馬克思來説，無階級社會的到來是必然的，所以，人間天國的建立只能由無產階級來領導，而不是超人來領導。

馬克思本人應該也沒有想到，他的革命理論最終在古老的中國引起了最大的響應，取得了最大的成功，並變身成為了中國社會中的現代性。

《共產黨宣言》中宣佈：資產階級時代的特點是它使階級對立簡單化了。整個社會日益分裂為兩大敵對的陣營，分裂為兩大相互直接對立的階級：資產階級和無產階級。[①]

中國社會又是甚麼情況呢？前面講過了，自從秦朝實現了天下一統、建立了中央集權之後，中國就已經成為一個二元化結構的社會了，一個是統一的下層社會，一個是以皇帝為首的統一的士大夫官僚集團，兩者相互對立。

馬克思和恩格斯的如下歷史描述和判斷，在歐洲無疑是正確的：

---

① 馬克思、恩格斯：《共產黨宣言》，見《馬克思恩格斯選集》（第一卷），人民出版社，1972 年，第 251 頁。

從封建社會的滅亡中產生出來的現代資產階級社會並沒有消滅階級對立。它只是用新的階級、新的壓迫條件、新的鬥爭形式代替了舊的。[①]

但在中國，「新的壓迫條件、新的鬥爭形式代替了舊的」，卻不是在最近的歷史上才發生的，而是早在兩千多年前大一統國家從封建社會的滅亡中產生出來時就發生了。因此，真正的革命力量、變革生產關係的力量、推動歷史發展的力量，不需要等待無產階級的壯大成熟，本來就蘊藏在早已存在了兩千多年的下層社會當中。

再從信仰體系上看，中國社會自古以來儒家傳統的「春秋大義」就包含着從「據亂世」向「昇平世」和「太平世」變化這一「前向」歷史觀。

值得注意的是，中國的儒家傳統是「治教合一」的，上層的統治集團利用儒家傳統中的「三綱五常」禮教對下層社會進行控制和治理；但是另一方面，由於「有教無類」的普及教育，同樣也屬於儒家傳統的「天命」思想、「民本」思想、「家國一體」思想、「天下為公」思想、「大一統」思想、「譏世卿」思想、「三世說」思想等等，也非常深厚地保存在下層社會當中。

所以，雖然本質上講，儒家傳統是秩序主義的，是阻止變革、遏制運動的；但是這一傳統作為一種信仰，實際上包含着典型的運動主義要素。這些要素不僅不是秩序主義的，不是束縛人民的枷鎖、麻醉人民的鴉片，反而是激勵下層社會人民改變現狀的運動

---

① 馬克思、恩格斯：《共產黨宣言》，見《馬克思恩格斯選集》（第一卷），人民出版社，1972年，第251頁。

主義動力。

　　而正是這種被下層社會所守護的運動主義動力，讓中國社會在每一次陷入「據亂世」後仍然能夠從農民起義運動中恢復過來，再一次重建大一統國家。中國下層社會自古以來就流行着各種以迎接理想社會的到來為號召的民間宗教，如祆教、白蓮教、彌勒佛教、明教等。所以，摧毀舊制度、推翻舊學說、顛覆舊政權的運動主義，對於中國下層社會來說並不是問題。長期糾纏上層社會的那個如何在接受變革和維持秩序兩者間取得平衡的二難困境，在下層社會中並不存在。

　　這一次，「馬克思主義基本原理與中國革命的具體實踐相結合」方案的成功，就在於馬克思主義進入中國之後，越過了堅持秩序主義的上層社會，直接進入到了蘊涵運動主義要素的下層社會，並與下層社會歷史悠久的變革思想和革命傳統進行了對接。於是，出現了一系列內涵深刻、意義深遠的中西思想結合：「順乎天，應乎人」的「天命觀」與「階級革命」，「天下歸仁」與「世界大同」，「天下為公」與「社會主義公有制」，「大一統」與「人民共和國」，「三世說」與「歷史階段論」，「民為貴」與「共同富裕」……

　　這就是說，一方面馬克思主義給中國社會帶來了一些全新的觀念，另一方面馬克思主義也與中國歷史傳統和現實國情有一些最根本上的契合與一致。而中國共產黨最成功之處正在於，它通過將馬克思主義直接引入下層社會，讓這兩個方面都最充分地發揮出了各自的作用。

　　塞繆爾‧亨廷頓在研究中國問題時注意到了這一點。他發現，在中國革命運動中知識分子與「革命性的農民」成功實現了結盟。

亨廷頓認為，一般來說，知識分子激勵農民的努力幾乎總是失敗的。在俄國革命中，雖然列寧認識到了農民的關鍵作用並調整了布爾什維克的綱領和策略，以爭取農民的支持；但布爾什維克依然主要是一個城市與知識分子的集團。他寫道：

> 中國共產黨人的情況則相反……在城市鬥爭失敗後，根據毛澤東自己對農民革命特點的觀察，他和他的追隨者轉移到鄉村去重新組織共產主義運動。在這時，伴隨着每次革命而發生的農民起義在歷史上就首次成為一支有組織和有紀律的隊伍，並由一個具有高度意識和表達能力的職業革命知識分子集團來領導。……在城市革命失敗後的 20 年當中，他們使革命一直在農村保持着活力。[1]

對於一個以小農經濟為主的傳統農業國來說，原本「一盤散沙」的億萬農民史無前例地「成為一支有組織和有紀律的隊伍，並由一個具有高度意識和表達能力的職業革命知識分子集團來領導」，整個社會不發生一次翻天覆地的巨變、不實現一次徹底的轉型，也是不可能了。1927 年，毛澤東在他的《湖南農民運動考察報告》一文中寫道：

> 很短的時間內，將有幾萬萬農民從中國中部、南部和北部各省起來，其勢如暴風驟雨，迅猛異常，無論甚麼大的力量都將壓抑不住。他們將衝決一切束縛他們的羅網，朝着解放的路上迅跑。一切

---

① 〔美〕塞繆爾·P. 亨廷頓著，王冠華等譯，沈宗美校：《變化社會中的政治秩序》，上海人民出版社，2015 年，第 250 頁。

帝國主義、軍閥、貪官污吏、土豪劣紳，都將被他們葬入墳墓。[①]

「幾萬萬農民從中國中部、南部和北部各省起來」，「朝着解放的路上迅跑」，這是中國近代歷史上唯一堪比西方現代性浪潮的一次「中國現代性浪潮」。

考慮到中國作為世界上唯一的廣土巨族天下國家，並擁有作為一個整體並持續兩千多年的下層社會，「幾萬萬農民」集體行動所推動的現代性浪潮，則不僅僅是中國自身的一個歷史事件，也是世界上的一個歷史事件。

而且可以說，中國社會今天和在可見的將來的一切發展和變化，仍然是這一偉大的現代性浪潮猛烈推動的結果，因為中國人民「朝着解放的路上迅跑」，在世界範圍上看，仍是一個未竟的事業。而就是在這個事業的征程中，就是當年這個為自己贏得了解放的「幾萬萬農民」群體，通過一場人類歷史上最大規模的工業革命，成就了今日中國的製造業世界第一大國之地位與榮耀。

3. 中國的工業革命

提到工業革命，人們就會追溯到歷史上的英國工業革命。而關於英國工業革命爆發的原因，關於為甚麼是英國，為甚麼是歐洲，一直以來都是學術界最熱門的話題之一，也已經有太多的討論；與關於現代科學的相關問題類似，這些問題同樣沒有形成基本的共識。經濟史學家格雷戈里‧克拉克（Gregory Clark）說：「解釋工

---

① 毛澤東：《湖南農民運動考察報告》，見《毛澤東選集》（第一卷），人民出版社，1991年，第13頁。

業革命仍是經濟史上的終極大獎。它到目前已激勵了一代又一代學者窮其一生，但總是無果而終。」

以工業革命時期的英國和歐洲為樣本，學者們通常會想當然地歸納出一整套標準，然後用這些標準來衡量其他國家，找出這些國家沒有爆發工業革命的原因；然後再以這些原因為根據，開出一系列政策藥方，指導後發國家做出相應改變，使其能夠沿着先發國家的道路開始前進並努力追趕。所謂的現代發展經濟學，基本上就是這樣一個思維模式。

例如經濟史學家戴維·蘭德斯（David Landes）在其名著《國民財富與貧困的起源》中提出的問題：

在那些缺乏資本和熟練勞動力的原始落後國家，如何創造現代資本密集型工業？它們如何獲得相關的高科技知識和管理技術？它們如何克服妨礙這些現代企業運作的社會、文化和體制障礙？它們如何建立與之相適應的組織和制度？它們如何應對各種劇烈的社會變化？

這一組問題的提出，無非是基於對工業革命時期英國社會的局部觀察：當時的英國有充足的資本，有熟練的勞動力，於是出現了現代資本密集型工業；當時的英國有科技知識，有管理技術，有適合企業運作的社會、文化和體制環境，還有與現代企業相適應的組織和制度，於是英國的現代企業能夠順利運作；當時的英國因為工業革命導致了劇烈的社會變化，而現代企業卻能夠在巨變中繼續成長與發展……把這幾個方面組合成一個模具，拿來在所有其他國家

身上套一遍，一個世界級的著名經濟史學家就功成名就了。

這種思維模式自誕生之後，就在世界範圍內長盛不衰，成就了一大批英美經濟學或歷史學的專家學者，同時也誤導了幾乎所有急於擺脫貧困、讓本國經濟起飛的發展中國家。

我們不好揣測出售這些理論的學者們的真實思想，但這些公開拿出來的理論卻普遍帶有明顯的缺陷。文一教授對此批評道：

這些發展策略和理論儘管看起來各不相同，卻有着關鍵的共同點：它們都把屋頂當作地基，把結果當作原因。它們把西方工業化的成果當作經濟發展的先決條件。它們教導貧窮的農業國通過建立先進的資本密集工業（如化學、鋼鐵和汽車工業），或建立現代金融體系（例如浮動匯率、國際資本自由流動以及國有資產和自然資源徹底私有化），或建立現代政治體制（如民主和普選制）來開啟工業化。[①]

《中國經濟季刊》創始編輯喬‧斯圖威爾（Joe Studwell）在一本《亞洲是如何發展的》（*How Asia Works*）的書中，也尖銳批評主流經濟學在解釋世界上的發達國家實際如何起飛時，幾乎驢唇不對馬嘴。他認為沒有一個重要的經濟體，從一開始就採取自由貿易和放鬆管制的政策，然後還能成功發展。實際上，積極主動地干預，乃至「重商主義」政策，始終都是必要條件。他完全同意政治學家韋斯（Linda Weiss）和霍布森（John Hobson）在《國

---

① 文一：《偉大的中國工業革命：「發展政治經濟學」一般原理批判綱要》，清華大學出版社，2016 年，第 15 頁。

家與經濟發展》（*States and Economic Development: A Comparative Historical Analysis*）一書中的觀點：

> 「強大的」國家……對於國家經濟發展和產業轉型至關重要。[①]

　　這些批判和糾正無疑非常正確。但還可以更確切地指出問題的實質：被某一派別經濟學家拿出來當作模板使用的這些理論，實際上都是經過某種「切割」之後專門用於「出口」的訂製品。一方面，在時間上，工業革命發生之前的大部分歷史都被切割掉了，工業革命成了一個突然冒出來的東西，短時間內各種科技發明、現代企業、資本主義都湧現出來，這就是文一教授觀察到的倒果為因，即把長期歷史演化的結果集中拿出來當作工業革命成功的原因。另一方面，在空間上，成就了英國工業革命的那個既有的世界經濟體系被切割掉了，英國和歐洲成了一個遺世獨立的英雄，甚至成了肩挑「白種人負擔」的救世主，工業革命於是被理解為只在英國和歐洲這一個局部地區發生的特殊事件。

　　當然，西方著名經濟學家們都是自帶學術光環的，這兩個切割很難被識破，因為被切割掉的部分非常不容易被認識到，就像一座突然出現的冰山，形成這座冰山的歷史過程以及構成這座冰山的水下部分，都不在人們目力可見的範圍之內。

　　這個局面直到中國高速崛起之後才終於被打破。因為這顯然是另外一座不同的冰山，而這座「中國冰山」的形成，又顯然與「西

---

① 參見〔荷〕皮爾·弗里斯著，郭金興譯：《國家、經濟與大分流：17 世紀 80 年代到 19 世紀 50 年代的英國和中國》，中信出版社，2018 年，第 19 頁。

方冰山」那個露出來的一角具有完全不同的產生原因。這就迫使人們不得不深入到水下，去探求冰山的整體和本來面貌。

經濟學家張五常曾經說：「我可以在一星期內寫一本厚厚的批評中國的書。然而，在那麼多的不利的困境下，中國的高速增長持續了那麼久，歷史從來沒有出現過……中國一定是做了非常對的事情才產生了我們見到的經濟奇跡。那是甚麼呢？這才是真正的問題。」[1]

厚厚的一本批評中國的書，內容是甚麼呢？當然就是用西方的那個冰山一角來衡量、評判中國的冰山一角，這種話已經被無數人說過無數次了，所以閉着眼睛都可以寫出書來。但是，張五常感覺到了水面之下還有個巨大的東西，但是他並沒有真正深入下去，而只提出了「那是甚麼呢」這個簡單的問題。

要回答中國所做的「非常對的事情」到底是甚麼？這個問題，首先要從確認幾個基本事實開始。

第一、今天的中國已經是一個工業革命成功的國家了；這個事實很容易確認，可以拿出大量的統計數據作為支持，也為世人所公認。

借用文一教授關於中國巨大生產能力的一組數據：

中國當前用低於世界 6% 的水資源和 9% 的耕地，一年能生產 500 億件 T 恤衫（超過世界人口的 7 倍），100 億雙鞋，8 億噸粗鋼（世界供給量的 50%，美國水平的 9 倍），2.4 億噸水泥（幾乎

---

① 張五常：《中國的經濟制度》，中信出版社，2017 年，第 117 頁。

是世界總產量的 60%），接近 4 萬億噸的煤（幾乎與世界其餘地方的總量相同），超過 2200 萬輛汽車（超過世界總供給量的 1/4）和 62000 個工業專利申請（美國的 1.5 倍，超過美、日總和）。中國也是世界上最大的船舶、高速列車、隧道、橋樑、公路、手機、計算機、自行車、摩托車、空調、冰箱、洗衣機、傢具、紡織品、玩具、化肥、農作物、豬肉、魚、蛋、棉花、銅、鋁、書籍、雜誌、電視節目，甚至大學生等「產品」的製造者。一句話，承受用全球極少的自然資源養活世界 20% 人口的壓力，中國卻能提供全球 1/3 的主要農產品和接近一半的主要工業產品。[①]

第二、中國工業革命取得成功的過程，與超越所有先於中國取得工業革命成功的各工業國的過程重合，中國在工業革命取得成功的同時，也一舉成為了製造業世界第一大國、經濟增長率世界第一大國、貿易量世界第一大國；並且還在國民海外旅遊消費總額、網上購物消費總額、專利申請數量、高等教育在學規模、電氣化鐵路里程、人工林總面積等等多個方面也都成為世界第一。這個事實雖然也很容易確認，但卻不如第一個事實那麼突出。事實上，早在 2014 年的年末，諾貝爾經濟學獎得主約瑟夫・斯蒂格利茨（Joseph Stiglitz）就在《名利場》（*Vanity Fair*）雜誌上以「中國的世紀」為題寫道：

當人們書寫 2014 年的歷史時，一個很少被人關注但很重要的

---

① 文一：《偉大的中國工業革命：「發展政治經濟學」一般原理批判綱要》，清華大學出版社，2016 年，第 2—3 頁。

事實是：2014 年是美國能夠宣稱自己是世界最大經濟體的最後一年。中國以第一的姿勢進入了 2015 年，看起來還將保持很長一段時間，如果不是永遠的話。在這個過程中，中國回到了那個在人類歷史上長期佔有的位置。[1]

第三、中國在歷史上大部分時間裡都是世界第一經濟體，明清時期的中國在大部分時間裡都是世界經濟體系的龍頭，再往前推，很多歷史學家們同意，宋朝時期的中國經濟已是世界第一，並保持到明清時期；這個事實雖然也被普遍確認，但卻被很多人有意無意地忽視。

例如貢德‧弗蘭克提出的清朝時中國是當時世界經濟體系的「白銀秘窖」這一假說，就得到了大量的支持。《亞當‧斯密在北京》（*Adam Smith in Beijing*）一書的作者阿里吉（Giovanni Arrighi）認為，新大陸的白銀有四分之三流入了中國。彭慕蘭和托皮克（Steven Topik）在《貿易創造的世界》（*The World That Trade Created*）一書中則認為新世界的黃金和白銀或許有百分之五十流向了中國。在霍布森的《西方文明的東方起源》（*The Eastern Origins of Western Civilisation*）、約翰‧麥克尼爾（John McNeill）和威廉‧麥克尼爾（William McNeill）的《人類網絡》（*The Human Web: A Bird's-Eye View of World History*）、龐廷（Clive Ponting）的《世界歷史》（*World History: A New Perspective*）等書中，也都支持了這一觀點。

---

[1] https://www.guancha.cn/SiDiGeLiCi/2014_12_10_302960_2.shtml

英國倫敦政治和經濟學院的鄧肯特用大量資料證明，宋朝時史無前例的人口增長，正是高速經濟增長的直接結果。按英國經濟史學家麥迪森的估算，公元 1000 年，宋朝人均 GDP 按 1990 年美元為基準，相當於 466 美元，乘以當時的宋朝人口得出經濟總量，必定是當時世界第一大經濟體，遠超世界其他地區。按照麥迪森的估算，從宋朝之後直到 1850 年，中國人均 GDP 始終保持在按 1990 年美元為基準的 600 美元水平上，考慮到明清兩代中國人口的激增，這一時期中國的人口與經濟規模同步保持為世界第一是不成疑問的。

在我看來，理解中國工業革命，必須從這三個基本事實開始，而不是只從中國工業革命取得了成功這一個基本事實開始。

這意味着甚麼呢？就意味着不能把中國工業革命的成功放在工業化這一個維度上看，不能僅從工業革命自身的規律來談中國的工業革命。如果是談韓國、新加坡的工業化，或者捷克、匈牙利的工業化，都可以就工業化談工業化，可以分析這些國家與工業化先發國家之間的制度和文化差異，分析世界經濟體系既有格局對各自工業化進程的影響，分析不同工業部門各自發展的「順序」問題等等，但是在面對中國時，問題就不能這樣來考慮了。因為無論哪個工業化後發國家，都沒有像中國這樣的作為世界第一經濟體的既往歷史，和作為世界第一經濟體的可見未來。

如此看來，中國的工業革命，只有在世界第一經濟體自身的歷史、當前和未來這一歷史連線上考查，才能充分認識其發生的必然性，並理解其全部意義。

很容易理解，長期的世界第一經濟體，再次重回原有的世界第

一位置，並不需要通過加入很多新的因素來給出新的解釋。即使兩千多年的絕大部分時間裡是農業經濟而近幾十年裡主要是工業經濟，這之間的差別也並不需要完全割裂開研究。所以，不必專門把1978年之後的中國經濟當作一個脫離歷史而突然出現的奇跡來看待；這個時期的經濟增長固然有工業革命成功的因素，但工業革命成功卻不能作為唯一因素；就像不能將一國的GDP增長單獨歸因於該國工業部門一個部門的道理一樣。推動了這一波中國生產力提高和經濟增長的宏觀環境因素，在中國古代歷史上也同樣出現過，這一點不能因為工業革命這個新的因素而忽略掉。

然而，在研究中國工業革命發生的宏觀環境因素時，大部分研究者的思路，卻仍然是那個流行的老套路，即以英國工業革命成功作為標準反過來尋找中國「資本主義萌芽」的不足之處，所以仍然不能得出真正有價值的理論解釋。只有將研究方向顛倒過來，從「為甚麼中國沒能成為歐洲？」這個死胡同問題中轉移到「為甚麼中國這個農業大國能夠在一百多年時間裡成功轉型為一個工業大國？」的問題上，並進一步探討「為甚麼中國這個秩序主義大國能夠轉型為秩序主義和運動主義並重的國家？」或「中國是如何消化並駕馭運動主義的？」等深層問題，才是大有希望的理論探索方向。

在這個新的研究方向上，必須重新認識傳統農業經濟與現代工業經濟之間的關係，不能再將兩者視為對立的和割裂的，不能將工業化看作是對於農業經濟的擺脫，更不能將農業經濟看作是對於工業化的拖累。恰恰相反，應該將農業經濟看作是工業化和國民經濟發展的基礎和必要條件，正確認識農業經濟對工業化以及對整個國

民經濟發展在多個方面的重要作用和巨大貢獻。

在這裡，我們必須要對發展經濟學理論的先驅者、1945 年獲美國哈佛大學經濟學博士學位並在當時開創了發展經濟學理論的中國學者張培剛先生表示致敬。在張培剛先生的發展經濟學理論中，農業與工業之間不存在嚴格的界限。在 20 世紀 40 年代出版的英文書裡，他把「工業化」定義為「一系列基要的生產函數連續發生變化的過程」；1991 年，他又將定義重新增改為：「國民經濟中一系列基要生產函數，或生產要素組合方式，連續發生由低級到高級的突破性變化的過程。」這個盡可能寬泛的定義，是為了在農業國的經濟增長分析中，「不僅包括工業本身的機械化和現代化，而且也包括農業的機械化和現代化」。[①]

在他之後很多年，美國經濟學家西蒙·庫茲涅茨（Simon Kuznets）寫成《經濟增長與農業的貢獻》（*Economic Growth and the Contribution of Agriculture*）一書並於 1961 年出版，書中提出了農業部門對經濟增長和發展的多種「貢獻」，即產品貢獻（包括糧食和原料）、市場貢獻、要素貢獻（包括剩餘資本和剩餘勞動力），以及國內農業通過出口農產品而獲取收入的貢獻。1984 年，印度經濟學家蘇布拉塔·加塔克（Subrata Ghatak）和肯·英格森（Ken Ingersent）共同出版《農業與經濟發展》（*Agriculture and Economic Development*）一書，其中第三章關於「農業在經濟發展中的作用」裡承襲了庫茲涅茨的理論，將庫茲涅茨的最後一條定名為「外匯貢

[①] 參見《農業國工業化理論概述》，載於張培剛：《農業與工業化（上卷）：農業國工業化問題初探》，華中科技大學出版社，2002 年，第 3 頁。

獻」，從此形成了西方發展經濟學中流行的所謂「農業四大貢獻」。^①[1]

關於「基要生產函數的變化」如何發生，張培剛的理論中特別強調了基礎設施和基礎工業的重要性和它們的「先行官」作用。他指出：

從已經工業化的各國經驗看來，我說的這種基要生產函數的變化，最好是用交通運輸、動力工業、機械工業、鋼鐵工業諸部門來說明。[2]

這才是真正適用於中國的經濟學理論。回顧一下近代一百多年中國的工業化之路，由於巨大的農業經濟體的存在，無論實行甚麼經濟政策，都不可能將工業部門與農業部門割裂開，所以在總的路徑上，其實是不離這個理論的左右的；換句話說，無論理論上如何，中國現代化的具體實踐，大體上正是將農業經濟和工業經濟混為一體，並在政府和社會共同努力下，通過大力發展基礎設施和基礎工業，實現了「國民經濟中一系列基要生產函數，或生產要素組合方式，連續發生由低級到高級的突破性變化」。原因不是別的，正是因為這是天下國家特有的天下型經濟體這個本質所決定的。天下型經濟體本身即包括所有的生產門類和巨大的統一市場。對於近現代中國，當政府在和平時期制定發展國民經濟的計劃時，無論是決定讓農業支持工業還是安排工業反哺農業，都不會將兩者對立起

---

[1] 張培剛：《農業與工業化（中下合卷）：農業國工業化問題再論》，華中科技大學出版社，2002年，第5、7頁。

[2] 同上，第65頁。

來，一定是全面綜合發展，各部門均衡發展。

而之所以在晚清、民國、中華人民共和國前三十年、改革開放以來這樣一個近代歷史分期中看不太清楚這個發展路徑，甚至找不到其中的連續性，並不是因為像一些學者所說的前幾次都因為不符合市場經濟規律或不符合工業化規律而失敗了，只有 1978 年之後這一次因為發現了甚麼「訣竅」、搞對了甚麼「順序」一舉成功了；真正的原因其實不是別的，還是宏觀環境中最重要的那個因素 —— 戰爭與和平。

正如越來越多的學者們所指出的，英國工業革命的成功，並不是英國一國之內某些內生因素獨立發生了作用，也不是英國人碰巧搞對了某種「順序」的結果。研究英國皇家海軍歷史的牛津大學研究員羅傑（Rodger）提醒同行們說，「現在確實是時候了，應該將戰爭視為英國前工業化時期的經濟活動之一，其重要性至少與農業和對外貿易相當」。他在題為《戰爭作為一種經濟活動》的文章中說，「在工業革命關鍵的早期階段，英國打了一場持續了近四分之一世紀的世界戰爭」。[①]

根據皮爾·弗里斯提供的資料，在七年戰爭（1756—1763）的前四年，英國的武裝私船洗劫了 1000 艘法國船隻。拿破崙戰爭時期，英國人僅僅通過劫掠敵國商船獲得的政府賞金合計高達 3000 萬英鎊，與當時荷蘭共和國的 GDP 相當。查爾斯·蒂利的名言「戰爭造就國家，國家製造戰爭」，至少在當時的歐洲是完全正確的，而近年來歷史學家們新的認識是：戰爭和國家共同推動了資本

---

① 參見〔荷〕皮爾·弗里斯著，郭金興譯：《國家、經濟與大分流：17 世紀 80 年代到 19 世紀 50 年代的英國和中國》，中信出版社，2018 年，第 20 頁。

主義和工業革命。

事實上，在近現代時期的整個歐洲，戰爭一直是政府最大的支出項目。尼爾・弗格森（Niall Ferguson）估計，18 世紀的歐洲領主平均將 54% 的總預算用於戰事。其中英國的比例最高。約翰・布魯爾在他 1990 年的著作《國力之筋》一書中將 18 世紀的英國稱為財政—軍事國家，因為這一時期英國中央政府的資金主要用於軍事活動。根據他的數據，整個 18 世紀，每年英國政府開支有 75%—85% 用於陸軍和海軍，並償還先前戰爭的債務。另有學者的估計更高，在 18 世紀的英國，軍事綜合開支佔政府總開支的 80%—90%，在世紀之初較為接近前者，而在 18 世紀末則更接近後者。[①] 斯文・貝克特（Sven Beckert）的《棉花帝國》（*Empire of Cotton: A Global History*）一書，將 15 世紀末地理大發現到 18 世紀後期棉紡技術革命開始之前這一時段命名為「戰爭資本主義」，以此區別於此後才開始的「工業資本主義」和 19 世紀後期到 20 世紀中葉這一時段的「全球資本主義」。

這些學者一致的看法是：工業革命在英國取得成功的真正時代背景，是英國持續了整整一個世紀的對外戰爭。

1784 年，塞繆爾・格雷格（Samuel Greg）和他的同行們在曼徹斯特附近幾個河岸邊開始了成規模的機器紡紗，這被普遍認為是工業革命的開端。但實際上，僅就技術發明而言，利用水力進行紡織的阿克萊紡織機比起中國元朝時期就已經廣泛使用的「水轉大紡車」晚了整整四百年。所以，18 世紀末曼徹斯特地區棉紡織工

---

① 參見〔荷〕皮爾・弗里斯著，郭金興譯：《國家、經濟與大分流：17 世紀 80 年代到 19 世紀 50 年代的英國和中國》，中信出版社，2018 年，第 173 頁。

廠的革命性意義，並不在技術發明，而在於因為巨大需求而刺激起來的工業化。關於曼徹斯特棉紡織業的突然興起，斯文 · 貝克特寫道：

　　乍看起來這只是一個地方事件，甚至只是一個偏遠的鄉下事件，但若沒有此前三個世紀棉花世界的一再重塑所提供的構想、材料和市場，它也不可能發生。格雷格的工廠處在全球網絡之中，最終將在全球激發起一系列格雷格無法理解的變化。[①]

　　來自遙遠海外的原材料，來自遙遠海外的產品觀念和技術，最後，主要存在於遙遠海外的產品市場，這個圍繞着棉紡織品的全球供銷網絡，是地方性的半封閉經濟體所不可能具有的。而之所以只有 18 世紀末的英國能夠擁有並控制這個全球網絡，是因為英國長期以來通過戰爭獲得的獨有特權。貝克特繼續寫道：

　　從這個地方性火花開始，英國逐漸建立縱橫交錯的世界經濟體，並主宰人類最重要的一項產業。從這個地方性火花開始，工業資本主義開始出現並且最終將其羽翼囊括全球。從這個地方性火花開始，我們所熟知的世界出現了。[②]

　　所以，一定不能倒果為因。根據香港科技大學人文社科學院教

① 〔美〕斯文 · 貝克特著，徐軼傑、楊燕譯：《棉花帝國：一部資本主義全球史》，民主與建設出版社，2019 年，第 58 頁。
② 同上。

授李伯重的研究，水轉大紡車的工具機所達到的工藝技術水平比著名的「珍妮」紡紗機更高，工作性能和工作效率也更高；甚至有學者推測，後者可能就是前者經印度傳入英國後略加改良的產物。但是，這根本不重要，因為問題的關鍵本來就不是技術發明，而是英國通過對外戰爭所創造出來的巨大市場需求，以及通過戰爭對於資本主義跨國網絡的有效控制。如斯文·貝克特所說：

換言之，只有戰爭資本主義所攫取的力量才使他們從水中汲取動力成為可能。①

除了棉紡織業，其他方面的情況也類似。與主流經濟學家們的結論完全不同，主流歷史學家們認為，如果沒有戰爭的推動，在蒸汽機生產、鐵路、輪船以及許多在這些生產過程中迸發出的創新激增現象，是不大可能出現的。另外，對武器裝備和軍需物資等標準化物品的需求產生了規模經濟，隨之刺激了生產的集中化。在運輸現代化和通信現代化方面，來自戰爭的需求，是最為重要的牽引。

歷史上第一次，征服戰爭不僅僅意味着在掠奪戰利品方面的巨大收穫，而且意味着對於工業化進程的巨大需求牽引，於是形成了軍事能力與工業能力的同步增長。

根據貝克特的研究，資本主義在每個階段都包括了一些共同的要素，包括戰爭的運用、對殖民地資源的佔有、對全球範圍勞動力

① 〔美〕斯文·貝克特著，徐軼傑、楊燕譯：《棉花帝國：一部資本主義全球史》，民主與建設出版社，2019年，第60頁。

隊伍的重組、跨國網絡的建設以及資本勢力與「國家」的結盟等。這些要素無不起源於「戰爭資本主義」時代，並在「工業資本主義」時代和「全球資本主義」時代繼續發揮作用，只是方式不同而已。他認為，如果說英國工業革命和經濟轉型的成功真有甚麼「秘訣」，那就是英國將戰爭資本主義的遺產、較為成熟的資本主義經濟運作、具有前瞻性眼光的資本家的積極行動以及一個具有強大行政、司法和軍事能力並願與私人資本進行合作的國家成功「統合」了起來。而這個「統合」完全是國家行為，單憑市場力量或科技發明是不可能完成的。

這就意味着，正如十字軍東征和地理大發現讓西方國家率先發現了現代科學，大航海之後的戰爭資本主義又讓西方國家率先爆發了工業革命。這之間一以貫之的東西不是別的甚麼，就是持續不斷的戰爭，而戰爭不是別的甚麼，就是運動主義的一種極端形式。

然而，一個必須正視的歷史事實是，在西方列強歷史上「戰爭促進經濟發展」這一規律發生作用的各種前提條件，在 1840 年之後的中國卻從未具備過。相對於列強的作為戰勝國的戰爭，中國長期以來主要是作為戰敗國輸掉的戰爭、亡國滅種危機之中的衛國戰爭或強大外敵威脅之下的全面備戰。結果是，本來可以用來作為投資促進經濟增長的寶貴資金，不得不用於支付戰爭賠款，或者不得不轉成備戰軍費，當然不能實現預期的經濟增長；本來可以制定並實行一個長期的現代化戰略，將農業部門與工業部門的現代化統籌考慮，使其平衡發展、相輔相成，結果和平局面被打破、戰爭突然爆發，當然不能實現預期的經濟增長。

回顧近代歷史，1860 年開始的「洋務運動」本來是勢頭很好

的，繼續下去也是大有希望的；但甲午戰敗一舉打斷了這個進程。1928 年之後的民國政府也曾有過「黃金十年」，工業增長率曾經達到過驚人的兩位數以上；但 1937 年之後的日本全面侵華再一次打斷了這個進程。1949 年之後的新中國，連續實行國民經濟的「五年計劃」，但也連續被「世界大戰不可避免」的形勢判斷和「三打方針」的全面備戰所嚴重影響，仍然不能順利進行。而 1978 年之後的改革開放，就其本質而言，首先是 1840 年之後長達 138 年的這一段連續的抗戰和備戰時期的結束；在成為了核大國並改善了與國際社會的關係之後，中國終於再次迎來了一個外部和平、內部穩定的黃金時期，於是，新的一輪經濟高速增長就在天下型經濟體重新釋放出潛能之後順勢發生了。

二、中國特色發展主義

1992 年鄧小平南巡途經順德時發表談話說：「我們的國家一定要發展，不發展就會受人欺負，發展才是硬道理。」

在世界範圍內各種發展主義理論中，這句話是帶有「中國特色」的，就是「不發展就會受人欺負」這個在中國實行發展主義的理據。由此上溯到 40 年前的 1951 年，毛澤東在全國政協一屆三次會議上向全世界鄭重聲明：「……外國帝國主義欺負中國人民的時代，已由中華人民共和國的成立而永遠宣告結束了。」再由此上溯到民國初年，孫中山在說明他的「三民主義」主張時說，「民族主義是對外人爭平等的，不許外國人欺負中國人」。

無論是哪個主義，都以救國和強國為目標指向，這是近現代中國歷史的一大特色。1885 年中日甲午戰爭中國戰敗，為挽救危亡，當時的北京強學會「總董」陳熾開始提倡「實業救國」，他的「今後中國的存亡興廢，皆以勸工一言為旋轉乾坤之樞紐」一語，成了中國特色發展主義濫觴的宣言。那個時期最著名的實業界領袖張謇也說，「救國為目前之急……而其根本則在實業」。

　　張謇的一生，一方面參與國家建設、促成民族統一，一方面興辦教育和公共事業、創立民族工業和實業企業，幾乎就是中國早期發展主義的一個縮影。時任中央社會主義學院黨組書記的潘岳在《張謇是誰，為何如此重要？》一文中寫道：

　　他建設了中國第一個擁有城市規劃的近代城市，第一個實行小學義務教育的縣級單位，創辦了第一所師範學校，第一所盲啞學校，第一個紡織學校、水利學校、水產學校、航海學校、戲劇學校。第一個公共博物館，第一個氣象站，第一個測候所。他建設醫院、養老院、劇院，扶植了中國第一個科學社團「中國科學社」，他甚至制定了中國第一部《森林法》……①

　　除了張謇之外，當時的中國出現了民族企業家群體的崛起，張之洞、盧作孚、范旭東、胡厥文、劉鴻生……等等，都有輝煌精彩的創業故事。中國近現代的工業化和現代化轉型這一齣偉大的戲劇，第一章裡寫滿了他們的名字。

---

① https://www.thepaper.cn/newsDetail_forward_10011650

其實，當時這個群星燦爛的民族企業家群體，在中國這樣的一個後發國家裡大力推動的這種以實業和公益為主體的發展主義，毋庸置疑是有着重大的世界意義和時代意義的。如果放在二戰後聯合國開發計劃署的社會經濟發展框架內，會無可爭議地被當成發展中國家的一個典範，「一個人，一座城」的發展奇跡被命名為「張謇模式」在世界各地推廣也理所應當，充滿普世情懷和未來展望的「中國企業家格言集錦」在全球流行也大可期待。

但是，在這一代中國企業家篳路藍縷、艱難創業的當時，卻絲毫也不敢有此奢望。一個風雨飄搖的半殖民地國家，再偉大的發展主義人才、再精彩的發展主義模式、再宏大的發展主義事業，也無力獨立完成反對帝國主義、爭取民族獨立的歷史任務。一件讓中國人刻骨銘心的事件就是，日本入侵華北後，全面抗戰爆發，上海的成百家工廠、數千名技術人員及工人和上萬噸物資，被迫遷到了內地大後方，上演了一場中國實業界的「敦刻爾克大撤退」。

這就是為甚麼從孫中山到毛澤東再到鄧小平，一百多年裡的每一代領導者都在重複中國人不受欺負這個最低目標，為甚麼一百多年裡無論甚麼主義都要以救國和強國為最低綱領。

歷史見證，中國獨立自主的發展主義，一直要等到抗日戰爭結束、解放戰爭結束、抗美援朝結束，甚至「三打方針」指導下的備戰時期結束之後，等到鄧小平做出了「新的世界大戰可以避免」、「和平與發展是當代世界兩大主題」的戰略判斷之後，才終於猶如蓄積已久的洪流一樣澎湃而出。這才有了偉大的改革開放四十多年征程，才有了中國經濟的一飛沖天。

將這一百多年裡發展主義在中國的起起伏伏放在世界範圍內對

比，可以更好地看清其獨有的中國特色。事實上，雖然發展主義天生具有普世主義的本質，但在複雜多變的國際政治形勢下，卻也只能從屬於大國間的綜合國力競爭。

回顧歷史，發展主義最接近於其世界性理想的時期，是二戰後聯合國成立之後的一段時間裡。今天的人們不一定還記得，「國際經濟援助」這個概念，其實是在那個時期才剛剛誕生出來。受到美國 20 世紀上半葉發展成就的激勵，其時的美國副總統亨利·華萊士（Henry Wallace）在 1941 年宣稱，現代科學能「從技術層面讓全世界人民吃飽飯」。這差不多算是發展主義有史以來最雄心勃勃的一個宣言了。在聯合國成立之前，國際聯盟的技術官員和經濟學家們就開始了關於世界人口熱量攝取值的計算和統計工作，並試圖從技術的角度應對導致貧窮、飢餓以及失業等問題的根本原因；地理學家和人口學家們甚至啟動了一個根據經濟計算安置世界過剩人口的宏偉計劃。這些都為聯合國成立之後通過各個國際組織實施「國際經濟援助」奠定了社會科學基礎。

1949 年初，意外取得連任勝利的杜魯門發表了他的「四點行動計劃」總統就職演說，其中的第四部分成了日後著名的「第四點計劃」。這位美國總統面向全世界宣稱：

世界上有超過一半的人口的生存環境近乎悲慘。他們面臨食物短缺和疾病的侵襲。那些地方的經濟生活還處於原始階段。貧窮不僅讓當地人民飽受折磨，也阻礙並威脅着那些較為發達的地區的發展。人類歷史上第一次掌握了讓人們擺脫貧困折磨的知識和技能……我相信我們掌握的科技知識應該惠及那些愛好和平的人，從而

幫助他們實現對更好生活的追求……①

根據這個計劃，美國將同聯合國的專業機構一道在「所有可能的地方」開展除貧工作，並因此而提出了讓「美國式思維」代替帝國主義的計劃，杜魯門豪情滿懷地說：

傳統的帝國主義掠奪別國的資源，而我們的計劃則截然不同。我們設想的是一個以民主的公平交易概念為基礎的發展計劃。世界各國，也包括我們自己，將會從一個具有建設性的、善於利用全球人力和自然資源的計劃中收穫巨大的利益。②

據統計，1954 年全年，聯合國糧農組織、國際民航組織、國際勞工組織、聯合國教科文組織、世界衛生組織等國際組織合計的財政預算為 8000 多萬美元，而美國一國給全世界的資助總額就高達 51 億。美國作為發展主義「世界革命的領頭人」形象呼之欲出了。

看起來，這是一個與當年中國第一代民族企業家們所認識的那些帝國主義國家很不一樣的新型列強。雖然「一個以民主的公平交易概念為基礎的發展計劃」當然也包括美國自身的國家利益，但這也正是發展主義的內在應有之義。正如張謇所說，「辦一縣事要有一省的眼光，辦一省事要有一國的眼光，辦一國事要有世

---

① 〔英〕馬克・馬佐爾著，胡曉嬌、秦雅雲、唐萌譯：《誰將主宰世界：支配世界的思想和權力》，中信出版社，2015 年，第 230 頁。
② 同上，第 231 頁。

界的眼光。」

但是，剛剛打完抗美援朝戰爭的中國，不相信帝國主義真的會有「世界大同」、「天下為公」的這種「世界的眼光」，這時期的新中國，還在毛澤東所宣告的永遠結束帝國主義的欺負、中國人民從此站起來了的過程中。中國當然是對的，因為這段時間的美國，還有它的另一個面相 —— 歇斯底裡的反共主義、麥卡錫主義。一方面，某位美國歷史學家煞有介事地宣稱「世界上沒有哪個民族能像美國人一樣深諳科學技術的新魔力。我們的工程師能把貧瘠的土地、飽受貧窮折磨的河谷改造成綠草茵茵、燈火通明的世外桃源……」，而另一方面，某位美國作家滿懷心機地寫道：「為甚麼要讓蘇聯人獨享改造世界的樂趣？」[①]

發展主義理想重新回歸現實主義國際政治的現實，就在甘迺迪總統剛剛在聯合國大會上宣佈 20 世紀 60 年代將是「發展的十年」之後不久。1961 年鎮壓古巴革命的「豬灣事件」失敗後，甘迺迪政府決定不惜一切代價阻止另一個美洲國家轉型為社會主義國家。於是，美國領導的發展主義在拉丁美洲順勢轉為了與當地軍政府合作的軍國主義。在亞洲和非洲等地的情況也是一樣，美國將本國「田納西河流域管理局」發展模式照搬到越南的湄公河流域和阿富汗的赫爾曼德河谷的計劃先後遭到了慘敗，最後都在抗擊共產主義勢力擴張的名義下蛻變成了軍國主義政策甚至走向了大規模戰爭。

從此以後，美國再也沒有提出過類似於杜魯門的「第四點計劃」那樣的全球發展主義綱領，也再也沒有表現出要讓整個人類社

---

① 〔英〕馬克·馬佐爾著，胡曉嬌、秦雅雲、唐萌譯：《誰將主宰世界：支配世界的思想和權力》，中信出版社，2015 年，第 233 頁。

會共享美國發展成就的普世情懷。恰恰相反，自上個世紀 70 年代中期開始，美國的發展主義革命即變身成了新自由主義革命，美國在金融、軍事、媒體、科技、大眾文化等方面的領先優勢，統統轉化成了在全世界「薅羊毛」的霸權優勢。再到了 2016 年「特朗普運動」的興起，美國終於脫去了最後的普世主義外衣，公開打出了「美國優先」的大旗。

然而，也正是在這幾十年裡，在最終解決了戰爭與和平這個關鍵問題之後，中國特色發展主義在一個天下型經濟體的規模上蓬蓬勃勃地開始了它的大踏步行進。

2007 年 10 月，時任總書記的胡錦濤在中國共產黨第十七次全國代表大會上的報告中提出：

> 必須堅持把發展作為黨執政興國的第一要務。發展，對於全面建設小康社會、加快推進社會主義現代化，具有決定性意義。要牢牢扭住經濟建設這個中心，堅持聚精會神搞建設、一心一意謀發展，不斷解放和發展社會生產力。更好實施科教興國戰略、人才強國戰略、可持續發展戰略，着力把握發展規律、創新發展理念、轉變發展方式、破解發展難題，提高發展質量和效益，實現又好又快發展，為發展中國特色社會主義打下堅實基礎。努力實現以人為本、全面協調可持續的科學發展，實現各方面事業有機統一、社會成員團結和睦的和諧發展，實現既通過維護世界和平發展自己、又通過自身發展維護世界和平的和平發展。

這不是亞洲四小龍的發展主義，也不是日本或歐洲各國的經濟

增長。從中華文明的歷史上看過來，這是一個基於廣土巨族的天下型經濟體在實現自我維新的歷史運動中全面地、大力地、持續地推進其發展主義。這樣一個規模的發展主義，不具有與世界各國進行橫向對照的可比較性，只能從中華文明自身的天下型經濟體運動週期中建立起對它的理解。（關於「天下型經濟體」論述詳見本書第二章第三節）

天下型經濟體是中國這個天下型定居文明獨有的產物。當人們分析中國經濟時，需要意識到這些獨特性。歷史上是如此，今天也同樣是如此。所以，那些將中國經濟體與亞洲「四小龍」或 OECD 國家經濟體進行對比分析的研究，那些將中國經濟放在西方經濟學「比較優勢」理論框架中進行理論分析的研究，都犯了基本常識方面的錯誤，都沒有明白天下型經濟體與列國經濟體是根本不同的。

2020 年以來，中國政府提出了推動形成以國內大循環為主體、國內國際雙循環相互促進的新發展格局。很顯然，這是立足於天下型經濟體特點才可能提出的發展格局。

可以預計，隨着國內大循環的展開與形成，中國作為天下型經濟體的特性還會進一步凸顯，當代中國與歷史中國之間的延續性也會更加凸顯。對此，人們可以拭目以待。

1. 中國經濟起飛的理論解釋

基於同樣的道理，解釋中國的經濟起飛，也必須從中國這一經濟體本質上是一個天下型經濟體，而且歷史上長期居於世界第一經濟體，也即將成為未來的世界第一經濟體這一點來考慮，而不能

將中國隨意混同於其他在二戰後先後不同程度上實現過經濟起飛的國家。

習近平主席在 2018 年 12 月的紀念改革開放 40 周年大會上這樣說道：

40 年來，我們始終堅持以經濟建設為中心，不斷解放和發展社會生產力，我國國內生產總值由 3679 億元增長到 2017 年的 82.7 萬億元，年均實際增長 9.5%，遠高於同期世界經濟 2.9% 左右的年均增速。我國國內生產總值佔世界生產總值的比重由改革開放之初的 1.8% 上升到 15.2%，多年來對世界經濟增長貢獻率超過 30%。我國貨物進出口總額從 206 億美元增長到超過 4 萬億美元，累計使用外商直接投資超過 2 萬億美元，對外投資總額達到 1.9 萬億美元。我國主要農產品產量躍居世界前列，建立了全世界最完整的現代工業體系，科技創新和重大工程捷報頻傳。我國基礎設施建設成就顯著，信息暢通，公路成網，鐵路密佈，高壩矗立，西氣東輸，南水北調，高鐵飛馳，巨輪遠航，飛機翱翔，天塹變通途。現在，我國是世界第二大經濟體、製造業第一大國、貨物貿易第一大國、商品消費第二大國、外資流入第二大國，我國外匯儲備連續多年位居世界第一，中國人民在富起來、強起來的征程上邁出了決定性的步伐！

環顧今日世界，沒有任何一個人口過億的大國可以用如此這般的數據和語言來紀念自己過往的 40 年歷史，更不用說人口過 10 億的大國。全世界都承認，這是整個人類歷史上的經濟增長奇跡，所

以，在改革開放 40 周年的前後，關於如何令人信服地解釋這個奇跡成了一個世界性難題。

歸納整理各種相關的理論和觀點並不容易，但可以選取幾種比較有代表性的解釋理論來大體上說明這個問題：

第一種就是聲音很大、貌似真理的「市場經濟論」。簡單說就是中國過去實行計劃經濟，因為這是個錯誤的政策，所以經濟增長很慢；改革開放後實行了市場經濟政策，開放搞活，所以經濟出現了高增長。

根據這種理論，中國的改革就是國家不斷開放、市場力量不斷增強的過程，而中國經濟的活力主要來自市場的力量，尤其是私營企業。因此，中國改革的目標就是取消國家對經濟事務的干預，只提供讓市場按規則運行的基本服務，市場自身具有運行邏輯，本身就會帶來持續的繁榮。

眾所周知，這種理論既不新鮮，也非中國獨有；其實就是自上個世紀 70 年代之後逐漸盛行於全世界，以市場化、自由化、私有化「三化」為宗旨的所謂「新自由主義」理論的中國分支。

第二種理論與第一種完全對立，堅決反對「新自由主義」，可以叫做「社會主義論」。簡單說就是中國雖然實行了市場經濟，但並沒有放棄社會主義和計劃經濟；而且正是由於中國實行的是社會主義市場經濟，才避免了西方新自由主義給發展中國家帶來的嚴重的政治、經濟和文化問題，同時又取得了遠比其他同樣也實行了市場經濟的發展中國家高得多、大得多的成就。

根據這種理論，中國的成功是由於中國在 20 世紀「經歷了全世界幾乎獨一無二的漫長革命，在政治、經濟、社會和文化等各個

領域都進行了全方位的革命改造」。概言之，中國改革成功的前提條件是因為享受了「革命紅利」，「沒有中國革命就沒有中國現代化建設、工業化建設的奇跡。」[1] 所以，未來應該繼續在社會主義與市場化之間保持一定張力，盡可能穩妥地推進改革，在不同社會人群中進行利益權衡和相互補償。

第三種理論也批判「新自由主義」，但由於聚焦於改革開放後工業革命的一舉成功，因此並不認同「革命紅利」或「制度紅利」是前提條件的説法，反而認為改革開放前的制度妨礙了工業革命的爆發，此一理論可以稱為「工業革命論」。簡單説，就是認為工業革命有其內在的客觀規律，這一規律舉世相同，所有取得了工業革命成功的國家無不是遵循了這一規律，而至今沒有取得工業革命成功的國家就是沒有遵循這一規律。

根據這一理論，「中國的發展道路其實與兩百多年前的英國工業革命遵循相同的內在邏輯。在政治上層建築與制度話語辭藻的表面差異之下，中國的發展模式，究其實質而言，與 18 世紀的英國、19 世紀的美國和 20 世紀的日本是相通的，遵循着類似的『發展政治經濟學』規律。」[2]

除了以上三種，還可以列出一些，但這三種解釋理論分別代表了討論範圍在幾個方向上的邊界，可以用於描述總體情況。

總體情況是甚麼？正如以上三種理論所顯示的，每一種理論都有一定的局限性，在解釋中國經濟社會發展現實時，都只能解釋一

---

[1] 蕭武：《大路朝天：中國革命與中國道路》，中信出版社，2018 年，第 21 頁。
[2] 文一：《偉大的中國工業革命：「發展政治經濟學」一般原理批判綱要》，清華大學出版社，2016 年，第 17 頁。

部分，適用範圍不夠大。

完全追隨西方「新自由主義」理論的「市場經濟論」，適用範圍最小，邏輯上也不能自洽，時至今日基本上淪為了依附於政治立場的理論教條，失去了理論生命力。實際上，自 2008 年金融危機之後，「新自由主義」理論在世界範圍內就開始面臨破產，其中的核心理論如「新古典經濟學」或稱「自由市場經濟學」已經遭到拋棄；即使出現了眾多修正主義的經濟學，如「複雜經濟學」、「行為經濟學」等，但總體的趨勢是走向窮途末路；雖然各種經濟思想還在流行，但任何帶有還原論性質的經濟理論都難以成立了。

「工業革命論」嚴厲地批評了「新自由主義」理論，認為這種理論教導後發國家通過建立先進的資本密集工業、現代金融體系以及現代政治體制來開啟工業化，根本就是倒果為因；但這一理論所發現的工業革命成功「秘訣」，例如「引爆工業革命的關鍵順序」，卻或多或少也是一種還原論，也難免脫離現實。形形色色的還原論理論的根本弊病在於：試圖將自然科學的公理化方法引入社會問題研究，貌似是科學的態度和方法，實際上往往滑向反科學；因為為了遷就科學理論模型而做的所有必需的簡化，最終必然導致對於研究對象的曲解和變形，以至於不再是研究對象本身。新古典經濟學將人類社會簡化為一群原子化的自利個體的集合，結果就是所有的研究都與真實的社會經濟現實相隔離。對工業革命成功「秘訣」的發現，也建立在對一國各經濟部門之間關係進行簡化的基礎之上，特別是工業部門與農業部門之間的對立假設。

「社會主義論」的局限性較小，理論適用範圍較大；但這種理論意識形態色彩較重，並讓自己置身於左派和右派的政治對立當

中，為了政治立場上的一致性，也不得不收窄話語空間，限制了其理論更為廣泛的應用。將改革的前提條件歸為「革命紅利」，或「制度紅利」「主義紅利」，這種論斷的正確之處在於強調了中國歷史的連續性，而問題在於：只突出了歷史的某一兩個方面和某一段時間，而且是與革命意識形態話語恰好重合的方面和時間。由於革命的歷史在時間上與改革的歷史一先一後，這就模糊了時間上的先後與邏輯上的因果之間的關係，很難分離出改革開放取得成功真正的前提條件和事前原因。

那麼，是甚麼造成這些理論適用範圍的局限性呢？實際上，這正是本書的主題所涉及的問題。正如本書前面各章所強調的，中國獨特的歷史連續性不能輕易被無視，連續歷史不能被隨隨便便切割成一些很小的階段；中國獨特的廣土巨族也不能輕易被無視，天下國家不能被隨便和小國放在一起比較。連續歷史的中國與廣土巨族的中國兩方面合併起來，是一個巨大的客體；面對這個客體，無論是試圖模仿西方經濟學方法用數學化的理論模型來描述，還是試圖在其中一小段歷史經驗當中歸納出某種公理化的通用規律，都行不通，都屬於只見樹木不見森林。

前面講了，天下型定居文明的誕生和天下國家的發展決定了天下型經濟體的形成。而在外無外患、內無內亂、國家無事、天災較少的穩定情況下，天下型經濟體的經濟增長會在土地生產率和勞動生產率都保持正常水平的情況下自動發生。而在政府將經濟發展作為事業，政治經濟兩方面的目標一致的特別時期，政府的政策會大力推動農業和工業各個生產門類的協調和均衡發展，「一系列基要的生產函數連續發生變化的過程」就會自動出現；而天下型經濟體

本身所包含的巨大的統一市場，也會持續刺激生產函數連續發生變化，各種創新頻出，促成工業化進程和經濟增長同時加速。而這就是中國經濟起飛和中國工業化成功的最大奧秘。

所以，可以說，中國經濟起飛之謎的答案既複雜又簡單。說複雜，是因為要想理解何為天下國家、何為天下型定居文明、何為天下型經濟體，對於不懂得中國歷史的人來說很不容易，類似於學習漢語；說簡單，是因為一旦明白了中華文明的獨特性，答案自動就出來了，類似於看圖識字。

這裡的關鍵，就在於要理解當代中國與歷史中國的延續和發展關係。

2. 歷史中國的延續和發展？

「當代中國是歷史中國的延續和發展」這個論斷，是 2019 年 1 月中國社會科學院中國歷史研究院成立時習近平主席寫的賀信中提出來的。

研究當代中國問題，就不能忽視這一論斷中所指明的基本事實。本書的內容也正是這樣強調的，若將中國視為一個文明，就要將其作為人類文明史上唯一連續未曾中斷的文明來把握；若將中國視為一個國家，就要將其作為區別於列國的唯一連續的天下國家來把握；若將中國視為一個經濟體，就要將其作為區別於列國經濟體的唯一連續的天下型經濟體來把握。只有這樣，才能真正讀懂中國，包括歷史中國與當代中國。

固守在西方中心論立場上的學者，無論是西方學者還是中國學者，都無法做到這一點。如果說到文明時，就不自覺地默認西方文

明這一標準，說到國家時就不自覺地默認威斯特伐利亞國家這一標準，說到經濟體時就不自覺地默認 G7 或 G8 這一標準，那麼就永遠也看不懂中國到底是甚麼，因為中國並不能用這些標準來衡量。

表面上看，今天的中國受到西方文明很大的影響，也的確是現行國際體系中的主權國家之一和國際經貿體系中的主要經濟體之一，但這只是中國問題的一個方面，一旦進入到水下看到冰山的全部，更深入地了解了中國，就會看到問題的另一面，就會認識到中國的歷史並未割裂，當代中國同時還是歷史中國的延續和發展，也就會明白這一點萬萬不可忽視。

有的人是故意忽視，他們為了某種目的而故意割斷歷史。例如美國國務卿蓬佩奧在 2020 年夏天，在加利福尼亞州尼克遜總統圖書館發表演講，將中國描繪為一個「渴望建立全球霸權，威脅國際條約」、「破壞自由世界建立的基於規則的秩序」的「暴政」國家，聲稱「自由國家需要成立新的民主聯盟應對中共，選擇美國的國家不是在美中之間作出選擇，而是在自由和暴政之間作出選擇」，這等言論其實就是完全不顧基本事實。

當然，這些公開發表的言論，與美國決策層內部對於中國嚴肅認真的評估並不是一回事。有理由相信，在美國逐步將中國確認為是一個真正的競爭對手的這個評估過程中，研究者們多少觸摸到了冰山的水下部分。

例如美國信息技術和創新基金會（ITIF）2020 年 8 月發佈的一份題為《與中國競爭：戰略框架》（*Competing With China: A Strategic Framework*）的報告，即強調了美中競爭不是美蘇、美日競爭的重演。報告認為，中國將在以下四個方面 —— 世界上最大

的經濟體、世界上最大的供應方、世界上最難對付的競爭對手、主要的地緣政治對手 —— 令美國難以甚至無法遏制。

這樣一個驚人現實，不可能在近現代這個相對很短的歷史時期內橫空出世地產生。1978 年時中國的 GDP 還只是日本的 1/6，如果中國只是一個大號的日本或小號的前蘇聯，怎麼可能就在美國所主導的世界秩序裡用短短四十幾年時間突然成為美國歷史上所面對的最強大的競爭對手？

無論美國的研究者們是否真的理解，實際上，就他們所歸納的四個方面而言，世界上最大的經濟體、世界上最大的供應方這兩個方面，不過就是中國作為歷史上唯一連續的天下型經濟體，經過工業化和現代化之後，重新釋放了天下型經濟體自身固有的潛力而已。而世界上最難對付的競爭對手、主要的地緣政治對手這兩個方面，也無非就是中國作為歷史上唯一連續的天下國家，在成為工業化和現代化的世界大國而崛起之後，因自身固有的規模和能量，對美西方主導世界秩序不可避免地造成的衝擊。

所以說，真正重要的問題，並不在如何將中國與前蘇聯或日本進行對比，而在於如何認識中國自身固有的文明特性和歷史運動邏輯。明白了這一點，也就明白了為甚麼要強調當代中國是歷史中國的延續和發展。這個論斷不是一個應然判斷，而是一個實然判斷，因為事實就是如此。美西方是否接受，世界是否接受，都不會影響這一事實。

似乎就是為了向世界更清楚地顯示這一點，2020 年的新冠肺炎疫情全球大流行，以一種最真切的方式顯示了當代中國與歷史中國、與自身特殊文明之間無法割斷的延續和繼承關係。

事到如今，各國都要面對這個重大現實：雖然是中國武漢首次遭遇到了病毒的攻擊，但只有中國通過最強有力的人工干預，在最短時間內改變了疫情發展的流行病學「鐘形曲線」，實現了一條將峰值時間提前、峰值高度降低、下降速度加快的「干預曲線」，最大限度地減少了確診人數和死亡人數。與之對照，中國以外的世界各國，無論採取的是何種戰法，阻擊戰、拖延戰、退卻戰，還是根本不知道怎麼戰，大多數都沒有在最短的時間裡形成所期望的「干預曲線」。

再細看，實際上只有東亞地區的少數國家和地區在疫情控制上表現得與中國類似，而世界上很多國家，特別是歐美國家，即使封了城甚至封了國，也照樣出現了比中國武漢疫情還要嚴重的情況。

政治制度差異，經濟發展水平、衛生健康設施、國民教育程度等方面的差異，都不能很好地解釋這個現象。因為歸根結底，反映出來的是文明差異。

一位西方學者在 2020 年 3 月通過親身觀察發現，「亞洲國家應對疫情有着自己的方式」，而「目前，關於我們擁有戰勝疫情能力的最振奮人心的消息，來自於我們大致可以稱之為『儒家世界』的地方。」[1] 顯然，他隱約發現了在疫情應對方式中所反映出的文明因素。

很多人沒有意識到，回溯歷史，瘟疫大流行自古以來就是文明問題的一部分。考慮到現代醫學很晚才誕生，可以認為，悠久文明歷經千百年滄海桑田延續至今，則必定是與瘟疫進行了千百次生死

---

[1] https://www.nationalreview.com/2020/03/coronavirus-and-the-clash-of-civilizations

博弈之後的勝出者，非如此不會有今天。

前面講過，中華文明最大的獨特性在於，它在同一片原居土地長達數千年連續不斷的定居。正是因為連續不斷的定居，這個文明必須不惜一切代價守護家園並保存人口，而不是像遊居文明那樣在連續不斷的遷徙中鳩巢鳩佔他人土地，劫掠搶奪他人財富。

用演化主義的觀點反過來看，中華文明之所以成為世界上唯一的「天下型定居文明」、唯一由最大原住民群體構成的文明，則必定天然具有通過高水平的集體行動團結一致抵禦外來威脅的能力，包括抵禦外敵入侵和對抗瘟疫流行，非如此不會有今天。

根據鄧拓在其著作《中國救荒史》中的統計，自殷商到民國的三千多年歷史上，中國有記錄的大規模瘟疫就多達 261 次。而為了應對瘟疫，地方上的官府往往會將醫治疾病作為行政的第一要務。東漢時期史書上已經有朝廷「遣光祿大夫將太醫循行疾病」的記載，此後歷代史書上在記載某地大疫之後，也頻頻可見「使郡縣及營屬部司，普加履行，給以醫藥」、「遣醫施藥」等記錄。比較起來，這種頻繁的官民共同抗疫，在其他文明中是少有的。

前面反覆講了定居文明與遊居文明的根本區別，講了定居社會是從遊居社會的汪洋大海中像星星點點的小島一樣經歷無數次生存考驗才逐步擴大並發展起來的。考慮到在人類歷史的大部分時間裡，通過遊居獲得生存必需資源的成本，始終都大大小於通過定居獲得生存必需資源的成本；考慮到相較於遊居社會通過遷徙、征服、掠奪、勒索等多種獲得財富的方式，定居社會實際上只能在有限面積的家園土地上通過增加勞動量和提高勞動生產率來獲得財富，而且還會持續經受人口增長對有限地力造成的壓力，就會明白

為甚麼定居文明中的人們總體上會更加吃苦耐勞、更加精明能幹，也更加注重團結一致和採取集體行動，不能接受自由主義、個人主義、社會達爾文主義作為社會基本原則。

這一次的中國抗疫，政府在確定了疫情的嚴重程度之後，便幾乎是出於本能地啟動了全民共同抗疫的總體戰、阻擊戰，全國人民也幾乎是出於本能地進入了各自的角色分工開展抗疫。這種以「守」為核心思想的近於「天然」的集體反應，在外人眼裡，中國似乎天生就具備。

所謂「天生」就是文明特性的反映，到了新冠肺炎全球大流行這個非常時期，這種特性就凸顯了出來。雖然事情發生在公元 21 世紀，卻也體現了 5000 年中華文明本身的一種天然反應，源自於悠久定居文明守護家園保存人口的深層本能。

5000 年文明從未遠去，極為顯著的文明特性並不會因為時代的巨變而消失，歷史中國與當代中國之間的緊密聯繫仍然無處不在。正當我們似乎要忽視這一點時，一場全球疫情，又讓不同文明之間的特性差異顯露無疑。

三、中華文明的再次復興

近年來已經有越來越多的人在談論中華文明的復興。

文明的復興，或再次復興，這裡到底是甚麼規律在起作用呢？為甚麼中華文明沒有在「滾滾長江東逝水，浪花淘盡英雄」中曇花一現呢？這個曾經一度被認為已經接近衰亡的文明，怎麼會發生

再次復興的事呢？一旦真的再次復興，對於整個人類社會將意味着甚麼呢？

要説清楚這個問題，首先需要把國際上通常所説的「中國崛起」、中國人自己所説的「中華民族偉大復興」和我們這裡所説的「中華文明再次復興」這三個概念做一個區分。

中國崛起，顧名思義，指的是作為當今世界主權國家體系中主權國家之一的中華人民共和國，在很短的時間裡出現了經濟總量和綜合國力的高速增長。

中華民族偉大復興，指的是在清朝末年按照國族的形式建構而成的這個中華民族，通過中華人民共和國這個民族國家，整體上實現了偉大復興。

而中華文明的再次復興，指的是自中華文明出現以來，在經歷了多次興衰之後，從最近這一次自 1840 年以來的大衰落當中再一次實現了復興。

當然，這三者在很大程度上也是重疊的，不可能脱離中國的崛起而談論中華民族和中華文明的復興。之所以要區分開，主要是涉及到不同的歷史尺度。中國崛起，最短在中華人民共和國 71 周年的歷史甚至 42 周年的改革開放歷史中就可以談，長一點從中國被世界確認為列國之一的晚清時期至今；而中華民族偉大復興，則至少要在從晚清中華民族這個概念開始使用至今的一百多年歷史中來看，長一點從清朝疆域全盛時期的 1760 年前後至今的二百多年歷史來看；至於中華文明的再次復興，必須要在自新石器晚期中華文明作為原生文明發生至今的五千多年歷史中討論。

西方研究中國問題的學者很多人沒有做這個區分，他們所理解

的中國崛起，就是在他們所理解的近現代國際體系當中出現的一個大國興衰現象，於是中國被拿來與近現代歷史上先後出現過的西方列強逐一對比。例如初期的崛起過程曾被類比為當年的德國和日本，而當下中國的全球外交又被類比為與美國爭霸的前蘇聯，或者與大英帝國爭霸的美利堅。這樣的一個中國通常是在所謂現實主義國際關係理論中被觀察和分析的，而分析的結果就是與其他大國之間不可避免的衝突。借用一些該理論代表人物之一約翰·米爾斯海默（John Mearsheimer）的說法，就是：在多極化世界裡，所有大國沒有其他選擇，只能以現實主義指導行為，開展強權政治。國際體系的結構就像是鐵籠子，它逼迫各國做出這些行為。國際政治特別是中美競爭，基本就是一場零和博弈。

由於局限在了一個很小的歷史框架裡，而且又是在一個西方化的近現代世界裡，所以，只看到中國崛起的人，往往得出關於中國的很片面的觀點，以及很極端的結論，例如中美之間必有一戰。

也有的研究者意識到應該把歷史框架放大，至少放大到從古希臘古羅馬或者從秦漢到現在，但由於受西方化的近現代世界影響太深，拿來做參照系的歷史也往往是想像出來的假歷史。最典型者如格雷厄姆·艾利森（Graham Allison）的所謂「修昔底德陷阱」理論，實際上是把近現代歐洲的列國爭霸格局投射到兩千年前的古希臘歷史中，然後又用想像出的假歷史案例說明現在的情況是自古以來。這種虛幻的歷史觀其實並未比前一種強多少，結果當然也是片面看待中國、得出極端結論，例如中美之間必有一戰。

很少有西方學者能夠完全放棄其固有的思維方式，意識到中國並不是近現代以來的一個新的西式列強。如果告訴他們，現在他們

所面臨的並不是中國崛起，甚至也不是中華民族復興，而是中華文明的再次復興，他們中的大多數人會覺得不知所云。畢竟五千年的連續文明史和週期性的大一統重建，超出了他們的整體理解能力。

這意味着甚麼呢？打個比方，一個水壩建立在一條河流之上，但建造者並不了解這條河的上游有一條會發生週期性暴漲的支流，水壩建造時這條支流很細小，建造者很放心地按照當時的水量設計了水壩，但現在水量果然發生了暴漲，水壩完全無法應對了。

近現代以來西方建立的世界秩序就好像是這個設計失誤的水壩，由於西方不了解何為 5000 年中華文明，不了解這個文明的真實特性，所以按照西方對世界歷史和現實的理解構建出來的世界秩序，從根本上並不能應對猶如週期性暴漲的河水一般的中華文明復興。

正如上文所提到的 ITIF 發佈的《與中國競爭：戰略框架》報告，其中所指出的，中美兩國在市場、供應商、商業競爭和地緣政治競爭四個領域裡同時展開的角力，使美國政策制定陷入困境。要想制定一個在所有四個方面都讓美國取勝的短期政策幾乎是不可能的。

另一個智庫波士頓諮詢在題為《對華貿易限制如何結束美國在半導體領域的領導地位》（*How Trade Restrictions With China Could End US Leadership In Semiconductors*）的報告中預測說，如果中美技術脫鈎，雖然可能會導致中國的短期陣痛，但美國也將因此失去全球領導地位。從長遠來看，中國更可能最終取得行業領導地位。

這就是有限能力的水壩在面對無限可能的河流時遭遇的困境。而這才只是 2020 年，中國有個「兩個奮鬥 15 年」的提法，就是到 2035 年和 2050 年時還會實現更大的目標，而且是很具體的現實目標。問題在於，如果中國在未來 30 年裡仍然以當前的速度發展，對於西方世界是無法想像和無法接受的；但短短 30 年在中華文明復興的歷史尺度上，卻不過只是一瞬間，即使暫時沒實現既定目標，那就再花個 30 年。這意味着甚麼呢，意味着站在水壩上的人對於上游來水會暴漲到甚麼程度，根本沒有概念。美國學者、媒體人大衛‧保羅‧戈德曼（David P. Goldman）在《克萊蒙特書評》（*Claremont Review of Books*）撰文說，面對中國在經濟、軍事、技術上的全面崛起，西方世界雖疑慮重重，卻至今仍雲裡霧裡，不知如何理解。一個 20 年前被西方學者算定即將崩潰的國家，為甚麼今天成了可能超越美國的國家？

　　少數像戈德曼這樣的學者感覺到了在常規的中國崛起背後還有更大的事情在發生。他在文章中寫道，「美國面臨着更令人生畏的事物：一個有五千年歷史的國家⋯⋯」但是很遺憾，他並不明白五千年到底是甚麼意思。他說，「中國就像一枚兩級火箭。鄧小平改革後，出口驅動的廉價勞動力經濟將它從一個貧窮的農村國家變成了一個繁榮的城市化巨人，這是一個助推器。十年前，中國開始拋棄這種助推器。下一階段是華為的第四次工業革命，由人工智能、機器人技術、互聯網以及供應鏈管理、運輸、醫療保健和其他領域的大數據應用推動。」這個視野還是狹隘了 —— 怎麼能肯定中國這枚火箭只有兩級？為甚麼不是三級、四級、五級？

　　前面講過，中華文明的大部分時間裡是靠秩序主義取得的成

功，正是秩序主義與定居農耕社會之間的高度適應性，讓中華文明成為唯一連續未曾中斷的文明，並在五千年的時間裡發展為唯一的廣土巨族國家。而近代以來，在西方運動主義的衝擊下，這個文明實現了一個巨大的自我維新，在將運動主義成功結合到自身文明當中的同時也重建了秩序主義的基礎，於是成為了一個可以同時發揮秩序主義和運動主義兩方面的優勢並在兩方面都取得了成功的國家。

這才是中華文明復興的本質，不是傳統中華天下秩序的重建，也不是中國的西方化，而是中華文明的再次維新。傳統中國沒有的現代化和西方化，今天的中國已經有了，但西方國家沒有的傳統中華文明特質，今天的中國還保留着，這就形成了一個綜合性的優勢，所展示出的發展前景就無可限量了。

就像前面用過的那個比喻，在農業時代，各國之間的競賽好比是競走，那時的中國是當之無愧的世界競走冠軍；工業時代之後，各國的競賽好比是游泳，由於大水淹沒了前方道路，競走的本領不適用了，所有國家都必須學習游泳，中國也只好縱身躍入水中，雖然開始的時候狠狠地嗆了幾口水，但現在已經成長為游泳健將了，而且在結合了過去競走冠軍的身體和技能功底之後，越游越快，眼看又要成為世界游泳冠軍了！

所以，中華文明的再次復興，也就意味着中國正在作為整個世界文明史上唯一的雙料冠軍而重新回到世界歷史的中心，這就是中國問題在文明史尺度中的完整呈現，而中國崛起這個問題，只有在這個完整呈現中才能被完整理解。

1. 文明衝突的陰影

在錯誤的水壩和週期性的上游來水這個圖景中，衝突似乎是難以避免了，要麼水流放緩，要麼水壩垮掉。今日西方的焦慮也因此而產生，作為水壩的設計建造者和維護使用者，它無法接受水壩垮掉這個前景，但是如何才能讓水流放緩、水量減少，卻也束手無策。

水壩比喻西方在近現代的幾百年裡建構起來並由它所主導的「世界秩序」，西方當然希望這個秩序一直存在，以此確保其全球統治地位以及相應的利益。眾所周知，當代世界的一個基本現實就是：西方必須依靠整個非西方世界來供養，失去了全球統治地位，西方社會的生活方式和生活水準將無法維持。這可以算是國際政治第一定律，國際政治大多數問題都可以從該定律中推導出來。

水流則比喻一直延續和發展的中華文明，這個文明的再次復興意味着水流的水量和流速將恢復到歷史上的最高水平甚至更高。這是一個大尺度的文明史運動，小的事件在其中微乎其微，所以只能順應，而不能試圖加以改變。本系列講座從這個特殊文明的誕生和成長，講到它的自我鍛造和與他者文明的衝撞，然後又講到它通過吸收接納他者文明而實現維新，這個大敍事其實就是在講它的大尺度歷史運動。認識到這個大尺度歷史運動，也就認識到了中華文明再次復興的不可阻擋。

一個不可阻擋，一個極力維護，無論怎麼看，兩個文明之間的衝突都似乎難以避免。

塞繆爾·亨廷頓 1996 年出版了他的《文明的衝突與世界秩序的重建》一書，書中用了不小的篇幅預測了中國的崛起衝擊了美國

主導的「世界秩序」之後可能導致的巨大衝突。

　　他預言到了距當時 15 年後的 2010 年，中國這個「人類歷史上最大角色」不斷的「自我伸張」，將使中國成為了東亞和東南亞的支配力量，給世界的穩定造成了巨大的壓力，也開始「與歷史已經證明的美國利益相悖」。

　　根據他的推想，中美之間的軍事衝突首先發生在南中國海，中國以美國侵犯了中國領海的名義，對美國特混艦隊發動了空襲。聯合國為推動停火談判所作的努力失敗，戰火蔓延到東亞的其他地區。中國的地面部隊挺進河內，佔領了越南的大片領土。在戰爭初始階段，中美都沒有使用核武器，但美國國內首先出現了反戰情緒，「很多美國人開始發問：為甚麼我們要面對這種危險？即使中國控制了南中國海、越南甚至整個東南亞，對於我們又會有甚麼不同？」公眾們傾向於認為：擊敗這個新近宣稱霸權的國家代價太大，還是讓我們滿足於通過談判來結束戰爭吧。

　　但事情沒那麼簡單，根據作者的預測，文明的衝突一旦爆發，會造成多米諾骨牌效應，引發不同文明之間的連續衝突。他寫道，「印度抓住中國的精力被牽制在東亞的機會，對巴基斯坦發動了致命的攻擊……但是巴基斯坦、伊朗和中國之間的軍事聯盟因此正式建立，伊朗派遣現代化和裝備精良的軍隊前去支援巴基斯坦。」另外，「中國對抗美國的最初勝利在穆斯林社會中激起了聲勢浩大的反西方運動……由西方的軟弱而引發的反西方浪潮導致了阿拉伯人對以色列的大舉進攻，對此，已被大大縮編的美國第六艦隊無力制止。」同時，「由於中國在軍事上得手，日本開始緊張不安地追隨中國，變以前的正式中立立場為親中國的積極中立，隨後又按

中國的旨意行事而成為參戰方。」但是,「中國的戰果對俄羅斯產生了與日本相反的效果。中國贏取勝利和全面控制東亞的前景嚇壞了莫斯科。俄羅斯向反對中國的方向發展,開始向西伯利亞增派軍隊……」

顯然,這差不多就是第三次世界大戰了。亨廷頓沒敢沿着核戰爭的方向推演下去,因為他的書名叫文明的衝突而不是文明的結束。但是即使所有參戰國都只使用了常規武器,這樣一場混戰下來,後果也是難以想像的。他寫道,「幾乎不可避免的是,所有主要參戰方的經濟、人口和軍事實力急劇下降。其結果是,幾個世紀來全球權力先是從東向西,然後又反過來從西向東轉移,現在變為從北向南轉移。文明間戰爭的最大受益者是那些免於參戰的文明。西方、俄羅斯、中國和日本遭到不同程度的破壞,如果印度逃避了這場劫難,即使它也是參戰方,那也將為印度沿着印度路線重塑世界敞開大門。」[1]

現在是 2020 年,比亨廷頓所預測的 2010 年文明衝突大爆發又推遲了 10 年,雖然在某些方面中美之間發生衝突的可能性比亨廷頓所預測的更大,在南中國海發生武裝衝突的現實前景也的確始終存在,但畢竟還是沒有到一觸即發的程度。這 10 年裡又發生了些甚麼?中國的和平崛起是如何做到的?這是我們要認真加以研究的。

不難發現,亨廷頓在做這個推演的時候,從衝突的爆發到最後的結局,中國都被當作了一個與西方、俄羅斯、日本等類似的國際

---

[1] 〔美〕塞繆爾·亨廷頓著,周琪等譯:《文明的衝突與世界秩序的重建》,新華出版社,2017 年。

政治行為者，衝突是因為中國在東亞擴張了自身的霸權，而結局則是中國與所有北方國家一起失去了「全球權力」。這就是所謂現實主義國際關係理論的世界觀，國家就是權力，國家行為就是追逐權力。

可以說，正是這一點，大大限制了亨廷頓的視野，令他無法推導出關於國際關係的更有想像力的新結構。例如中國提出的「新型大國關係」「人類命運共同體」等等。

出版過《軍事革命：軍事創新與西方崛起》（*The Military Revolution: Military Innovation and the Rise of the West*）一書的英國歷史學家傑弗里·帕克（Geoffrey Parker）說過，西方的崛起，不是像宣傳的那樣是通過其思想、文化、價值觀或宗教等方面的優越，而是「依賴於下述事實：歐洲人及其海外對手之間的軍事力量對比穩定地有利於前者……西方人在 1500—1750 年期間成功地創造出第一批全球帝國的要訣，恰恰在於改善了發動戰爭的能力，它一直被稱為『軍事革命』。」說白了，就是一種「有組織的暴力」上的相對優勢。正是因為如此，西方人在預測自己的未來時，也還是囿於傳統的軍事思維，想像不出其他非軍事的解決之道。

設計和建造水壩時靠的是「有組織的暴力」，面對暴漲的水流對水壩的衝擊時，也想不出其他手段，因為除此之外，西方並不真的具有其他諸如思想、文化、價值觀或宗教等方面的優勢。

既然如此，就只能從中華文明這方面來尋求解決之道了。

講到這裡，需要先認識一個新的問題：前面一直在講秩序主義和運動主義，說中華定居農耕文明是秩序主義的，失去了秩序社會就要崩潰，而西方遊居文明是運動主義的，失去了運動社會就要崩

潰，各自的文明演化歷史都說明了這一點。但是現在，西方卻成了「世界秩序」的建構者和維護者，而當今的中國反倒成了處在不可阻擋的運動狀態中的世界大國。

事情的確是這樣，人類的歷史是複雜的，時代的變化是巨大的，事物的變化是遵循辯證法規律的。如前所述，近現代以來，中華秩序主義在與西方運動主義發生了迎頭相撞之後發生了文明的自我維新，成功轉化成了秩序主義與運動主義並重的新型文明。實際上，今天的西方文明也在發生史無前例的巨變，一方面隨着新世界的窮盡、新邊疆的消失、新領域的減少，西方文明的運動主義逐漸失去了其動力源泉，諸如十字軍東征和大航海那樣的大規模遷徙不會再發生了；另一方面，隨着全球一體化進程的加快，曾經無限廣闊的世界變成了小小的「地球村」，在「全球定居」這個全新現實的壓力之下，作為主導文明的西方文明也順勢轉向秩序主義了。

就這樣，從文明史的角度看，今天的中華文明和西方文明正好發生了一個角色互換，前者成了忙於在復興路上堅定前行的運動主義，後者成了忙於在「地球村」裡維護穩定的秩序主義。

但是，由於兩者完全不同的前世今生，雖然發生了角色互換，其意義卻大不相同。

中華文明方面，由於是從深厚的秩序主義傳統中重新生發出了運動主義，兩者是綜合平衡的。例如，在國家基本制度、社會管控、互聯網治理等方面，仍然充分體現出秩序優先的原則；而在經濟的創新驅動、科技的創新發展、基礎設施的更新換代、互聯網迭代發展、太空和深海探索等方面，又是非常運動主義的。因此，總體上來說，中華文明的復興，帶給世界的是一種更全面、更成熟、

更有普遍意義的文明影響，即使是其運動主義方面，也不是顛覆性的、衝擊一切的、順我者昌逆我者亡的。

而西方文明方面，卻是從它歷史上那種顛覆性的、衝擊一切的、順我者昌逆我者亡的運動主義第一次史無前例地開始轉向以全球一體化為基礎的秩序主義，由於缺乏深厚的秩序主義傳統，又帶着強烈的運動主義慣性，結果就導致了很多自相矛盾。例如西方的社會制度是自由市場資本主義，這是一種金錢霸權凌駕一切、將自由和民主作為金錢霸權的政治武器的制度，本質上是非常運動主義的。金錢霸權本身的貪婪必須通過不斷開拓新空間、新邊疆、新領域來滿足。但是，當地球變得越來越小，科學發展進度放緩，新事物不再頻頻出現，金錢霸權的貪慾便無法進一步被滿足了。於是這個霸權開始發生「內捲化」，資本精英們利用花樣翻新的金融工具，在現有的國際經濟體系內部「薅羊毛」，其結果必定是造成大量的不穩定，維持現行秩序的努力被一次又一次的金融洗劫運動所抵消，抵抗運動風起雲湧，現行秩序搖搖欲墜。

這樣看來，指望西方來完成穩定全球秩序的任務，從各方面來講都不太現實。事實上，如果中國不是中華文明中的國家，如果中國的確像西方國際關係理論家們所理解的那樣，是個單純的權力行為體，只以爭霸為目標，那麼也許等不到現在，一場新的世界大戰早就打起來了。

而正是因為中華文明的存在和新的發展，讓這個世界有了和平共處的基礎，也有了走出西方版文明衝突死胡同的現實前景。這個前景不是別的，就是中國近年來反覆強調的「新型大國關係」和「人類命運共同體」。

而在一種樂觀主義的期望裡，西方版的文明衝突將化解在這個中國版的倡議當中。

2. 構建人類命運共同體

　　為甚麼中國人提出的構建人類命運共同體倡議有可能化解掉西方人設想的文明衝突前景呢？考慮到 2020 年以來中國和美國之間愈演愈烈的對抗，以及歐洲國家與伊斯蘭國家之間愈演愈烈的對抗，似乎亨廷頓所預測的文明衝突越來越像是正在浮出水面的現實，而中國的構建人類命運共同體倡議卻還只是停留在口頭上的空中樓閣，為甚麼會認為這個空中樓閣終究會落地成為全球政治中的一個現實呢？再進一步問，中國人提出構建人類命運共同體這個倡議有甚麼特殊意義嗎？與中華文明五千年歷史之間有甚麼必然聯繫嗎？

　　人類命運共同體這個全新的政治觀念是在 2013 年誕生的，習近平主席代表中國首先提了出來，隨後得到了越來越多的認同，並被寫進了聯合國重要文件。而 2020 年這一場突然暴發的新冠肺炎全球疫情，讓這一觀念中的深刻內涵更加充分地反映了出來。正如在這一年裡習近平反覆強調的，「疫情在全球蔓延再次表明，人類是休戚與共的命運共同體，各國必須團結合作、共同應對。」[1]

　　這是不是說，因為中國是當今數一數二具有全球影響力和號召力的世界大國，所以才會有這種以全人類的立場看待全人類的問題的全球政治倡議呢？

---

[1] 央視聯播 +|：構建人類命運共同體 習近平這些話意蘊深遠，http://news.cctv.com/2020/07/27/ARTIyQ0lj26NQ5z21tXbxXYw200727.shtml。

其實不是。一百多年前，那時的中國還是一個落在歷史的低谷中掙扎徘徊，以救亡圖存為第一要務的半殖民地國家，但當時的革命先行者孫中山，卻也是以「天下為公」「世界大同」為最高理想。知識分子領袖康有為，也是在那個時期寫了《人類公理》和《大同書》。

考慮政治問題並不限於本國，直接從全人類的問題開始，對於中國人來說，似乎一直就是一個理所當然的事。因為「全人類」這個概念雖然是現代的，但其實正如前面講過的，中華政治哲學傳統中的「天下」這個概念就包含了「全體人類」的意思。而中國自古以來的天下政治理論與實踐，也一直就是將全天下作為政治問題的起點，「天下無外」「天下為公」「天下大同」等信念，也是針對「全人類」政治問題的解決方案，與今天所說的構建人類命運共同體觀念，從根本上講是一以貫之的。

換句話說，人類命運共同體這個觀念其實不是別的，就是全球化時代關於天下的終極表達，或者說就是終極天下；而圍繞終極天下展開的政治，也就是人類歷史進入全球化時代之後最後的天下政治。

但是，這是否意味着中國將要在人類命運共同體這一全球化時代的天下政治中重新成為位於中央位置的天下國家呢？意味着中華文明的復興同時也是中華傳統天下政治的復興呢？回答當然是否定的。

這是因為，在今天的世界，原本那個孕育出天下觀念的「中心—四方」自然地理格局沒有了，圓圓的地球上不會再產生一個可以被公認為是「天下之中」的地理中心，而一旦「天下之中」「天

下之內」的概念都沒有了，「四夷」的概念也就沒有了，天下成了全世界，而全世界成了全球。但為甚麼這樣一個圓圓的地球和列國林立的世界仍然還有「天下政治」呢？這是因為天下政治的基本原則歸根結底是建立在「全人類」這個實體之上的，而這個實體並不會隨着「天下之中」地理中心的消失而消失，無論「全人類」在地球上如何分佈，總歸都是天下。而只要天下還繼續存在，天下政治的基本原則當然也就繼續適用。

對於曾經具有天下國家身份的中國來說，這意味着甚麼呢？就意味着雖然本國從天下國家的地位上退到了列國之一的地位上，而且也已通過自身的現代化轉型成功地適應了作為列國之一的現代國家身份，但是，中國仍有一種道德義務繼續堅持天下大於國家、天下先於國家這兩大傳統天下政治原則。對應到今天這個全球化時代，也就是全球政治應當遵循的兩大原則，即：全人類大於各主權國家、全人類先於各主權國家。

今天的全球問題，如氣候變化、核擴散、貧富分化、跨國移民、饑荒蔓延、毒品氾濫等等，能夠通過各主權國家內部的政治議程來解決嗎？肯定不行，必須基於全人類大於各主權國家、全人類先於各主權國家這兩大基本原則來解決，而這不是別的，就是全球化時代的天下政治。

在中華文明史上，自天下的觀念誕生之後，天下政治的基本原則也隨之確立。由於天下先於國家，所以任何一個國家在建立之初就只是天下之內的列國之一，而不能是天下本身；由於天下大於國家，列國就不再是獨立的政治實體，更不具有至高無上性，而成了並列在天下體系之內的政治單元之一。於是，整個天下被理解為一

個完整的政治存在，在國家政治之外，不僅有國際政治，還有天下政治，政治首先從天下問題開始。

所以，由中國提出構建人類命運共同體這個倡議是順理成章的。從歷史上看，中國是世界上唯一有過數千年天下政治理論與實踐的天下國家；從當下來看，今天的中國特色社會主義，本質上也是世界上唯一經歷過天下政治的長期演化之後到達的一個最新階段。

講到這裡，不妨重新追溯一下天下這個觀念自身的演化。在觀念上，天下的第一個境界是「天下無外」，意思是說國家都是有外的，國家疆域之外就是外人、是非我族類、是蠻夷戎狄，國家間打起來就是你死我活；而天下則是無外的，必須包括普天之下的所有人，不應該有人在天下之外，管子所說的「以天下為天下」，或如老子所說的「以天下觀天下」，就是這個境界。

接下來，天下在囊括普天之下所有人的過程中不斷擴大，一直擴大到了天下一統，直到沒有了「私天下」的地盤，天下即成了天下人之天下，即孔子所說的「天無私覆，地無私載，日月無私照」、「大道之行也，天下為公」。所以，天下的第二個境界是「天下為公」，這是孔子的偉大貢獻。中國秦朝統一後「罷侯置守」，實行了郡縣制，所以柳宗元在《封建論》中所說：「（秦）其為制，公之大者也」，「公天下之端自秦始」。王夫之在《讀通鑑論》中發出感歎：

秦以私天下之心而罷侯置守，而天假其私以行其大公，存乎神者之不測，有如是夫！

這雖然有點歷史宿命論，但也揭示出了統一是「公天下」而不是「私天下」這個歷史本質。

　　然而，統一之後並不必然就意味着「公天下」的自動實現；而且即使統一後的國家實行了郡縣制，具有「公天下」的制度基礎，沒有恢復封建制，卻也還沒有一勞永逸解決問題，還要看統治者如何施政，如何治理。這可以理解為是「公天下」與「私天下」博弈的第二階段，即在大一統基礎之上的「政」與「制」的協調一致。「政」與「制」嚴重失調，往往導致「公天下」的理想實現無望，「私天下」反而借統一之盛為禍愈烈，這種情況在明清時期達到了弊病叢生的地步；儘管實現了歷史上空前的「太平一統之盛」，但國家卻內外交困，危機重重。

　　由此可見，「公天下」理想的最終實現極為不易，這個過程始終貫穿着「公天下」與「私天下」的博弈鬥爭。第一階段先要通過從「小天下」到「大天下」的統一實現「天下無外」，第二階段還要在統一的基礎之上通過制度和政治的協調一致，包括封建與郡縣、下專與上專、分治與合治、至公與至私之間的平衡，徹底壓制「私天下」的復辟，最終實現「天下為公」。

　　其實這就是中華文明的演化。自周朝第一次大一統開始，中國的天下經歷了「公天下」與「私天下」之間多少反覆，又經歷了實現「公天下」的不同階段的多少反覆，至今越三千年，才終於走到了今天的中國特色社會主義這條通往真正的「公天下」的光明大道上。

　　習近平主席說，中國特色社會主義是對中華文明五千多年的傳承發展中得來的。毫無疑問，「公天下」的理想就是貫穿其間未曾

中斷的那條主線。

以中華文明史為標準觀之，人們會發現，沒有其他文明經歷過長達三千年未曾中斷的「公天下」理想追求，今天世界的大多數國家，其實都還處在任由金錢權力、宗教權力、軍閥權力、日益引發爭議的媒體權力肆意橫行的「私天下」的世道中，遠遠沒有完成「公天下」對於「私天下」的超越。這就是中國特色社會主義的當代意義。中國特色社會主義將中國歷史上一以貫之的「公天下」理想和獨一無二的歷史實踐與當代社會主義的目標有機結合在了一起，因此而具有了重大的世界文明史意義。

如此看來就會明白，為甚麼是中國而不是其他國家首先提出了「人類命運共同體」這個時代命題。其內涵就是：「公天下」與「私天下」長達數千年的博弈終於來到了全球這個舞台上，面對着更大的、更多元的、更複雜的「私天下」，歷史再次開始。

2015 年，習近平主席在第 70 屆聯合國大會的發言中說：

> 「大道之行也，天下為公。」和平、發展、公平、正義、民主、自由，是全人類的共同價值，也是聯合國的崇高目標。目標遠未完成，我們仍須努力。當今世界，各國相互依存、休戚與共。我們要繼承和弘揚聯合國憲章的宗旨和原則，構建以合作共贏為核心的新型國際關係，打造人類命運共同體。[1]

從中華文明歷史上的「公天下」理想，到今天已被寫進聯合國

---

[1] 中國共產黨新聞網：習近平在第七十屆聯合國大會一般性辯論時的講話，http://cpc.people.com.cn/n/2015/0929/c64094-27645649.html。

文件的「人類命運共同體」，無論中間有多少斷裂和停滯，有多少曲折和反覆，一旦重新接續，就是整個人類文明史上一以貫之的光明主線。這就是今天大踏步前進的中國，就是正在進行偉大鬥爭、建設偉大工程、推進偉大事業、實現偉大夢想的新時代。

本書的開頭說過，今天的中國人，站在這樣一個歷史高度上，處在這樣一個「百年未有之大變局」的時代中，清醒地認識我們是誰？從哪裡來？要到哪裡去？這幾個涉及中華文明真實身份的重大問題，比以往任何時候都更加重要，也更加迫切。到全書結束時，希望讀者還將意識到，中華文明對於整個人類文明史也有着非比尋常的重大意義。今天中國所說的偉大鬥爭、偉大工程、偉大事業、偉大夢想，放在整個人類文明史中來看，應是不虛此言。

責任編輯　　梅　林
書籍設計　　彭若東
責任校對　　江蓉甬
排　　版　　肖　霞
印　　務　　馮政光

書　　名　　天下中華 —— 廣土巨族與定居文明

作　　者　　文　揚

出　　版　　香港中和出版有限公司
　　　　　　Hong Kong Open Page Publishing Co., Ltd.
　　　　　　香港北角英皇道 499 號北角工業大廈 18 樓
　　　　　　http://www.hkopenpage.com
　　　　　　http://www.facebook.com/hkopenpage
　　　　　　http://weibo.com/hkopenpage
　　　　　　Email : info@hkopenpage.com

香港發行　　香港聯合書刊物流有限公司
　　　　　　香港新界荃灣德士古道 220-248 號荃灣工業中心 16 樓

印　　刷　　美雅印刷製本有限公司
　　　　　　香港九龍官塘榮業街 6 號海濱工業大廈 4 字樓

版　　次　　2021 年 1 月香港第 1 版第 1 次印刷

規　　格　　32 開（147mm×210mm）388 面

國際書號　　ISBN 978-988-8694-02-0
　　　　　　© 2021 Hong Kong Open Page Publishing Co., Ltd.
　　　　　　Published in Hong Kong